KB148565

신체, 대중들, 역량

BODIES, MASSES, POWER

Copyright © 1999

All rights reserved

Korean translation copyright © 2019 by Greenbee Publishing Co.,

Korean translation rights arranged with Verso, the imprint of New Left Books through EYA(Eric Yang Agency).

신체, 대중들, 역량 : 스피노자와 그의 동시대인들

발행일 초판 1쇄 2019년 1월 30일   2판 1쇄 2019년 9월 23일

지은이 워런 몬탁 • **옮긴이** 정재화

펴낸이 유재건 • **펴낸곳** (주)그린비출판사 • **주소** 서울시 마포구 와우산로 180, 4층

전화 02-702-2717 • **팩스** 02-703-0272 • **이메일** editor@greenbee.co.kr • **신고번호** 제2017-000094호

ISBN 978-89-7682-590-2 93160

이 도서의 국립중앙도서관 출판예정도서목록(CIP)은 서지정보유통지원시스템 홈페이지(http://seoji.nl.go.kr)와
국가자료공동목록시스템(http://www.nl.go.kr/kolisnet)에서 이용하실 수 있습니다.(CIP제어번호: CIP2019034686)

이 책의 한국어판 저작권은 EYA(Eric Yang Agency)를 통한 Verso사와의 독점계약으로 (주)그린비출판사가 소유
합니다. 저작권법에 의하여 한국 내에서 보호를 받는 저작물이므로 무단전재와 무단복제를 금합니다.
책값은 뒤표지에 있습니다. 잘못 만들어진 책은 구입처에서 바꿔 드립니다.

철학이 있는 삶 **그린비출판사** www.greenbee.co.kr

신체, 대중들, 역량

스피노자와 그의 동시대인들

워런 몬탁 지음 | 정재화 옮김

그린비

돌로레스와 엘리사를 위해

일러두기

1 이 책은 Warren Montag, *Bodies, Masses, Power : Spinoza and His Contemporaries*(Durham/London/New York, Verso, 1999)를 완역한 것이다.

2 본문의 주석은 모두 각주로 표시되어 있다. 옮긴이 주는 각주의 앞에 '[옮긴이]'라고 표시했으며, 표시가 없는 것은 모두 지은이 주이다. 옮긴이가 보충하는 간단한 설명이나 인용출처는 본문 중에 대괄호([ ])로 표시했다.

3 인용이나 참조한 문헌의 경우 해당 부분에 '저자명, 출간연도: 인용쪽수'를 표기해 주었으며, 국역본이 있을 경우 원서의 쪽수 뒤에 국역본의 쪽수도 함께 표기해 주었다(ex. 'Althusser, 1990: 242/283'). 해당 문헌의 자세한 서지사항은 권말의 참고문헌에 정리했다.

4 스피노자 저작을 인용했을 경우, 『윤리학』은 *E*, 『정치론』은 *TP*, 『신학정치론』은 *TTP*, 『지성교정론』은 *TIP*, 『서간집』은 *Letters*로 표기했다. 스피노자 저작들의 자세한 서지사항은 역시 권말의 참고문헌에 정리했다.

5 단행본·정기간행물 등은 겹낫표(『 』)로, 단편·논문·회화 등은 낫표(「 」)로 표시했다.

6 인명의 원어 병기는 권말의 찾아보기에만 남겨 두었다.

7 외국어 인명, 지명 등 고유명사는 2002년에 국립국어원에서 펴낸 외래어 표기법을 따랐다.

감사의 말

우리 시대의 가장 위대한 스피노자 연구자들의 많은 저작들을 읽었을 뿐만 아니라 더 나아가 그들과의 대화 그리고 우정에서 도움을 받은 것은 내가 누린 크나큰 특권이었다. 특히 에티엔 발리바르Étienne Balibar와 피에르 마슈레Pierre Macherey는 나의 다른 시도들에서와 마찬가지로 이번에도 모델이자 지침이었다. 가브리엘 알비악Gabriel Albiac과 피에르-프랑수아 모로Pierre-François Moreau의 방대한 학식은 내가 끊임없이 목표로 하지만 결코 도달할 수 없는 기준을 설정했다.

이 연구는 토니 네그리Tony Negri가 그의 저술로 독자들이 국가에 대해 폭력을 행사하도록 선동했다는 '죄'로 이탈리아의 감옥으로 되돌아간 바로 그 순간에 마무리되었다. 이 작업의 출판본이 자유로워진 그에게 도달할 수 있기를 나는 간절하게 희망한다. 그럴 수 없다면 나의 책이 다만 몇 시간 동안만이라도 그의 감금의 고독을 줄이고 그의 작업이 어떤 국가 장치도 지배하기를 바랄 수 없는 결과들을 생산했다는 것을 보여 주기를 바란다.

테드 스톨즈Ted Stolze의 백과사전적 지식, 들뢰즈 그리고 타키투스와 같은 다양한 인물들에 대해 마찬가지로 쉽게 토론할 수 있는 그의 놀라운 능력이 없었다면, 이 작업은 확실히 이 정도까지일 수는 없었을 것이다. 그래서 내 생각의 많은 부분은 그와의 대화들과 분리할 수 없다. 그 대화에서 나보다 그가 더 많이 기여했기 때문에 나는 그가 나의 공저자라고 생각해야 할 것 같다.

나는 1992년에 노스웨스턴 대학에서 에드윈 컬리Edwin Curley의 지도 하에 열린 홉스와 스피노자에 대한 국립인문재단의 여름 세미나에 참여하는 행운을 누렸다. 그것은 내 생각의 많은 것들이 구체화되는 강렬한 읽기와 성찰의 시간이었다. 에드윈 컬리에게 감사의 말을 전하고 싶다. 뿐만 아니라 나를 고무하고 자극한 동료 세미나 구성원들인 하이디 레이븐Heidi Ravven, 제이콥 애들러Jacob Adler, 토머스 쿡J. Thomas Cook에게도…….

옥시덴탈 칼리지의 나의 동료들은 아낌없이 지원을 해주었다. 특히 선별된 장들을 주의 깊게 읽어 준 대니얼 파인먼Daniel Fineman과 존 스위프트John Swift에게 고마움을 전한다. 지금까지 수년 동안 나의 학생들은 끈기 있게 강의를 들어 주었다. 나는 그들 앞에서 나의 생각들을 이끌어내고 그들을 이끌고 『윤리학』을 힘들여 읽었다. 나는 그들의 관용과 관대함에 고마움을 느낀다. 나는 또한 원고를 준비하는 데 도움을 준 나의 연구 보조원인 앨리슨 티모치코Alison Tymozcko의 작업을 높이 평가하고 싶다. 루이스 앤 헤르미온 브라운 인문학 지원 기금은 학과장인 데이비드 엑슨David Axeen을 통해 이 작업이 가능하도록 도움을 주었다.

나는 몇 명의 매우 오랜 친구들에게 다른 종류의 빚을 지고 있다. 우리 시대의 미신들에 저항할 수 있는 그들의 능력은 사유하고 행동할 수 있는 나 자신의 역량을 헤아릴 수 없을 정도로 증가시켜 주었다. 그들은 우리의 세계를 횡단하는 투쟁들의 실존을 혹은 그 투쟁들을 지지할 필요를 결코 의심하지 않았다. 바로 마이크 데이비스Mike Davis, 제프 고슈가리언Geoff Goshgarian 그리고 존 바즈먼John Barzman이다.

마지막으로, 나는 수년간 이 계획과 다른 많은 것들을 위해 확고한 지원을 해준 마이클 스프린커Michael Sprinker에게 감사드린다. 그는 인내와 헌신의 모델이었다.

서문

내 세대의 많은 이들과 마찬가지로, 스피노자에 대한 나의 관심과 그의 저작을 읽을 수 있는 나의 능력은 어쨌든 루이 알튀세르 덕분이다. 알튀세르를 만나기 전에, 나는 여러 차례 『윤리학』을 읽으려 했지만 『윤리학』의 [각 부의] 시작하는 쪽들을 지키고 있는 정의들과 공리들에 의해 거부당하고 있는 것을 알게 될 뿐이었다. 정의들을 읽으면서 실체, 양태, 속성, 본질이라는 공허한 추상적 개념들의 원환으로 보이는 것에서 각각의 용어가 다른 용어들과 관련되고 교대로 다른 용어들은 그 용어와 관련된다는 느낌에서 전적으로 벗어날 수 없었다. 도움을 받고자 영어권 학술지들을 펼쳐 보니 스피노자가 독특한 내력으로 인해 일종의 유대인 휠링크스가 된 반체제 데카르트주의자, 진정한 관심보다는 호기심거리여서 다음날을 위해 별 탈 없이 미뤄 둘 수 있을 저작의 대수롭지 않은 저자에 지나지 않는 걸 알게 되었다. 이것만이 아니라, 구할 수 있는 유일한 번역은 엘위스의 것이었는데, 그건 한 세기 이상이나 된 것이었고 어려운 것을 이해할 수 없는 것으로 만드는 데 성공했다.

그러한 맥락에서 스피노자 철학에 대한 조망을 방해하는 것과는 다르게 알튀세르는 몇 개의 단어, 정말 몇 개의 단어만으로 독자가 스피노자의 철학을 이해할 수 있게 해준다는 점에서 놀랍기 그지없다. 그는 스피노자에 관해 많은 언급을 하지 않았다. 그는 그 주제에 관해서도 50페이지 이상을 저술하지 않았으며, 대부분 자신이 죽기 10년 전에 집필하였다. 1970년대 중반까지 독자들이 읽을 수 있었던 건 이 중 12페이지 정도였다. 알튀세르는 엄격한 의미에서 스피노자의 원문을 고찰한 연구 논문을 전혀 발표하지 않았다. 이와는 정반대로 스피노자에 관한 가장 탁월하고 인상적인 알튀세르의 진술들은 경구와 미완성 유고의 형태를 취하고 있다. 마치 파스칼의 『팡세』처럼 책을 다 읽고 책꽂이 위에 올려놓은 후에도 오랫동안 독자들의 마음속에 여운으로 남아 행간의 이면으로 나아가게 하는 말로 표현된 것 이상의 힘을 갖고 있다. 알튀세르는 스피노자 저작의 명백한 신비, 난해하지 않은데도 분명히 어렵다는 이 신비를 해결하는 데 없어서는 안 되는 하나의 실마리를 제공해 주었다.

그는 우리에게 철학의 진리는 효과들에 존재한다고 말했다(이 점에서 그는 스피노자를 인용한 것에 불과하였다. 그러나 누가 이것을 알았을까?). 알튀세르는 자주 스피노자를 이해하고자 한다면 스피노자의 비판자들을 보라고 말했다. 그들이 스피노자를 비난하는 것은 무엇 때문인가? 스피노자의 철학에서 그들이 가장 못마땅하게 여기는 것은 무엇인가? 스피노자의 저작으로 인해 어떤 합법적이고 강압적인 수단들이 야기되었는가? 의심의 여지없이 그러한 접근법은 스피노자의 저작들이 철학사에서 가장 폭력적인 반응을 불러일으켰다는 사실을 쉽게 이해할 수 있게 해준다. 스피노자의 철학은 수많은 반박들뿐 아니라 법적-정치적 배제와 금지 조치들을 당했다. 알튀세르는 만약 우리가 이러한 반응들을 단순히 스피노자 철학을 이해하는 독자들의 주관적 오류라기보다는 스피노자 철학 자체의 객관적 효과들이라고 간주한다면(스피노자 '수용'의 역사), 우리는 단 한 가지 결론에 도달할 수 있을 것이라고 주장했다. "스피노자주의는 세계가 지금까지 보아 온 이단 중 가장 위대한 지혜 가운데 하나라고 말할 수 있다." (Althusser, 1976: 132/207)

그러나 알튀세르는 여기서 더 나아갔다. 그는 철학사가 변방으로 간주한 스피노자, 철학사의 부재하는 중심, 그의 저작들을 철학사의 억압과 부정 때문에 철학사가 암시적으로 언급할 수밖에 없는 부정된 진리로 만들었다.

> 스피노자의 철학은 전례가 없는 이론적 혁명, 아마도 전 시대를 통틀어 가장 위대한 철학적 혁명을 철학의 역사에 끌어들였다. … 그러나 이러한 급진적인 혁명은 강력한 역사적 억압의 대상이 되었고, 스피노자 철학은 일부 국가에서 그러했고 여전히 그러한 것처럼 마르크스주의 철학과 동일한 운명을 겪었다. 이는 '무신론'이라는 죄명에 대한 저주받을 증거로 이용되었다 … 철학의 역사가 억압해 온 스피노자주의는 그러므로 정치적 이데올로기와 종교적 이데올로기(이신론), 학문의 다른 영역들에서 실현되면서 비밀스러운 역사를 드러냈다. 그러나 이것은 우리 눈앞에 놓여 있는 철학의 무대는 아니었다.(Althusser, 1977: 102)

알튀세르의 말들은 『윤리학』을 시작하는 어려움을 전술적인 필요성, 따라서 저작 자체의 고의적인 결과로 이해할 수 있게 해주었다. 이는 검열

관의 주의를 다른 곳으로 돌리고 가장 진지한 독자들 외에 모두를 피하기 위해 계획된 속임수라고 볼 수 있을 것이다. 그러나 『윤리학』을 시작하는 것뿐만 아니라 적어도 저작을 읽는 것 자체의 어려움은 새로운 혁명적 방식으로 사고해야 하는 데서 발생하는 어려움 때문일 수 있다. 이는 기존의 개념들과 용어들을 이용해 여태껏 사고되지 않은 무언가를 사고해야 할 때 필연적으로 동반되는 엄청난 노력의 결과이다. 아마도 이것이 스피노자가 『윤리학』의 마지막 문장에서 언급한 『윤리학』의 탁월함일 것이다. 그는 "모든 고귀한 것은 드물고도 어렵다"(『윤리학』, 5부 정리 42 증명 ─ 옮긴이)고 선언했다.

그러나 알튀세르는 스피노자의 "이단적" 내용이나 그의 "혁명적" 프로그램을 해명하는 데는 실패했다. 스피노자의 저작에서 그러한 반발을 불러일으켰던 것은 무엇인가? 이는 대개 추측되었고 나중에는 알튀세르의 유명한 문구들 이면에서 저작, 원고, 초안, 심지어 강의 노트에 이러한 의문들에 대한 해답을 암시해 주는 일관된 내용들이 존재한다고 기대되었다. 오늘날에는 실제로 사실로 드러나는 것처럼 알튀세르는 스피노자에 관해 그 이상 직접적으로 말한 것이 없다는 의심은 거의 받지 않았다. 다행스럽게도 다른 이들이 "전 시대를 통틀어 가장 위대한 철학적 혁명"이라는 의미를 재건하려는 발걸음을 내딛었다. 1970년대 중반부터 알튀세르와 함께 스피노자를 발굴해 낸 많은 철학자들의 연구는 비록 전부는 아니었지만 알튀세르는 결코 상상조차 하지 않았던 스피노자의 저작들에 빛을 밝혀 주었다. 이러한 철학자들 중에는 마슈레, 발리바르, 모로가 있었다. 물론, 질 들뢰즈와 안토니오 네그리, 알렉상드르 마트롱처럼 상이한 전망과 경로를 통해 1965년 알튀세르가 자신의 저작 『마르크스를 위하여』에서 도발적으로 요약해 놓은 견해에 정확하게 도달한 이들도 있었다. 앞서 거명한 철학자들은 모두 스피노자에 관한 주요 저작들을 집필하였다. 단지 주석서가 아닌 이러한 저작들은 피에르 마슈레가 그랬던 것처럼 단순히 스피노자에 관해서가 아니라 스피노자와 함께 사고하려는 최초의 시도였으며, 스피노자 철학의 수용을 철회할 수 없도록 바꾸어 놓았다. 실제로 이러한 철학자들 간에는 중대한 차이가 존재하지만, 스피노자는 온전한 의미에서 우리와 동시대인이며, 그의 저작에 존재하는 것처럼 보이는 불가해성은 그 자체로 현재의 얼마간의 불투명성에 있음을 시사하고 있다는 점에서 서로 일치한다. 스피노자가 오늘날의 독자들을 곤란하게 만드는 난점들에도 불구하고 17세기 말과 18세기 초, 대다수의 (또는 적어도 견해를 문서의 흔적으로 남겼던) 독자들은 학문적으로 정통한 주석서 없이도 직접 스피노자 저작의 의미를 분명하게 이해할 수 있다고 주장하였으며, 일반적으로 그것이 의미했던 바가 무엇인지에 대해서도 공통된 견해를 보였다는 점은 상기해 볼 만하다. 더욱 놀라운 것은 그들이 스피노자가 명백하게 밝힌 의도들과는 반대로 그의 저작을 해석하는 경향이 있었다는 점이다. 스피노자 시대에 가장 인상적이고 대표적인 주석 가운데 하나를 인용하자면 『윤리학』은 신의 단순한 실존에 대한 증명뿐 아니라 신의 절대적 완전성이라는 가면을 쓰고 나아가기 때문에 더욱 효과적인 무신론으로 "이제까지 글로 써진 무신론 서적 중 가장 체계적인 저서"이다. 그래서, 내재적 원인이라는 개념은, 즉 창조에 앞서지도 그것을 초과하지도 않으며 목적을 달성하기 위해 여태껏 실존하지 않았던 수단을 창조하지도 않는, 자신의 창조에서 신의 완결된 내재성은 신을 "실존하는 것" 혹은 "있는 모든 사물들"로도 바꾸어 놓은 교묘한 방법이 되었다. 따라서 신에게서 빼앗은 세계는 통일성도 일관성도 목적도 갖지 않으며, 무한한 독특성들만을 갖는다.

스피노자의 정리들이 그의 시대에 아무리 충격적인 것으로 드러날지라도, 그것들은 우리 시대에는 전혀 그렇지 않은 것 같다. 현시점에서 남겨진 스피노자의 철학은 자연의 작동에 대한 모든 초자연적(신학적, 비신학적 모두) 해명을 파기하고, 인간이 창조한 우상들에 대한 인간의 역설적 의존성으로부터 인간성을 자유롭게 하고자 시도했던 유럽 계몽주의 시대의 한 순간으로 격하될 수 있다. 그러한 소견이 전적으로 그릇된 것은 아니지만, 그것은 스피노자가 지금의 우리로 이어지는 우리의 발전 과정에서 필연적인 단계인 한에서라는 점을 제외하면, 그의 중요성을 현재와는 무관한 선행자의 것으로 제한하는 결과를 낳았다. 그러나 알튀세르가 스피노자는 그의 시대뿐 아니라 우리 시대에도 이단자였으며, 20세기 중반에 그의 저작을 둘러싼 상대적 침묵은 수용할 수 없는 특정 사상에 대한 방어일 뿐이었다고 주장했음을 상기해 보라. 오늘날 스피노자의 이단을 차츰 이해하게 되면서 우리는 『말과 사물』의 결론에 가까운 푸코의 선언, 즉 신의 소멸은 인간의 죽음을 의미할 수 있을 뿐이며, 인간학은 오늘날의 것이고 앎의 방법에서 걸림돌인 신학은 이전 시대의 것이라는 것을 떠올릴 수 있다 (Foucault, 1973/366). 물론, 여기에서 푸코는 니체가 선언한 신의 죽음 그리고 인간을 넘어선 신의 의도의 파멸에 대해 거론하고 있다. 그러나 니체의 저작이 이러한 효과로 판단된다면 푸코는 인간학에서 완전히 벗어나지 못한(이는 반드시 인정되어야 한다) 니체보다 신학적·인간학적 순환논법을 더욱 상세하게 분석한 스피노자를 거론하는 것이 한층 더 유익했을 것이다. 스피노자가 자신의 창조에 앞서 또는 자신의 창조 외부에 존재하는 신에 대한 모든 통념과 모든 형태의 신학적 초월성을 거부하듯 그는 인간이 자연의 외부에 존재한다는 가설, "자연의 질서를 따르기보다는 방해하고 자신의 행동에 대해 절대적인 권력을 행사하며, 다른 원인이 아닌 그 스스로에 의해 결정된다"는 "국가 속의 국가"(E, 3부 서문)라는 가설을 인간성에 대한 철학적 반성의 중심 오류로서 거부해야만 한다. 비물질적인 영혼이나 정신을 자연계와 결합시켜 영혼이나 정신이 자연계와 끊임없이 갈등하게 하는 물체적 실존을 영혼이나 정신이 초월한다는 신학과 철학의 오랜 논쟁에 반대해 스피노자는 정신과 신체는 동일한 것이며, 신체에 영향을 미치는 물리적 힘은 같은 정도와 같은 방식으로 정신에도 영향을 미친다고 주장했다. 스피노자가 작성한 가장 혁명적인 주장 가운데 하나는 "신체의 역량이 줄어드는 만큼 정신의 역량도 줄어든다"였다. 자연과 인간을, 신체와 정신을, 행위와 사유를 분리하기 거부한 그는 이로 인해 철학의 역사에서 가장 철저한 반-인간주의자가 된다. 의심할 여지없이 우리 시대를 위한 그의 이단을 구성하며, 오늘날 그의 저작이 불러일으키는 특유한 형태의 불가해성과 열망을 해명해 주는 것은 바로 이것이다. 스피노자의 이론적 반-인간주의를 확인함으로써 우리는 그가 어느 정도 과거에 속하지 않고 현재에 속하는지 그리고 17세기에 고유하게 나타났던 논쟁들이 현재에도 거의 변형되지 않고 얼마만큼 반복되고 있는지를 이해할 수 있다. 사실상 내가 만일 스피노자의 뜻밖이고도 역설적인 동시대성을 강조하고자 했다면 호먼스의 미국 사회학회 연례 모임 대표 연설이자 1964년에 「인간을 복원하기」Bringing Men Back In라는 제목으로 출판된 사회학의 고전을 연상시키기 위해 나는 이 연구를 「신체를 복원하기」Bringing The Body Back In라고 불러야 했을 것이다. 사회학의 기능주의학파에 대한 불만을 표명하면서 호먼스는 학문 간의 경계를 가로질러 우리 시대에 패권적으로 등장하게 될 입장(여기에서 열거하기에는 너무나 잡다하고 복잡한 이유들로)을 간략하게 설명했다. 그가 주장했던 구조, 제도, 규범, 역할에 관한 언급은 모두 이러한 실재들이 뒤르켐이 (사회학적 분석에 적합한 대상으로 이를 간단하게 처리하기 위해 정확히) '개별 의식들'이라고 했던 것에서 비롯되고 따라서 반드시 그것으로 설명되어야 한다는 사실들을 모호하게 만들었다(Homans, 1964: 810). 호먼스는 내가 훗날 그 의미를 검토할 기회를 갖게 될 상당히 징후적인 제스처에서, 뒤르켐의 문구인 '개별 의식'을 그가 보다 적합한 유의어라고 생각한 '인간'으로(후자가 전자보다 조금 더 '구체적'이라는 명백한 신념을 가지고) 대체하기로 결정한다. 그는 단지 사회적 균형 상태의 재생산만을 설명하려는 기능적 분석의 경향을 "인간을 복원"하는 것과 더불어 "인간에게 약간의 피를 수혈해 줄"(816) 방법론으로 대치한다. "인간에게 피를 수혈한다"는 문구는 단지 사회학적 담론의 거래에서 주식이 되어 온 피도 눈물도 없는 추상적 개념이 아니다. 여기에는 더욱 엄밀한 의미가 있다. 호먼스에 따르면 '우리의 피 속에'라는 것은 환유적인 수사이다. 모든 인간, 더 정확히 말하자면 단지 추상물에 불과한 것이 아닌 인간의 혈관에 흐르고 있는 것은 '자기 이익'을 채우려는 불가피한 요구이다. 과거 사회학자들이 인간의 행동을 설명하기 위해 추론의 근거로 삼았던 현상들은 이제 그 자체로 해명되어야만 한다. 더 이상 사회가 아니라 자유로운 선택들을 가짐으로써(물론, 언제나 제한된 '선택들'의 메뉴에 직면하는——다른 점에서 보면 역사가 이런 끝이 없는 세계에 접어드는 것은 바로 여기에서 그리고 오직 여기에서이다) 자율적인 개인이라는 기원에서 모든 사회적 사실들이 발생한다. 호먼스는 자신이 인간은 "고립되어 있다"(Homans, 1964: 817)는 가정을 하지 않는다고 주장하지만, 그는 오히려, 근본적으로 또는 본성상(어떤 문구를 선택하든) 인간은 분리된다고 가정한다. 각각의 인간들은 '자기 이익'에 의해 동기를 부여받는다. 이익은 자신에게만 속하는 것이자, 다른 누구의 것이 아니라 자신의 이익을 추구하려는 개인들의 계략을 뒤엎지 않고는 다른 사람이 함께할 수 없는 것이다. 이 점의 역사적 유래들은 깊이 생각해 보지 않아도 된다. 호먼스가 매우 선명하게 역사적 유래들을 주장하고 있으니까. 모든 인간 행위의 근거, 사회학적 추론의 부차적인 추상적 개념 이면에 존재하는 근본적 실재는 『리바이어던』13장에 설명되어 있는 그것이다. 루소를 쉽게 설명하기 위해 호먼스는 실재를 찾아 나섰고, 홉스를 발견했다. 모든 사회 이론이 반드시 해명해야 하는 근본적인 질문(그리고 호먼스 자신은 그렇지 않다고 주장하는 것처럼 우리가 인간이 '고립되거나 비사회적'이라고 가정하지 않는다면, 이는 정말로 기묘한 문제이다)은 어째서 그저 만인에 대한 만인의 전쟁보다는 어떠한 종류의 사회적 유대가 존재하는가이다. 홉스의 경우에서처럼, 이러한 새로운 사회 이론의 토대에 인간학 즉 인간 본성에 대한 이론이 있다.

바로 그 해 1964년에 알튀세르는 「맑스주의와 휴머니즘」(1년 후 『맑스를 위하여』에 수록된)이라는 제목의 글을 발표했다. 알튀세르는 호먼스를 거론조차 않고 ──알튀세르는 호먼스의 저작을 잘 몰랐던 것이 거의 확실했다── 앞에서 간략하게 설명한 입장을 알튀세르도 인정하듯이 스피노자의 '이론적 반-인간주의'에서 유래한 용어들로 상세하게 비판하였다. 모든 사회적 행위의 구체적인 실재이기는커녕 '인간'은 인간성에 대한 이해를 방해하기만 하는 "철학적(이론적) 신화"이다. 철학적 인간학의 완벽한 사례인 호먼스에 따르면 인간은 한 사람도 빠짐없이 모든 인간의 역사에 선행하고 이를 설명해 주는 단일한 본질의 실현이다. 애초에 육체에 생명을 불어넣어 줄 유일한 추상 개념이 기원에 놓여 있다. 정확하게 똑같은 역사적 순간에 제시된 완전히 대치하는 이러한 주장들과 관련해 놀랄 만한 것은 스피노자가 사망한 지 거의 3백 년이 지난 후에도 동일한 철학적 투쟁이 행해지고 있다는 사실이다. 다음으로 이는 철학이 내적 갈등들의 해결을 통해 앞으로 나아가는 변증법적 진보의 장소가 아니라 오히려 해결할 수 없는 갈등과 무한한 반복의 장소임을 보여 준다.

이러한 끊임없이 회귀하는 갈등에서 문제가 되는 것을 이해하기 위해 다른 점에서는 정치적·철학적·문화적으로 완전히 반대되는 두 사상가의 견해가 일치해 보이는 지점을 고찰할 수 있을 것이다. 우리는 호먼스가 뒤르켐의 '개별 의식들' ─ 호먼스의 은유를 인용하자면 "피도 눈물도 없는" 명백히 '추상적'이고 철학적이며 육체에서 분리된 문구인 ─ 을 '인간'으로 번역하기로 결정했고 그렇게 함으로써 추상 개념에 구체적인 형태를 제공하고 추상 개념을 이상적 실재로 만들었다는 것을 떠올릴 수 있을 것이다. 실제로 "인간의 '의식' 즉, 그들의 태도"(자세라는 물리적 의미에서)와 "그들의 행동"(1990, 235/412, 번역수정)[1] 이라고 쓸 때 알튀세르는 이와 유사하게 번역(형식과 내용에서 스피노자를 직접적으로 암시하면서)한 것이 분

---

1) [옮긴이] 저자의 인용 쪽수는 242로 되어 있지만 이것은 저자가 출처로 지시한 영어 번역판이 아니라 프랑스어판 쪽수이다. 영어판에서 이 구절은 235쪽에 나온다. 이는 알튀세르의 문장을 직접 번역하여 인용하면서 생긴 실수인 것 같다. 『맑스를 위하여』의 영역자인 벤 브루스터(Ben Brewster)가 "men's 'consciousness', that is, their attitudes and behaviour"라고 옮긴 프랑스어 원문은 "la «conscience» des hommes, c'est-à-dire leur attitude et leur conduite"이며, 이것을 영역자와 달리 워런 몬탁은 "men's 'consciousness', that is, their attitudes and conduct"로 옮긴 사정에서 유추할 수 있다.

명하다. 그러나 겉으로 드러난 것들은 오해를 불러일으킬 수 있다. 의식을 인간으로 번역하는 호먼스는 의식이 행위를 하게, 혹은 더 구체적으로 의식의 의도들을 실현하도록 하는 피와 살을 의식에 줌으로써 의식을 보존한다. 따라서 인간은 육체화된 의식, 바라는 목적을 실현하기 위해 자기 마음대로 세계에 작용을 가하는 수단을 가진 의식이다. 의식은 모든 인간 실천의 기원이 되는 원리이며, 이 원리가 부재하다면 인간 세계는 설명될 수 없고 단지 기술될 수 있을 뿐이다. 호먼스에게 인간의 행위들이란 그것들에 선행하며, 그것들에게 의미와 방향을 제시해 주는 것, 즉 육체에서 분리된 '자아'나 인성의 표현들이거나 구체화들이다. 호먼스의 방식에서 어떠한 설명도 신체와 신체의 배치들, 신체의 운동들, 다른 신체들과의 결합을 넘어서 신체의 너머에 놓여 있고 신체를 통제하는 것으로 시선을 돌리는 것이 본질적이다. 그때, 매우 중요한 의미에서, 기능주의가 덜 구체적이어서가 아니라 오히려 기능주의가 기술하는 현상들이 너무 추상적이거나 육체에서 분리된 것이어서, 물질적 세계 너머 의식의 비물질성에 자리한 그것의 기원들, 적어도 '인간과학들'에 유의미한 방식으로 신체들과 사물들을 움직이는 의지와 사유라는 정신적 행위들을 보는 데 실패했다는 것이다. 인간의 본질은 단순한 물질적 세계를 초월하며 물질적 세계 너머에 위치한 자리에서 물질적 세계를 설명하는 것이다.

이 점에서 호먼스와 홉스의 동맹은 충분한 의의가 있다. 왜냐하면 작동하기 시작하는 것은 홉스의 방법일 뿐만 아니라 그러한 방법의 정치학이기 때문이다. 신체의 배치에 앞서는 '의식' 혹은 의지 그리고 신체의 배치의 지배자라는 투영은 적어도 주어진 사회적 관계에 대한 설명만큼이나 자주 정당화에서도 필요한 역할을 해왔다. 홉스에서 유래하는 자유주의 이론은 우리에게 사회, 사회의 상태뿐만 아니라 노동자와 고용주처럼 '평등한' 개인들 사이에 자유로운 상호작용들을, 복종과 종속이라는 물리적 외양이 아니라(결국, 외양은 오해를 불러일으킬 수 있으므로 따라서 모든 철학자들이 알고 있는 것처럼 육안으로 보이는 세계를 넘어 실재하는 것으로 가야할 필요) 그러한 관계의 기원인 의지의 개별적 행위들을 통해 판단할 것을 요구한다. 아무리 관계가 억압적이거나 불평등할지라도 만약 이 관계가 개인들의 자발적이고 이기적인 합의에 기원을 두고 있다면, 절대적 합법성을 지닌다고 말할 수 있다. 의식을 행위와 실천으로 번역함으로써 알튀세르는 반대로, 힘에 대항하는 힘의 순수하게 물질적인 세계, 신체들이 다른 신체들에 의해 움직이는 세계, 신체들과 그것들의 힘들의 순수하게 물질적인 세계에 우리를 남겨두고, 의식을 스피노자의 신처럼 행위와 실천의 결과들 속으로 사라지게 만든다. 그 세계에 적어도 의식이 존재한다면, 그것은 결과로서 있는 것이지 원인으로서 있는 것이 아니다. 의식은 더 이상 어떤 것을 설명하거나 정당화할 수 없으며, 그것은 적어도 어떤 것을 인증하는 지배 관계에 소급적으로 투여된 보충물로서 나타난다. 이러한 실재의 더 깊고 현실적 수준이 제거되고 나면, 우리에게는 안도감에 잔인하게 자리 잡은 종속된 신체들의 세계가 남는다. 신체를 다시 도입하는 것은 의식을 잠에서 깨우고, 자신들의 행위들을 결정하는 힘들을 알지 못하므로 행위들을 바꿀 수도 없으면서 그들 자신의 운명의 주인이 자신들이라며 꿈꾸고 있는 개인들을 정치적 몽유병에서 깨어나게 하는 것이다. 그것은 변명하거나 해명하는 보충 없이 세계의 물질성에 합의하는 것이다.

그러나 이러한 방법으로 신체에 대해 주목한다고 해서 모든 다른 현상들이 환원될 수 있는 사물이나 원자 또는 모나드와 같이 분석에 있어 최종적이고 안정적인 지점이 확립되는 것은 아니다. 반대로 스피노자에게서 신체, 모든 신체는 필연적으로 합성되어 있고, 보다 작은 신체들로 구성되며, 보다 작은 신체들 그 자체도 무한하게 다른 신체들로 구성되어 있다. 신체들은 경계의 안정성을 나타내기는커녕 끊임없는 재구성에 종속된다. 정신이 마치 개체적 자율성의 원리로서 기능하는 만큼 자연을 초월한다고 생각되는 것처럼(어느 정도냐면 데카르트의 사유하는 사물$^{res\ cogitans}$은 단 한 순간 동안이라면 절대 고독을 상상할 수 있다), 신체는 전체적으로 자연과의 관계에서 그리고 다른 인간 존재들과의 관계에서도 개체를 의존적 실존에 처하게 하는 것처럼 보이기 때문에 정확히 평가 절하된다. 신체는 생존을 위해 다른 무수히 많은 신체들과 인간, 비인간을 필요로 한다. 자연적인 것과 사회적인 것 사이의 대립은 더 이상 적절하지 않으며, 가장 자유주의적인 정치체제조차 '통제 사회'임이 드러나는 관점에서 '신체의 역사'를 쓰라는 푸코의 명령 이면에 놓여 있는 것은 정확히 그러한 반영들이다. 스피노자의 성찰들은 현재 페미니즘적 탐구들을 여성에 대한 억압은 불평등하게 분배된 권리들과 소유의 체제에 우선적으로 속한다는 통념을 넘어 모든 합법성과 무관할 뿐만 아니라 심지어 이것에 대립하는 종속의 물체적 형식들에 대한 연구로 나아가도록 촉진하였다.(Butler, 1993; Grosz, 1994; Gatens, 1996)

"누구도 정신에 의해 결정되지 않고 신체가 할 수 있는 것과 할 수 없는 것이 무엇인지 아직까지 알지 못했다"(『윤리학』, 3부 정리2 주석 ― 옮긴이). 이는 스피노자의 유물론적 원리가 되며, 그것은 내가 다음의 연구에서 탐구하고자 하는 세 가지 논제로 요약될 수 있다.

1. 신체의 해방 없이는 정신의 해방은 있을 수 없다.

2. 집합적 해방 없이는 개체의 해방은 있을 수 없다.

3. 이런 정리들의 문자로 된 형식은 그 자체로 앞서 존재하는 정신의, 영혼의 의도를 현실화하거나 물질화하는 것이 아니라 다른 신체들 사이의 신체로서 그 자체로 물체적 실존을 소유한다. 스피노자의 철학은 '누가 그 것을 읽었는가?' 그리고 '그들 중 얼마나 많은 이들이 그것을 이해하였는 가?'와 같은 질문들을 그것이 '정신들에 대해 또는 정신들 안에서뿐만 아 니라 신체들에 대해서도 어떠한 물질적 효과들을 생산하였는가?' '그것이 신체들을 어느 정도까지 움직였으며 신체들로 하여금 무엇을 하도록 했 는가?'로 대체할 것을 강제한다. 나는 이러한 마지막 질문들을 제기하면서 시작할 것이다.

차례

신체, 대중들, 역량

스피노자와 그의 동시대인들

1장

성서와 자연
문자의 물질성

플라톤, 아리스토텔레스, 소크라테스 등의 권위는 제게 큰 무게가 없습니다. 만일 선생님께서 에피쿠로스, 데모크리토스, 루크레티우스, 또는 원자주의자나 원자 이론을 믿는 이들 중 한 명을 논거로 내세우셨다면 저는 놀랐을지 모릅니다. 신비의 성질, 의도가 있는 종(種), 실체적 형상, 그리고 수많은 어리석은 것들을 믿은 사람들이 유령과 혼령을 상상했고 데모크리토스의 권위를 약화하려고 노파를 믿었다는 점은 전혀 놀라운 일이 아닙니다. 그들은 데모크리토스의 유명세를 시기해서 그가 출간한 모든 책을 불태웠을 정도입니다.(*Letters*, 56/324)

스피노자 읽기는 스피노자의 읽기 이론을 검토하는 것으로 시작해야 한다는 것이 명백해 보인다면, 우리는 그러한 출발이 매우 스피노자답지 않다는 것을 아마도 먼저 알아야 한다. 그가 '성서 해석'이라는 통념을 전개한 저작인 『신학정치론』은 작동하는 읽기 이론의 주장으로 시작하지 않는다. 반대로, 스피노자가 자신의 '해석' 방법을 논의하기를 원하기 전까지,

읽기의 실천은 여섯 개의 장(라틴어로 거의 100페이지 분량)을 통해 진행된다. 그러한 절차는 아주 저명한 스피노자의 동시대인들, (오직 데카르트의 경우만을 인용하며) '방법서설'에서 시작해야 한다고 생각했던 거의 모든 이들과 스피노자를 분리하는 심연을 드러낸다.

초기 저작인『지성교정론』에서 스피노자는 방법을 다음과 같이 정의한다. "반성적 인식 또는 관념의 관념과 다르지 않으며, 먼저 관념이 존재하지 않으면, 관념의 관념은 존재하지 않기 때문에, 먼저 관념이 존재하지 않으면, 방법도 존재하지 않을 것이라는 결론이 따라나온다"(*TIE*, 1985, §38). 피에르 마슈레는『헤겔 또는 스피노자』에서 "『지성교정론』은 일종의 『반反방법서설』로서 읽어야 한다"고 도발적으로 제안하면서, 이 구절에서 전통적인 우선권의 순서가 역전되었다고 지적한다(Macherey, 1979: 57/78). 방법은 "참된 것의 발현 조건이 아니라 반대로 그 효과, 그 결과다. 방법은 인식들의 전개 과정에 선행하지 않으며, 이를 표현하거나 반영한다"(Macherey, 1979: 56/76). 스피노자가 예언과 기적들이라는 성서의 이야기에 대한 분석을 완전히 전개한 후에 자신의 성서 해석 방법을 설명하려고 기다린다면, 이는 "방법론을 정식화될 수 있기 전에 우선 방법을 실제로 작동해 봐야 하기"(Macherey, 1979: 57/77) 때문이다. 기하학에서 증명의 방식을 빌려와서 정의들과 공리들로부터 시작하는 저작인『윤리학』에서조차 스피노자는 인식 자체의 과정이나 활동에 선행하며 따라서 외재적인 방법이라는 통념을 거부한다. 만일 우리가『윤리학』의 논리적 출발점을 잡아야 한다면, 그 출발점은 "인간은 사유한다"Homo Cogitat라는 간략한 문장인 제2부의 공리 2가 될 것이다. 알튀세르가 제시한 바와 같이 출발점은 자신의 과잉을 나타낸다. 출발점은 없으며 따라서 서두나 서문도 필요하지 않다. 사유하기와 인식은 언제나 이미 시작되었으며, 방법은 이미 알려진 것에 대한 반영(관념의 관념)에 불과하다.

그러나 『신학정치론』의 경우에는 방법에 대한 진술을 유예하는 추가적인 이유들이 있다. 여섯 개의 장을 뒤로 미룬 것은 또한 전략적인데, 독자들이 스피노자가 제안하는 방법이 철학에서 어떤 입장, 여섯 개의 선행하는 장들이 방법을 인도하도록 고안된 입장을 공유하고 나서야 그가 제안하는 방법을 그의 독자들이 받아들이거나 심지어 고려할 준비가 된다는 스피노자의 계산의 결과이다. 그러한 신중함(어쨌든, 스피노자의 반지에는 '주의'^{caute}라는 인장이 새겨져 있다)은 확실히 부분적으로는 레오 스트라우스와 보다 최근에는 앙드레 토젤이 논한 바와 같이, 어느 정도는 종교적 박해의 위험 아래 저술한 결과였다(Strauss, 1952; Tosel, 1984). 그러나 보다 중요한 것은 이것이 그가 이해했던 것처럼 철학을 실천하는 데 있어 피할 수 없는 조건이라는 것이다. 스피노자에게 진리들을 언명하고, 그것들이 어둠을 밝혀 주기를 기다리며 이성만의 힘으로 독자들을 계몽하거나 납득시키기를 기다리는 것은 충분하지 않다. 심지어 식자들 사이에서조차도 사유를 변용시키는 이성적 논의의 능력은 극도로 제한되어 있다. 신체와 정신의 예속은 인류의 공통적인 상태이다. 그러나 그러한 논평이 철학의 실패에 대한 변명이 될 수 없으며 우중愚衆의 손에 의한 실천가의 순교를 정당화해 주는 것도 아니다. 다른 어떤 인간적 시도와 마찬가지로 철학 역시 의도가 아니라 오로지 생산하는 결과에 의해서만 판단되어야 한다. 마슈레가 지적했던 것처럼 스피노자는 정치에서와 마찬가지로 철학에서 마키아벨리주의자였다. 정치가에게 그런 것처럼 철학자에게도 어떤 이가 이 세계에서 자신의 실패를 '뒤집을' 수 있거나 또는 완패한 군주들이나 오해를 받은 철학자들의 '정당성을 입증'하기 위해 역사의 평결에 대해 항소를 할 수 있는 이성의 대법원은 없다. 대신에, 주어진 결과를 생산하기 위해 필요한 행동인지만을 묻기 때문에, 스피노자는 "사물의 실재적 진리"la verita effetuale della cosa [Machiavelli, 1964: 126/107, 번역 수정]에 대한 마키아벨리의 애착과 도덕적인 것(행동이 선한지를 판단하는 것과 관련이 있다) 또는 법적인 것(행동이 올바른지를 우리가 결정하기를 요구하는)이라는 '상상의' 영역에 대한 마키아벨리의 경멸을 고스란히 간직하고 있다. 마키아벨리의 말들은 그것들이 진리인 것만큼이나 잔혹하다. "무기를 든 예언자는 모두 성공한 반면 말뿐인 예언자는 실패하였다"(Machiavelli, 1964: 45/42). 철학이 단지 상상적인 실존에 불과한 것이 아니라 현실적 실존을 가져야만 한다면, 반드시 현실적인 결과를 생산해 내야 한다는 것을 깨달을 때 철학은 스스로를 무장하기 시작한다. 실제로 스피노자는 『윤리학』 제1부의 마지막 정리에서 다음과 같이 주장한다. "그 본성으로부터 어떤 결과가 따라나오지 않는 것은 아무것도 없다"[정리 36]. 그러기 위해 단순히 진리를 표명하는 것만으로는 만족할 수 없으며, 반드시 진리의 결과들을 적극적으로 생산하고자 노력하여야 하는데, 이 두 활동들은 상황들에 의존하기 때문에 반드시 동시에 일어나지는 않는다.

　　철학자는 진리를 표명하는 것이 다음의 딜레마에 이르게 될 때, 진리의 결과를 어떻게 생산하는가? 어떤 이는 청중의 이성이 무력해지는 정도까지 그들의 열정을 자극함으로써 스스로 무장 해제하거나, 보다 단순하게 어떤 이는 독자들의 지성이 자유롭게 작동하기 위해 우선적으로 중화되어야 하는 잡다한 선입견들을 고려하는 데 실패함으로써 이해받지 못하는 상태로 있게 된다. 물론, 거부된 텍스트가 나중에, 아마도 몇 세기 후에 갑작스럽고 예기치 않게 새로운 관념과 마주침으로써 갑작스럽게 이해되는 것이 가능하다. 스피노자는 고대 원자론자들인 데모크리토스와 에피쿠로스, 루크레티우스의 사례를 인용한다. 이들의 저작은 고대와 중세에 지배적인 철학의 공격을 받았으며 그 결과, 갈릴레오의 과학과의 마주침에서 재개되기까지 휴면 상태에 있었다. 그들의 사례를 염두에 두면서 그러나 자신의 저작을 수동적으로 운에다 내버려두는 것에 만족하지 않고, 스피노자는 독자들에게 신학(이는 의지대로 받아들이거나 거부할 수 있는 신체에서 분리된 한 집합의 관념에 불과한 것이 아니라 오히려 어떠한 방법으로도 피할 수 없는 일련의 물질적 실천에 내재하는 관념들이다)을 포기할 것을 설득하고자 하지 않았다. 그 대신 스피노자는 신학의 가장 강한 방어물인 전제를 어느 정도 받아들여 그것을 신학 자체에 맞서게 함으로써 신학 안에서, 신학의 용어들로 합리적으로 사고하는 방법을 보여 주려 하였다.

스피노자는 어떻게 그의 상대들의 입장을 점령할 수 있었을 뿐만 아니라 어떻게 그들 자신의 가장 강력한 무기가 그들을 향하도록 할 수 있었는가?(Althusser, 1994) 우리는 그의 수사-철학적 전략을, 토젤을 따라, 'sive'(라틴어 접속사 '즉')의 작용, 번역과 치환의 전략이라고 부를 수 있는데(Tosel, 1984: 55), 『윤리학』의 서문에서 4부까지 '데우스, 시베 나투라' Deus, sive Natura, '신, 즉 자연'이라는 구절은 가장 유명한 예다. 우리는 그것을 철학적 표어라 부를 수 있는데, 이 철학적 표어에는 그것이 신의 초월성에 대한 근본적인 폐지를 긍정한다는 것을 동시에 긍정하며 부정한다는 바로 그 사실에서 스피노자 철학의 내용과 형식이 모두 요약되어 있다. 알튀세르가 매우 정확하게 지적한 바와 같이, 스피노자는 결코 정의들, 혹은 더 정확하게 말하자면 자신의 철학을 "자신의 시대에 위협적인"[Althusser,

1976: 134] 것으로 만드는 치환들로부터 시작하지 않는다. 그것들은 오히려 대체로 결론 같지 않은 일련의 논증들의 결론들로 도래하며 차라리 보충으로 나타난다. 그러므로 스피노자가 『윤리학』에서 반복하고 있는 주장, 우리는 반드시 사물들의 원인을 통해 그것들을 이해하여야 하며 따라서 신에 대한 인식은 틀림없이 세계에 대한 인식에 선행해야 한다는 주장은 일종의 초월주의 즉, 자연적인 것에 대한 초자연적인 것의 탁월함이라는 통념을 다시 긍정하는 것처럼 보인다. 우리가 신은 자신의 창조 외부에 그리고 자신의 창조 이전에 존재하지 않는 그러한 원인이며, 신의 단일성은 무한한 독특한 본질들의 다양성으로 표현될 뿐만 아니라 구성된다는 것을 알고 있다면, 이 주장은 상반되는 의미로 이해된다.

『신학정치론』에서 스피노자는 3장까지 기다렸다가, 통상적으로 자유롭고 의식이 있는 행위자라는 통념과 관련된 "신의 인도"라는 문구는 "자연의 법칙들"로 번역되어야 하며 또한 "신의 의지"는 단순히 어떤 것이 현행적으로 발생한다는 것을 의미한다고 우리에게 말한다. 마찬가지로 마키아벨리와 더불어 역량의 관계들 혹은 힘의 관계들만이 정치에서 진리를 구성한다는 스피노자의 주장, 사법적 초월성에 대한 스피노자의 비판은 정치란 본질적으로 사법적이며, 주권, 권리 그리고 의무에 관한 질문들에 의해 정의된 분야라고 여기는 청중들에게는 [그들이] 정치를 이해할 수 있게 만드는 조건 때문에 부분적으로 이해하기 어렵다. 권리의 언어는 그것이 계속해서 역량의 언어(권리, 즉 역량$^{jus, sive potentia}$)로 번역되는 그 순간에 보존된다. 실제로, 우리는 스피노자가 직접적으로 혹은 간접적으로 제시하는 표어로 스피노자의 철학을 요약할 수 있다. '신, 즉 자연' 그리고 '권리, 즉 역량'. 엄밀히 말하자면, 그것들이 가역적이지 않다는 점에서 이것들은 전혀 동등한 것들이 아니다. 자연은 절대로 신이 되지 않으며, 역량은 절대로 권리가 되지 않는다. 그러나 첫번째 용어는 두번째 용어로 변역되고 나서 두번째 용어에 의해 치환된다. 신은 자연(결과들에 앞서 실존하지 않으며 결과들 없이는 있을 수 없는 내재적 원인)으로, 권리는 역량으로 즉, 포텐시아 potentia, 물리적 의미에서 역량, 즉 힘(이것의 밖에서 권리는 의미나 실재성을 갖지 못한다)으로 사라진다.

신이나 권리의 경우와 달리, 스피노자는 결코 '성서, 즉 자연'이라는 문구를 쓰지 않는다. 그러나 그가 [그 표어를] 갖고 있었을 수도 있다. 그 표어는 스피노자를 성경의 혹은 일반적인 성서 해석학(성경에 대한 기존의 접근들에 대한 스피노자의 비판의 힘과 정도를 철저히 축소하여 말하는 공통적인 독해들)에 대한 비판적-역사적 독해의 최초의 실천가라기보다는 성서를, 즉 기록을 성서의 물질성 안에서 자연의 일부로, 성서 그 자체의 외부에 어떤 것으로 환원될 수 없는 것으로서, 성서가 재현하거나 표현하는 것과 관련해 더 이상 이차적인 것, 일차적인 것으로 상정된 어떤 것의 반복 혹은 소산이 아닌 것으로 명시적으로 고려하는 최초의 철학자로 만들어 주는 것을 나타낸다.[1] 스피노자에게 있어 자연은 깊이가 없는 표면이다. 자연의 일부로서 성서는 어떤 것도 감추지 않으며, 그 어느 것도 별도로 간직하고 있지 않다. 성서의 의미를 말하는 대신, 우리는 이것이 다른 물체들 가운데 하

---

1) 성서 해석에 대한 스피노자의 논의를 다룬 가장 중요한 연구들은 다음과 같다. Sylvain Zac, *Spinoza et la l'interprétation de l'Écriture*, 1965; André Tosel, *Spinoza et la crépuscule de la servitude*, 1984, ch. 2; Stanislaus Breton, *Politique, religion, écriture chez Spinoza*, 1973b, ch. 4; Pierre-François Moreau, *Spinoza: l'expérience et l'éternité*, 1994, 307~377; Jean-Pierre Osier, "L'hermeneutique de Hobbes et de Spinoza", 1987.

나의 물체로서 생산하는 결과들에 대해 이야기하여야 한다.

그래서 수많은 주석가들 특히, 소문에 의하면 호의적이었던 주석가들이 스피노자에게서 철학적으로 전례가 없었던 것이 무엇인지를 발견하는 데 실패했다는 것은 놀랍지 않다. 이는 주로 정확히 스피노자의 명제들이 도달하게 될 수 있는 결론들을 두려워하여 그의 이단(그의 편지들이 보여 주는 것처럼, 그의 친구들이 종종 알고 싶어 하지 않았던)의 정도를 규명하려 했던 반대자들에게 맡겨졌다. 그의 이단은 미리 정해진 어떠한 신학적-정치적 도그마들이나 규범들으로부터 단순하게 일탈한 것이 아니었으며, 그의 시대의 교의들이, 비록 그것들이 특수하다 할지라도, 공유하는 철학적 문제들에 이의를 제기했다는 점에서 더욱더 이단적이었다.

그러나 성서의 물질적 실존에 대한 스피노자의 이론을 파악하려는 것은 스피노자의 이론 자체를 그것의 물질적 실존에서, 언어의 찌꺼기 속에서 추출해 낸 일련의 주장들로서가 아니라 정확하게, 스피노자의 이론의 글자로 쓰인, 문자적 물질성에서 스피노자의 이론 자체를 파악하는 것을 필요로 한다. 스피노자 철학의 현행성을 묵살하는 것, 이것에 감춰진 잠재적 의미나 이상적 의미들을 찾는 것은 자연에 감추어져 있거나 자연 너머에 있는 초자연적인 것들에서 자연의 진리를 탐구하는 사람들과 유사한 작업을 수행하는 것이다. 물론, 텍스트를 초월한 탐구를 거부하는 것이 텍스트들이 텍스트들을 둘러싸고 있는 신체들에 대해 독립적이라고 선언하는 것은 아니다. 반대로, 그것들은 셀 수 없는 마주침 속에서 다른 신체들에 영향을 미치며, 영향을 받는다. 텍스트를 초월하는 것은 자연을 이해하고자 하는 시도의 기원들이자 목적들에 상응하는 것으로서 기능할 것이다. 텍스트를 초월하는 것은 부가물로 이루어지는데, 텍스트에 그것의 진리,

원인 그리고 의미를 가장하는 방식으로 덧붙여진 이 부가물은 텍스트를 평가절하한다. 스피노자의 텍스트를 그것의 물질성 속에서 고려하는 것은 이것의 모순들, 불일치들, 허점을 텍스트에 숨겨져 있는 이상적인 질서로 변형시키기 위해 그것들을 해명해야 한다는 필요성을 느낄 필요 없이 규명하고 설명한다는 것을 의미한다.

『신학정치론』의 7장은 종교에 관한 인간의 실천에 얼룩진 치명적인 불일치를 지적하는 것으로 시작한다. 모든 인간은 성경을 구원의 길을 가르쳐주는 신의 말씀으로 여길 것을 주장한다. 그러나 여기에서 스피노자가 무지의 상태에서 살고 있으며 자신들의 정념에 이끌리는 일반인들을 가리키기 위해 사용한 용어인 불구스vulgus는 성경의 가르침들에 따라 살아가려 하지 않는다. 그러나 이 점에서 군중에 대한 스피노자의 비난은 다소 솔직하지 못하다. 왜냐하면, 이들은 단순히 믿음과 행동 사이에서 이러한 불일치를 나타내는 무지몽매한 사람들이 아니라 "거의 모든 사람들"[*TTP*, 140/7장 1절]이기 때문이다. 문제는 그들이 자신에게 이익이라고 알고 있는 행동을 하기엔 나약한 의지로 인해 고통을 겪는 것이 아니라, 신의 말씀을 성서에 계시되어 있는 것으로 확정하려는 노력을 하지 않는다는 것이다. 성서가 명확히 긍정하는 것만을 고수하며, 성서에 담겨져 있지 않은 모든 것(또는 혼란스럽게 쓰여 있는 것들)을 거부하기보다 인류의 대다수는 무수히 계속해서 증식하는 종교들의 성립으로 신성한 말씀의 현존하는 유일한 화신인 텍스트들을 완전히 무시한다. 실제로 성스러운 텍스트들은 부정되거나 거부되고negare 혹은 그것들을 찾아보게 되는 경우에는 설교자들과 신학자들이 자신의 발명품들commenta을 신의 말씀인 것처럼 팔러 다니려 하는 근거인 순전한 구실들praetexta에 불과해진다. 7장의 시작하는 구절에서 스피노자는 라틴어 명사 프라에텍스툼praetextum을 이용한다. 이는 단지 구실이라는 의미 말고도 어떠한 것을 가리는 외부의 덮개라는 의미도 갖고 있다. 주석가들에게 글자 그대로의 성서, 텍스트적 실존은 그들이 "심원하고" "숨겨진" 진리라고 주장하지만 실상 그들의 발명품에 지나지 않는 것의 장식품 혹은 덮개, 외피이다. 그들은 자연을 이차적인 것, 보다 실재적인 어떤 것으로부터 떨어져 있는 표현, 신의 의지라는 목적에 대한 단순한 수단(마치 신의 의지가 그 자신을 현시하는 행위의 외부에서 발견될 수 있는 것처럼)으로 평가절하하는 것과 마찬가지로 성스러운 말씀의 텍스트적이며 유일한 실존을 평가절하한다. 그러므로 스피노자는 "그들의 발명품들과 주장들을 성서로부터 끌어와서 신성한 권위 속으로 들어가게 하기 위해 성서를 왜곡하는" 신학자들의 "무모함"(*TTP*, 140/7장 1절)을 비난한다. 스피노자는 성서라는 텍스트와 성서의 주위에 너무나도 촘촘히 짜여서 성서 자체와 구별할 수 없어 보이는 위조들(부가들과 변경들)의 거미줄 사이에 최초로 경계선을 긋는다. 성령의 가르침들과 인간의 발명품을 구분하지 못해 무수한 신학적 논쟁뿐 아니라 내전과 전쟁이 발발해 왔다. 그러나 대부분의 사람들에게 그러한 구분은 쉬운 것이 아니다. 그들은 "성서를 해석하려는 맹목적이고 경솔한 욕망에 사로잡혀"(*TTP*, 140/7장 1절) 있다. 그들은 자연을 초월하는 것에서 자연에 대한 지식을 탐구하는 것과 마찬가지로 성서의 외부에서 그리고 성서 너머에서 성서의 의미를 찾는 것에 사로잡혀 있다.

'해석하려는 욕망'이라고도 알려져 있는 글자 그대로의 뜻에 대한 평가절하의 원인들은 무엇인가? 사람들이란 그들이 욕망을 갖도록 결정한 원인들이 아니라 그들의 욕망들을 의식하고 있다는 것을 고려해 볼 때, 이는 스피노자에게 중요한 문제이다(*E*, 1부 부록). 한 가지 동기는 당연히 성서에서의 새로운 의미 발견(즉, 부가물)에 틀림없이 뒤따라오게 될 영광에 대한 욕망과 야망이다. 그러나 성서를 해석하고자 하는 욕망의 보다 근본적인 원인은 "사람들에게 이성과 자연을 경멸하고, 이들에 모순되는 것만을 경애하고 숭배하라고 가르치는 미신"(*TTP*, 140~141/7장 1절)이다. 실제로, 우리가 『신학정치론』 어딘가에서, 특히 서문에서 미신에 대한 스피노자의 논의에 주목할 때, 우리는 거의 동일한 방식으로 미신이 사람들에게 성서와 자연을 존중(무시)하도록 하는 경향을 갖게 하는 것을 발견한다. 그래서 비록 외부가 거부되거나 비틀려서 새로운 형태로 만들어질지라도 텍스트의 내부로 추정되는 것은 여전히 그것의 외부라는 사실을 지적하면서, 스피노자가 'negeo'(거부하다, 거절하다 또는 부정하다), 'torqueo'(뒤틀다, 비틀다), 'extorqueo'(왜곡하다, 곡해하다)라는 동사를 사용해 기술하는 이와 같은 해석에 의해서만 "간파"될 수 있는 내부가 성서에 있다고 생각하면서, 신학자들은 성서에 마치 "가장 심원한 신비들이 숨겨져" 있는 것처럼 접근한다. 동일한 방식으로 사람은 자연을 "해석하는" 미신에 의해 피해를 입고, 미신에서 "비상한 것들"이나 기적들 또는 "사건들"(*TTP*, 49/서문 2절)을 찾는다. 이러한 것들은 고정된 목적인들을 발견하려는 필요에 근거한 있는 그대로의 자연에 대한 거부들에 지나지 않는다. 미신을 믿는 사람들에게 자연의 진리는 자연의 외부에 있으며, 단지 위장인 물질적 실존으로 덮여 있다. 이것 없이는 자연이 존재할 수 없고, 자연을 이해할 수 있게 해주는 조건인 이것의 가장 공통적인 이름은 물론 신이며, 신은 자신의 초월성을 보존하면서 모든 사물들에서 영혼의 형식을 취할 수 있다. 따라서 미신은 자연이 인식 행위에 의해 환원될 진리로서 초자연적 영역을 상상하는 것에 의존한다. 미신에 사로잡힌 이들에게, 자연은 알려지기보다는 제거되는 것이며, 해석이 추구하는 것은 자연의 본래의 순수성에서 동떨어진 불완전한 표현이다. 미신은 세계를 신의 의지라는 목적에 대한 단순한 수단으로 본다. 자연에게 내적인 원인의 연속은 중요하지 않으며, 미신이 구하는 신의 의지나 계획은 자연에 선행하거나 자연의 외부에 있는 목적인이다. 1664년, 페스트가 암스테르담을 강타했을 당시 스피노자에 반대하는 교회인들은 어떠한 자연적 원인이 그러한 사건이 발생하도록 규정하였는지를 묻기보다는 페스트가 달성한 신성한 의도나 페스트가 기여하는 신의 섭리에 따른 목적을 규명하고자 노력하였다. 이것은 경고인가 아니면 형벌인가?(Schama, 1987:147) 양자의 경우 모두, 미신에 사로잡힌 사람은 깊이를 선호하여 (자연이나 성서의) 표면을 버린다. 깊이에는 그것을 가리는 표면을 일관되고 이해할 수 있게 만들어 주는 의미의 질서가 숨겨진 채로 놓여 있다. 미신에 사로잡힌 이들은 신성한 말씀의 문자 그대로의 (그리고 유일한) 발현을 이것이 감추고 있는 진리와 완전함에 이르는 단순한 전달자로 평가절하한다. 그들은 있는 그대로 이것의 물질적 실존을 알지 못할 뿐만 아니라 있는 그대로의 성서와 그것에 대한 부가물을 구분하지 못하는 한 이것을 알지 못한다는 것을 알지 못한다. 그러므로 성서에 대한 인식은 해석학에 대한 거부로 시작되며, 우리는 여기에서 해석학을 텍스트의 진리로서 초텍스트적인 것을 상정하기라고 정의할 수 있다. 그래서 성서에 대한 어떠한 인식에 대해서도 절대적 조건인 성서의 물질적인 실존에서 텍스트의 복구는 시작한다.

나는 성서 해석 방법이 자연 해석 방법과 다르지 않으며, 전적으로 일치한다고 생각한다. 실제로 자연 해석 방법은 특히 자연에 대한 체계적인 연구가 되며, 그것에서 확실한 자료들로서 자연적 사물들의 정의들을 끌어내는 데 있다. 동일한 방식으로 성서를 해석하기 위해, 체계적이고 매우 정직하게 역사적 연구가 그것의 주제가 되며, 그것에서 정당한 결론을 통해, 확실한 원리들과 자료들과 마찬가지로서, 성서의 저자들의 생각이라는 결론을 끌어내는 것이 필요하다.(*TTP*, 141/7장 2절)

그러한 방법은 성서가 보편적으로 받아들여진 이성의 공리들로부터 추론할 수 있는 문제들을 제기하지 않는다는 것을 고려할 때, 특히 중요하다. 성서는 인간의 역사에서뿐 아니라 자연의 역사에서도 독특한 사건들을 이야기하는 독특한 텍스트이다. 독특한 사건들을 지각하는 개체에 의해 그것들은 특정한 시기에 특정한 민족의 역사적 이야기와 "자연에서 드물게 일어나는 것"(기적들)으로서 이해되었다. 마찬가지로, 신성한 말씀의 권위에 호소하는 것과는 다른 방법들을 통해 도달할 수 있는 도덕적 교의들의 경우, 보편적 이성에 근거한 증명들은 텍스트에 대한 인식과 무관하다. 우리와 관련이 있는 유일한 질문은 성서가 특정한 교의를 가르치고 있는지 아닌지이다.

주석들과 추가된 것들, 즉 텍스트를 넘어서는 모든 장치들을 박탈하고, 이것에 고유한 문자적 물질성으로 복구된다면, 성서는 인식으로 자기 자신을 표현한다. 그러나 이것은 무엇인가? 무엇이 그것의 특정한 실존을 규정하는가?

우선, 이는 기본적인 요소들, 언어의 요소들이나 보다 구체적으로 말하자면 글쓰기의 요소들로 구성된다. 바로 이 점에서 고대 원자론자들과 스피노자의 동맹은 온전한 의의를 갖는다. 『사물의 본성에 관하여』에서 루크레티우스는 말을 청각기관에 영향을 미침으로써 의미라는 결과들을 산출하는 미묘한 물질이라고 기술할 뿐 아니라 배열에 따라 의미가 규정되는 문자들이라는 물질적 요소들의 배치로서 쓰기 자체를 기술한다. 이와 동일한 방법으로 스피노자는 성서에 대한 이성적 탐구는 "성서에 쓰여진 언어의 본성과 고유성들"(TTP, 142/7장 5절)에 대한 분석, 즉 히브리어의 분석으로부터 시작한다고 주장한다. 단어들과 구절들의 가능한 의미들은 텍스트가 특정 해석가가 선호하는 도그마에 일치하도록 하는 은유적 의미들을 위해 성서의 글자 그대로의 뜻을 거부함으로써 그것이 원래와 다른 무언가가 될 때까지 성서를 종종 곡해verba Scripturae torquere하려고 하는 해석자의 창의력에 따라 결정되는 것이 아니다. 단어나 구절의 (문자 그대로의 그리고 은유적인) 의미들은 확립된 언어적 용법만을 참고해서 규정하여야 한다. 언어는 이해되기를 기다리는 가능한 의미들의 저수지가 아니다. 오히려, 의미는 언제나 현행화된 상태로 실존하며, 주어진 구절에 소속된 의미들의 집합은 유한하며 실제로 사용 중인 의미들로 제한된다(Moreau, 1994: 331~338). 그러므로 성서에 대한 이성적 탐구는 히브리어에 이미 실존하는 그러한 의미들만을 인정할 수 있다. '있을 수 있는' 또는 '잠재적인' 의미들을 증대시키기 위해 다르게 하는 것은 텍스트를 '왜곡하는 것'에 대한 스피노자의 정의에 정확히 상응한다. 그리고 우리는 성서 해석의 모든 전통들을 거부해야 하는 반면에, 유대인들의 한 가지 '전통'을 부패하지 않고 썩지 않은 것으로 여길 수 있다. 즉, 히브리 단어들에 기인하는 의미들. 해석가들은 특정한 텍스트들을 위해 의미들을 발명하고 그것들에 그 의미들을 부과할 수 있으며 심지어 구절들을 바꿀 수조차 있는 반면에, "우중은 거의 학자들처럼 언어를 보존하기"(*TTP*, 148/7장 9절) 때문에 어느 누구도 주어진 언어를 바꿀 수 없다. 언어는 자연의 일부이며, 무한하고 어떤 개인도 거역하면 무의미에 빠지게 되는 언어에 내재하는 늘 변화하는 법칙들에 따라 끊임없이 자기 자신을 생산하고 있다. 언어는 생산자이자 집단의 생산물이다.

스피노자가 성서 해석을 위해 제안한 방법은 번역들이 변질시켰던 원래의 순수성이나 일관성으로 텍스트를 복구하는 것이 결코 아니다. 오히려 그러한 번역이 히브리어 텍스트가 오해의 여지가 없이 보여 주는 모순, 불일치, 간극들을 숨김으로써 원문을 배반하였다는 사실에 직면하지 않을 수 없게 하는 것이다. 더욱이, 히브리어에 대한 철저한 인식이 성서에 대한 적합한 인식의 전제 조건임을 인정하고 나면, 우리는 진지하게 성서를 읽고자 하는 시도들에 수반하는 중요한 몇 가지 역설들 중 첫번째 역설에 마주하게 된다. 히브리어에 대한 철저한 인식을 얻는 것은 가능하지 않다. 문법이나 수사법에 대한 사전들이나 전문서적들은 유대민족이 겪은 흥망성쇠에서 살아남지 못했다. 그러므로 성경에 등장하는 "많은 명사들과 동사들의 의미는 완전히 알려져 있지 않거나 논쟁의 주제이다"(*TTP*, 149/7장 10절). 또한 히브리어 관용구를 무시한다면, 우리가 특정 단어들의 의미를 이해할 수 있다고 하더라도, 그것들을 포함하는 구절의 의미는 우리들에게서 완전히 달아나 버린다. 텍스트의 첫번째 진정한 대립은 역사가 성서의 표면 전체에 뿌려놓은 불가지성, 유실과의 대립이다. 설상가상으로 "모든 언어들에는 공통적인 모호함의 원인들이 실존하는 반면에 수많은 모호함을 발생시키는 이 언어의 어떤 다른 특징들이 있다"(*TTP*, 150/7장 12절). 스피노자는 히브리어에 고유한 모호성의 다섯 가지 원천들을 열거한다. א

과 ʊ같이 동일한 부류에 속하는 문자들은 종종 자의적으로 서로서로 대체된다. 하나의 접속사(예를 들어,`)는 '그리고'나 '그러나' 또는 '왜냐하면'을 의미할 수 있으므로 추가나 반대 또는 인과의 관계를 혼동시킨다. 성서의 각 권들의 저자들은 과거, 현재, 그리고 미래를 구별하지 않고 섞어 버리면서 (동사표현의) 법과 시제를 무시했다. 그러나 히브리어의 가장 근본적인 모호성들은 모음들과 구두법을 결여한 것에서 기인한다. 그리고 우리에게 전해진 텍스트는 두 가지 모두가 갖춰져 있지만, 이는 "우리에게 가치가 없어야 하는 권위를 가진 후대의 사람들"(*TTP*, 151/7장 13절)과 어디에서도 발견될 수 없는 일관성과 의미를 제공하려고 시도하고 있었던 사람들에 의해 단순히 추가된 것들일 뿐이다. 스피노자의 방법은 고고학과 비교되어 왔지만, 오히려 이는 다윈과 그의 현대판 추종자들에 의해 상상된 점진적이고, 균일하며, 연속적인 진화 대신에, 간극들과 불연속들을 화석 기록으로 복원했고 그 과정에서 [지각의] 대변동들과 역전들, 대량 멸종들과 전례 없이 분출하는 종 분화들에 의해 중단된 비선형적 시간으로 가득한 자연사의 실존을 입증했던 현대 고생물학의 활동과 유사하다.

그러나 물론 문자들이 단어들을 이루며, 단어들은 문장들을 이룬다. 성서의 형식과는 대조적인 것으로서, 우리가 성서의 내용이라 부르는 것에 관하여, 마치 우리에게 성서가 "담고 있는" 교의들이 물질화되는 문자적 형태와 분리될 수 없다는 것을 상기시키기 위한 것처럼, 스피노자는 '의미'와 '문장'을 결합하는 '센텐티아'sententia라는 용어를 사용한다. 그와는 달리 단순한 봉투들로서 여길 수 있는 문장들은 '프라이텍스타'praetexta를 사용한다. 성경의 각 권들에 사용된 모든 "견해들"sententiae은 반드시 "표제들에 따라 모아서 분류해야 한다"(*TTP*, 143/7장 5절). 그러한 절차는 "다의적이거나 모호하거나 또는 서로 모순되는 것같이 보이는 구절들" sententiae(*TTP*, 143/7장 5절)에 주목할 수 있게 해줄 것이다. 이 점에서 스피노자는 모호함과 모순은 자연이나 이성과 관련해서가 아니라 성서 그 자체에 근거해서만 판단해야 하는 것임을 주의시킨다. 사실상 성서를 문자그대로 읽기 위해서, 우리는 반드시 "자연적 인식의 원리들에 근거한 논증에 의해 영향 받는 것을 피하도록 주의해야 한다"(*TTP*, 143/7장 5절). 성서의 진리, 즉 그것이 환원될 수 있는 성서 자체의 외부에 있는 어떤 것(이성 혹은 자연뿐만 아니라 종교적 교의들)과의 일치는 목전의 과제와 무관하다. 탐구의 출발점을 제공하는 것은 오히려 의미를 구성하는 문자들이 상세히 설명하는 의미sensus, 텍스트의 외부의 어떤 것으로 환원될 수 없는 텍스트의 문자적 물질성에 내재하는 의미이다.

따라서 모세가 했다고 여겨지는 "신은 불이다"라는 "발언"sententia은 "우리가 단어들의 의미들만을 고려하는 한, 매우 분명하다. 그 때문에 진리와 이성의 관점에서 보자면 의미들의 모호함에도 불구하고, 나는 모세의 말을 명백한 확언들에 포함시킨다"(*TTP*, 143/7장 5절). 모세가 또한 "하늘에서, 대지 위와 물속에서 눈에 보이는 사물들과 신은 닮지 않았다"라고 명확하게 말하지 않았다면, 즉, 그 진술이 성서 속에서 신에 대해 말하고 있는 것과 명백하게 모순되지 않는다면, 비록 우리가 이성의 규범과 관련해 그것이 불합리하다는 것을 발견한다고 하더라도, 우리는 이를 성경의 가르침의 일부로 받아들여야 할 것이다. 그러나 이러한 경우, 세심한 독자는 교의적 불일치에 직면한다. "신은 불이다"라는 문장은 신에 관한 모세의 다른 주장들과 명백히 모순된다. 이런 결과 앞에서 우리는 '불'이라는 단어에 달리 기록된 의미가 있는지를 규정하기 위해 반드시 언어적 용법을 조사

함으로써 실제로 이것이 명백하게 모순되는지를 규정하여야 한다. 스피노자는 우리에게 가능한 단어 그대로의 의미에 밀착하고, 실제 어법으로부터만 비유적인 의미들을 찾아야 함을 상기시킨다. '불'은 「욥기」에서 분노나 질투의 동의어로 등장하므로, 모순은 해소된다. 모든 이들이 모세가 분노와 질투의 하나님을 묘사한 것으로 알고 있다(비록 그러한 관점이 이성에서는 빗나간다고 하더라도). 그리고 만약 그러한 비유를 발견할 수 없다면? "그러면 이러한 확언들은 양립할 수 없는 것으로 남게 될 것이고, 따라서 우리는 이 점에 관해 판단을 중지해야 한다"(*TTP*, 144/7장 5절). 실제로 성서를 구성하는 센텐티에sententiae는 "신이 무엇인지, 그리고 어떤 방식으로 모든 사물들을 바라보며 모든 것을 고려하는지"(*TTP*, 145/7장 6절)와 같은 교리의 그러한 근본적인 점들에 대해 견해를 달리한다. 이러한 차이들은 성서만을 근거로 해결할 수 없으며 따라서 반드시 환원될 수 없고 해소될 수 없는 것으로 간주되어야 한다.

마지막으로, 성서는 물질적 인공물이기 때문에 역사적 실존을 갖는다. 성서를 구성하는 권들은 특정한 청중을 위해 특정 언어로 글을 쓴 특정한 개인에 의해 특정 목적을 위한 특정 조건에서 생산되었다. 일단 쓰이면, 텍스트들은 그 자체로 역사의 흥망성쇠나 스피노자가 기술한 바와 같이 "운" fortuna(*TTP*, 144/7장 5절)[2]에 좌우된다 그것들은 여러 사람의 수중으로 "넘어갔고"inciderit[*TTP*, 144/7장 5절], 현재는 돌이킬 수 없게 유실된 원본 텍스

---

2) [옮긴이] 원서에 인용쪽수가 101쪽으로 되어 있지만 이는 저자가 일러두기에서 언급한 셜리판이 아니라 스피노자의 저작판본들 가운데 하나인 게파르트판의 것이다. 셜리판의 쪽수로는 144이다.

트에 충실하지 않았거나 충실했던 필경사들에 의해 재생산되었다. 여기에서 운의 손에 달린 성서의 운명에 대한 스피노자의 논의는 『파이드로스』에서 플라톤의 글쓰기(오늘날 데리다에 의해 유명해진)에 대한 비판의 방식을 떠올리게 한다. 살아 있는 목소리와 그 목소리가 분리될 수 없는 정신으로부터 절단되었기 때문에 쓰인 단어는 침묵이자 죽음이며, 이것을 이해하거나 이해하지 못하는 사람들 사이에서는 어디서든 무너지게 운명지어져 있다. 이와 같은 방식으로 성서를 구성하는 상이한 텍스트들은 그것들이 쓰인 오랜 후에야 한 권의 성서가 되었다. 그 사실은 모세 5경만으로도 쉽게 추론될 수 있다.

> 누군가 단지 이 다섯 권에서 모든 가르침들과 이야기들이 무질서하게 순서 없이, 연대기에 대한 고려 없이 배열되어 있으며, 같은 이야기가 다양한 방식으로 여러 차례 반복되어 있는 방식에 주의한다면, 이런 모든 자료들이 나중에 연구되고 보다 용이하게 정돈되도록 무질서하게 수집되어 모아졌다는 것을 쉽게 알게 될 것이다. (*TTP*, 175/9장 5절)

이야기 순서에서의 위치뿐 아니라 다른 것들과의 인접성을 통해 각 텍스트의 의미를 변형시킨 방법으로 후대에 결합되었으며, 기원으로부터 절단되었기 때문에 이러한 발산하는 텍스트들은 그 자체로 이질적이며 부분적으로만 이해할 수 있는 요소들로 구성되어 있어, "부정확하며, 훼손되었으며, 왜곡되었고, 일관성이 없다"(*TTP*, 205/12장 1절)라고 기술할 수밖에 없는 인위적인 총체성을 형성한다.

성서의 물질성에 대한 스피노자의 가차 없는 주장(누락들, 구두법의 소실과 일부만이 남은 문구들뿐 아니라 부호, 문자, 단어, 문장)은 그러므로 스피노자를 거의 모든 해석 전통들과 불화하게 한다. 그러나 이런 전통들은 성서에 내적인 단순한 외견상의 무질서와 갈등이라고 선언한 것에서 시작해 성서의 완전함, 즉 성서의 형식적이고 교의적인 통일성과 일관성을 입증하는 것으로 끝을 맺지만, 스피노자는 정확히 이와 반대로 진행한다. 그는 텍스트가 무질서하고, 미완성이며, 결함이 있기 때문에 그대로의 텍스트를 인정하는 것에 반대하기 위해 요구하는 방어가 이런 완전함의 환상이라는 것을 보여 주면서, 사실상 어떤 독해의 전제 조건으로 기능하는 완전함이라는 환상을 마주하는 것에서 시작한다. 성경 주변에서 자라나 독자와 텍스트 그 자체 사이에 자신을 끼워놓은 방대한 해석 장치는 불완전한 것을 완전하게 하고, 미완성인 것을 완성하게 해줄 텍스트를 넘어선 '신비들'의 발견을 증대시킴으로써 성서의 실재성을 부정해야 한다(스피노자는 주석의 대상과 관련된 주석가들의 행동을 설명하기 위해 '부정하다', '거부하다' 또는 '부인하다'라는 동사 'negeo'를 여러 차례 이용한다)는 긴급한 요구에 의해 작동된다고 주장되기조차 한다.

해석가들 가운데 가장 위대한 마이모니데스와 같은 사상가들조차 보다 잘 "해명하기"(*TTP*, 158/7장 21절) 위해서 텍스트상의 모순들을 인정할 수밖에 없었다. 마이모니데스는 "선지자들은 모든 문제들에서 일치하였다" 즉, 텍스트가 교의적 통일성과 동질성이라는 특징을 갖고 있다는 가정 하에 성서에 접근했다. 또한 마이모니데스는 텍스트는 조화로울 뿐 아니라 진리(즉, 성서에는 이성에 반하는 것이 없다)이며, 선지자들은 "그들의 결론이 진리에 바탕을 두고 있는 훌륭한 철학가이자 이론가였다"(*TTP*, 158/7장 21절)라고 주장하였다. 그러므로 현행적 실존에서 불일치들, 비일관성들, 모순들로 관통되어 있는 성서는 반드시 "당혹스런 사태"에 대한 불안들을 누그러뜨리기 위해 성서에 외적인 진리로 환원되어야 하며 조화를 이루어야만 한다. 그러한 어려운 과업을 완수하기 위해 마이모니데스는 성서를 구성하는 단어들이 "왜곡"되어 내적 일관성의 상태뿐만 아니라 이성을 따를 때까지 글자 그대로의 해석을 무시하고, 비유적 의미들을 증가시킴으로써 텍스트를 구실로 전환시킨다. 텍스트를 옹호하기 위해 마이모니데스는 역설적으로 이를 무시하고, 우중은 문자 그대로의 해석에서 스스로 자유로울 수 없기 때문에 이들에게는 그저 같은 텍스트인 것처럼 보이는 교정한 대역물로 그것을 대체한다.

스피노자는 또한 마이모니데스의 유력한 반대자에 대한 사례도 연구한다. 예후다 알파하(또는 오늘날에는 대개 알파카ᴬˡᶠᵃᵏʰᵃʳ), 그는 성서를 이성의 진리로 환원하는 것과 신학을 철학에 종속시키는 것을 거부하였다. 그는 이성과의 일치에 상관없이 단어들과 문장들의 글자 그대로의 의미를 보존해야 한다고 주장하였다. 비유적 의미들은 오직 내적 모순의 경우들에서만 허용될 수 있으며, 내적 모순이 발생하는 곳들에서 단어나 구절의 의미는 "성서가 교리적 형태로 가르치는 모든 것과" 충돌하는데 왜냐하면 ―그리고 이것은 알파카의 가장 중요한 규칙이었다― "성서는 성서가 다른 곳에서 긍정하거나 부정하는 것과 모순을 일으키는 어떤 것을 결코 긍정하거나 부정하지 않기"(*TTP*, 230/15장 2절) 때문이다. 그러므로 텍스트는 그 자체의 외부에 있는 진리로 환원될 수 없는 반면에, 텍스트의 부분들은 그들과 다른 어떤 것으로 변화시키는 것에 의해 보편적으로 가치 있다고 여겨지는 구절들과 일치하도록 부정, 부인, 왜곡되어야 한다. 그러나 알파카가 충실하게 자신의 방법을 실행한다면, 틀림없이 맞닥뜨리게 될 한 가지 문제가 있다. 즉, 분명한 교리상의 모순에 직면하게 될 때 어떤 주장이 글자 그대로 취해진 것인지 은유적으로 취해진 것인지를 어떠한 기준으로 결정할 것인가? 스피노자는 사무엘과 예레미야의 모순적인 주장들의 경우를 이용한다. 사무엘은 하나님은 결코 후회하지 않는다(「사무엘상」 15:29[번역 수정])는 것을 확언한 반면, 예레미야는 "하나님은 내리기로 했던 선과 악을 후회한다(「예레미야」 18:8, 10)라고 명료하게 진술한다. 그렇다면 이들이 가르치고 있는 것은 서로 정반대가 아닌가? 둘 중 누가 비유적으로 설명하고 있는 것인가?"(*TTP*, 231/15장 5절)

동시에 성서에 나타난 매우 명확한 불일치들을 인정하고 적어도 이에 직면하고자 했던 주석가들도 있었다. 스피노자는 12세기 학자인 아브라함 이븐 에즈라에게 상당한 경의를 표한다. 스피노자는 그를 모세가 모세5경의 저자라는 확신에 최초로 공개적인 의문을 제기했던 "계몽된 정신과 상당한 학식을 지닌 사람"(*TTP* 161/8장 3절)이라고 생각한다. 그러나 이븐 에즈라는 스스로 솔직하게 설명할 엄두를 내지 못하고 스피노자가 보다 "명확하게"(*TTP*, 161/8장 3절) 재설명하고자 하는 "모호한"(*TTP*, 161/8장 3절)[3] 용어들로 진리를 지적하기만 한 듯 보인다. 「신명기」에 대한 주석에서 이븐 에즈라는 그가 어떤 신비들이라고 부르는 것, 스피노자에 따르면 「신명기」가 모세의 죽음 이후 한참 뒤에야 쓰였다는 명확한 표시들을 지적한다. "신비는 거기에 있으며 그것을 이해하는 이는 침묵한다"(*TTP*, 163/8장 3절). 이 경우, 주석가는 이번에는 단어들에 부당한 변경을 가하는

---

3) [옮긴이] 원서에는 바로 앞의 인용 쪽수와 이 부분 인용 쪽수가 118쪽으로 되어 있으나 이는 게파르트판의 쪽수이며 셜리판일 경우 161쪽이다.

은유적 독해들이라는 방법을 통해 텍스트의 불일치들과 착오들을 변형하는 것이 아니라, 심지어 가능할지라도 해결이 허락되지 않는 신비로 바꾸기 위해 텍스트의 "불완전함들"과 불일치들, 착오들을 언급한다. 신비는 난해함, 특정 단어들의 소멸을 통해 발생하는 의미의 부재와 같은 것이 아니다. 신비는 의미의 부재를 나타내는 것이 아니라 많은 이들에게 이것에 대해 말하지 않도록 명령받은 소수가 조용히 지적하는, 보이지만 읽혀지지 않도록 미해결로 둔 채 일정한 거리를 두고 고의적으로 지켜지는 의미이다.

실뱅 자크는 이븐 에즈라에 대한 스피노자의 비교적 긴 논의에 있는 수많은 흥미로운 특징들을 언급하였다(Zac, 1965). 이븐 에즈라는 그 시기 교육받은 유대인에게 알려져 있지만 소수의 기독교도 학자들을 제외한 거의 모든 이들에게 이해되지 못했던 것 같은 인물이다. 우선, 그 자신의 규칙들에 따라 평가하자면 스피노자는 성서와 관련해 마이모니데스가 그랬던 것처럼 이븐 에즈라에 대해 함부로 해석한다. 실제로 그가 이븐 에즈라는 모세가 성서의 저자임을 부인하고 있다고 생각하는 것은 잘못일 수 있다. 전체적으로 모세 5경에 대한 이븐 에즈라의 해설은 차치해 두더라도, 확실히 그가 인용하는 문구들은 달리 독해될 가능성이 있다. 스피노자는 그가 다른 이들에게서 비난하는 '모호한 것'에서 '명확한 것'으로 나아가는 해석 방법을 정확히 이용해, 이븐 에즈라의 원문을 원문을 따르지 않는supertextual 진리를 감추는 센텐티에sententiae라는 구실로 정확히 다룬다. 우리가 곧 보게 될 바와 같이, 『신학정치론』에서 발견될 불일치들과 모순들이 있다. 그리고 그것들은 무관한 것으로 일축될 단순한 우연들이 아니라 구성적인 것이다. 이것은 그것들 가운데 하나인가?

그렇지 않을 것이다. 이븐 에즈라에 대한 논의 전체는 이름만으로도 스피노자에 대한 칼뱅주의 반대자들의 적의와 검열관들의 관심을 자극할 뿐인 철학자의 주장들을 인용하는 방식, 책략일 것이다. 이븐 에즈라는 스피노자의 독자들에게 대체로 알려지지 않은 인물이었다. 원본이 히브리어로 된 그의 저작들은 번역되지 않았다. 그가 마이모니데스의 『당혹스러운 것들에 대한 지침』과 다비드 킴치에게 보내는 알파카의 편지(마이모니데스의 서한집에 부록으로 실린)를 다루는 경우에서처럼, 스피노자는 원본 히브리어 텍스트(제목을 붙이지 않고)를 인용하고 나서 라틴어 번역본을 뒤따르게 한다. 모세가 모세 5경의 원작자라는 것에 대해 매우 결정적으로 이의를 제기한다고 (다시, 아마도 함부로) 그가 주장하는 네 개의 추가적인 문구들뿐 아니라 이븐 에즈라의 원문의 인용을 검토한 후, 스피노자는 구약의 '다른 권들' 즉, 「여호수아」, 「사사기」, 「사무엘」, 「열왕기」에 대해 말하기 시작한다. 이와 같은 권들은 "이제 우리가 이 모든 권들의 내용과 연관을 고려한다면, 우리는 그것들이 한 명의 역사가에 의해 만들어졌다고 쉽게 결론내릴 수 있으며, 그는 최초의 기원에서 도시의 최초의 파괴까지 유대인들의 고대사를 글로 쓰려 했다"(*TTP*, 169/8장 11절).

스피노자가 이븐 에즈라의 원문을 곡해한다는 주장들은 1670년 『신학정치론』이 출판되기 3년 전에 네덜란드어 번역본으로 발간된 텍스트에서 가능한 가장 분명한 방식으로, 정확하게 동일한 순서로 명확히 제시되었다. 홉스의 『리바이어던』은 스피노자 서클의 일원인 아브라함 판 베켈이 영어본을 번역한 것이었다(홉스의 라틴어 번역본은 1668년에 한 해 늦게 발간되었다)(Hobbes, 1968 : 32~33장). 『리바이어던』 33장에서 홉스는 "비록 모든 독실한 기독교도들이 그렇게 믿고 있다 할지라도, 하느님께서 초자연적 계시를 내린 사람을 제외하고는 아무도 그것을 알 수 없기 때문에"
(Hobbes, 1968: 425/2권 46), 즉, 아무도 모른다고 성서의 권들에 관한 결론
을 내리고자 성서의 신성한 기원에 대한 증거를 체계적으로 약화시킨다.
우리는 성서의 신성(또는 그것의 결여)를 단정할 수 없기 때문에, 우리에게
는 선택의 여지없이 "잉글랜드 교회가 정경으로 인정하도록 명령한 것만
성경으로 인정하고"[Hobbes, 1968:416/2권 32] 그것을 받아들여야만 한
다. 성서의 기원과 목적은 이제 확정할 수 없고, 성서의 최초의 의미는 영원
히 소실되었기 때문에, 홉스가 정식화한 인간 본성의 법칙에 따라 자기 독
해의 우월함을 모든 다른 이들에게 인정하라고 강요하려는 각각의 개인들
이 있는 것만큼이나 많은 해석들이 발생하는 것은 틀림없다. 신의 의지에
대해 분명하게 알 수 있는 토대가 없다면, 신의 의지의 유일한 실존하는 표
현은 성경이며, 종교적 의문들은 결정될 수 없게 되었다. 누구라도 어떠한
행위의 정당성을 성서에 호소할 수 있다. 바로 이러한 이유로 인해 직접적
인 신의 계시의 부재에서, 해석할 권리는 틀림없이 자기 지배하의 시민들
의 (생각들과 대조적인 것으로) '발화행위들'을 포함해 행위에 대해 유일한
사법권을 가진 군주의 몫이 되어야 한다.

홉스와 스피노자는 명확하게 특정한 목표들을 공유하였다. 이 둘은
신학-정치적 선동가들이 적법한 권위에 대한 반역에 권위를 부여하기 위
해 더 이상 성서에 호소할 수 없게 하려는 방법으로 성서를 기술하고자 하
였다. 그러나 유사점은 그것이 전부이다. 찰스 1세에 대한 반란이 확산되
고 1640년대까지 계속되자 겁에 질린 홉스는 절대왕정을 옹호하면서 자신
의 마지막 40년을 보냈다. 종교가 전혀 중요하지 않은 『법의 원리』(1640)
와 『시민론』(1642) 같은 초기 정치 저작과는 대조적으로 교리와 제도상의

종교적 문제에 대한 홉스의 논의는 『리바이어던』의 무려 절반을 차지한다. 바로 최근까지 주석가들은 이 사실을 무시하였다. 이러한 분야로 옮겨간 이유는 명백하다. 영국 내전의 과정에 등장한 모든 종류의 정치적·사회적 급진주의는 모든 군주들의 군주[신]의 권위에 따라 행동할 것을 요구하면서 주장들과 표어들을 성서로부터 끌어내 종교적 용어로 스스로를 표현했다. 홉스의 마지막 저작이자 내전의 교훈에 대한 장황한 반영인 『비히모스』에서 그는 자신의 대담자에게 말한다.

> 당신은 설교를 통해 의회를 방어하기 위해 무장을 하라고 격려하는 그들이 이를 위해 성서 즉, 신의 말씀을 내세웠다는 것을 의심해야만 합니다. 왕이 성서에 반하는, 즉 신의 명령에 대립하는 어떤 것을 명령할 때, 신민들이 왕에게 저항하고 성서의 의미에 대한 재판관이 되는 것이 합법적이라면, 어떠한 왕의 생명이나 어떠한 기독교 왕국의 평화도 오래 보장될 수 있다는 것은 불가능합니다.(Hobbes, 1990: 50)

그러므로 홉스는 스피노자처럼(그가 논평했다고 하는 것만큼이나 '대담하지' 않더라도) 모든 형태의 초자연주의에 대해 합법적인 권위를 잠재적으로 전복하려는 것이라고 공격하였다. "어떤 성직자가 지금 그가 신의 입에서 직접 왕을 거역하라는 명령을 받았다고 말할 수 있는가 또는 법의 본성과 형식을 지닌 왕이 신의 법을 위반한다는 것을 성서에 근거하지 않고서 알 수 있는가?"(Hobbes, 1990: 53) 성서를 해석할 권리는 신의 의지에 호소함으로써 반란을 정당화하는 권리가 된다. 홉스의 경우 "성직자는 라틴어나 그리스어 또는 히브리어에 대한 능력이 있다면, 자신의 이러한 능력이 그가 그의 모든 추종자들에게 성서의 모든 모호한 곳에 대한 자신의 의미나 혹은 그가 자신의 의미라고 사칭하는 것을 강요할 특권을 부여한다고 생각해서는 안 된다"(Hobbes, 1990: 53). 우리는 이제 홉스의 성서적 의미에 대한 논증 불가능성이라는 주장의 의미를 온전하게 보게 된다. 성경을 해석하는 것은 잘못일 뿐만 아니라 엄밀히 말해 그렇게 하는 것도 불가능하다. 그러므로 신비는 이븐 에즈라만큼이나 홉스에게서도 중요한 역할을 한다. 왜냐하면 이븐 에즈라만큼이나 홉스에게도 신비들은 침묵을 요구하기 때문이다. 홉스는 『리바이어던』에서 다음과 같이 주장한다. 성서의 권들을 "보는 것이" 올바르다. "그러나 성경을 해석하는 일은, 하느님이 대리자로 임명한 사람에게 무슨 말을 하였는지를 엿보는 일이며, 그가 하느님이 명령한 대로 통치하고 있는지에 대해 제멋대로 판단을 내리는 일이다. 이것은 하느님이 설정한 경계를 침범하는 일이며, 하느님을 불경하게 바라보는 일이다"(Hobbes, 1968, 505/2권 155).[4]

스피노자의 경우 신비라는 용어는 언제나 경멸적이다. 그는 신학자들이 성서에서 발견한 "심원한 신비"에 대해 심하게 비꼬는 투로 말한다. 현실에서 신비라고 하는 것은 형식의 불일치이거나 내용의 불일치 두 가지 중 하나이다. 전자는 무의미하거나 문법적으로 혼동되거나 모호한 문구들로 구성된다. 우리가 원본을 상실한 것이 아무리 불운할지라도, 원본의 부재를 감안하면 이러한 문구들은 전혀 신비롭지 않은 것에 대해 돌이킬 수

---

4) 물론, 홉스 스스로 신의 얼굴을 불경하게 주시하는 것을 억제할 수 없었다. 『리바이어던』 34장에서 그는 내용이 아니라 형식에 있어 상당히 전통적인 성서 독해를 제안한다. 통상적인 절차를 전도시키면서 그는 성경에서 '정신'(ㅠㅠ)의 모든 용법은 '호흡'이나 '바람'을 의미하는 순전히 물질적인 용어로 이해해야 한다고 주장한다.

없는 오류들로 무시되어야 한다. 내용의 불일치들은 훨씬 큰 정도로 주석가들의 정신을 차지해 왔다. 우리는 신이 비물질적이며, 신이 불이라는 모세의 명백히 모순된 정리들의 사례를 보았다. 우리가 실제로 거기에 모순이 존재함을 확증하기 전에, 우리는 반드시 성서 히브리어에서 '불'이라는 용어의 모든 의미들을 확정하여야 한다. 그러고 나서야 우리는 '불'이 단지 연소의 과정을 의미하는 것이 아니라 질투나 분노를 의미하는 데 이용되며, 불일치나 모순으로 보이는 것은 우리가 히브리어의 용법을 무시한 결과였음을 발견한다. 우리가 연소 이외에 '불'의 다른 의미를 발견할 수 없었다면, 모순은 현실이며, 돌이킬 수 없고, 다른 정보가 없다면 우리는 "판단을 미루어"[*TTP*, 7장 5절]야만 할 것이다.

우리가 이미 지적한 바와 같이, 보다 광범위한 교리상의 모순은 텍스트의 의미들을 조정하고 조화롭게 재건하기 위해 계획된 광대한 해석 장치를 발생시켰다. 해석 전통의 경우, 각각의 모순은 자기 자신을 해결되어야 할 신비, 우리 지성을 능가하는 완전함에 대한 일시적인 이해불능으로 표시한다. 보다 주의 깊고 박식한 독해는 모순의 명백한 본성, 그것의 효과를 한낱 성서의 완전함의 책략으로 드러낼 것이다. 이러한 방법으로 텍스트상의 모순들을 해결하거나 극복하는 것은 스피노자에게 있어 그것들을 설명하지 않고 해명하는 것이다.

스피노자는 분명하게 눈에는 눈으로를 요구하는 모세의 율법과 명백히 모순되는 "누가 네 오른뺨을 때리거든 왼뺨도 대어라"[「마태복음」, 5:39]라는 그리스도의 명령을 사례로 든다. 용법에 호소한다고 해서 이러한 명령들이 조화를 이루게 되지 않을 것이며, 스피노자의 방법이 우리에게 대립을 해명하기 위해 (예를 들어, 텍스트와 역사에 목적론을 부여해 모세

를 그리스도의 선지자로 변형시킴으로써) 이를 은유화할 수 있게 해주는 것
도 아니다. 그러나 스피노자는 그것을 신비라 부르려 하지 않았고, 우리의
삶의 경계들을 언제나 넘어서는, 영구히 미결인 채로 남겨진 의미에 사로
잡히지도 않았다. 대신, 교리상의 조화의 부재는 우리에게 텍스트의 생산
의 역사를 검토하도록 강제하기 때문에 성서의 이해가능성의 조건이 된
다. "그러므로 우리는 누가 누구에게 언제 이를 말했는지를 고려해야 한
다"(*TTP*, 146/7장 7절). 성서의 자연사는 모세와 그리스도가 다른 시대에
다른 목적들을 가지고 썼다는 것을 보여 준다. 모세는 무엇보다 국가를 설
립하고, 인간의 외적 활동들을 규제하는 데 관심이 있었던 반면, 그리스도
는 변화에 대한 어떠한 희망도 가능하지 않은 것처럼 타락한 국가의 한가
운데서 인간들이 자신들의 정신을 어떻게 개선시킬 수 있는지를 가르치고
자 하였다. 이와 같은 모순들은 성서의 진정한 이질성, 기존의 다양한 서사
적 자료들이 인간의 손에 의해 꾸며진 역사적 인공물로서의 복합적 특징
을 표시한다. 그것들은 성서의 다양한 원천들에 없어서는 안 될 지표들로
여겨지기 때문에 설명될 것이지 해명될 것이 아니다.

따라서 우리가 스피노자의 해석 절차에 대한 논의를 시작하는 주제,
자연과 성서의 '평행론'(혹은 아마도 들뢰즈의 형상^{figure}을 차용해서 자신으
로 복귀하는 자연의 주름접기, 또한 접힌 주름인 연속이라고 성서를 말하는 것
이 나을 것이다)으로 돌아가기 위해 어떤 성서 해석학에서도 본질적인 성
서의 내부와 외부라는 주제가 폐기되어 있음을 우리는 보게 된다. 의미는
보존되어 있지 않으며, 이것의 표면 너머에 잔류되어 있지도 않다. 의미와
형식은 성서가 그것이 아니면 실존하지 않는 문자적 물질성에서 정확히
일치한다. 주석가들이 성서의 숨겨진 내면이라고 여기는 것은 단지 무질

서이며, 무질서의 표면적 복잡성이다. 그러므로 성서를 빚어 낸 센텐티에 sententiae에 성스러운 것은 전혀 없으며, 본질적인 공허함을 채우거나 죽은 글자들에 생명을 불어넣는 로고스도 없다. 성서는 회반죽과 석재로 지어진 사원의 건물처럼 물질적인 "종이와 검은 잉크"(*TTP*, 206/12장 3절)이며, "부호들과 글자들과 단어들"(*TTP*, 211/12장 10절)이다. 어느 것이 신성한지는 오로지 그것들로 만들어진 것의 사용에 달려 있다.

> 단어들은 용법으로부터만 고정된 의미를 획득한다. 만약 단어들의 용법에 따라 단어들이 독자들을 헌신하게 만들도록 배열된다면, 이러한 배열의 단어들을 담고 있는 책 역시 신성시될 것이다. 그러나 나중에 이 용법이 없어져서 단어들이 더 이상 의미를 갖지 않는다면, 혹은 악의에 의해서든 사람들이 그 책의 필요성을 더 이상 느끼지 않기 때문이든 책이 완전히 무시된다면 책과 마찬가지로 단어들은 용법도 신성함도 없게 될 것이다. 끝으로 이러한 단어들이 다르게 배열되거나 또는 용법이 단어들이 반대의 의미를 갖도록 한다면, 단어들과 책은 모두 성스러운 대신에 세속적이고 불순한 것이 될 것이다. (*TTP*, 207/12장 5절)

그러므로 스피노자는 글쓰기에 관한 플라톤의 공포를 확인했다. 그것의 기원들로부터 절단되었기 때문에, 쓰인 단어는 용법usus이 의미하도록 규정하는 어떤 것도 의미할 수 있게 된다. 심지어 단어가 원래 의미하는 것의 반대조차도. 그것은 적어도 어떤 것을 의미하기를 중단할 수 있다 (Moreau, 1994: 334). 성서의 물질성은 이것의 고유한 특징들 가운데 어떤 것에 따라서가 아니라 신성하거나 불경스러운 성격을 이것에 부여하는 역사나 운의 가변성에 따라서, 한때 "신의 집"이었고, 다른 때는 "죄악의 집"(*TTP*, 206/12장 5절)이며 언젠가 폐기될 수 있는 하나의 건축물의 물질성과 다르지 않다. 그러나 성서의 신성함은 무엇보다도 먼저 성서에 용법이 부여하는 의미를 통해 결정될 뿐만 아니라 또한 그것은 단어들의 정확한 배열(스피노자는 동사 'dispono'를 이용한다)에 의해 생산된 결과들을 통해 결정된다. 특정한 형식으로 배열된 단어들이 "그들의 독자들을 헌신하게 만드는가?"eadem legentes ad devotionem moveant(*TTP*, 207/12장 5절) 그리고 우리가 『신학정치론』 어딘가에서 제안된 신앙의 정의를 고수한다면, "독자들을 헌신하게 만드는"이라는 문구는 물리적 의미 속에서 이해되어야 한다. 인간의 행함과 인간의 실천에 성서가 미치는 영향은 무엇인가? 성서는 인간을 단순히 신의 의지에 따라서 사고하거나 말하게 하는 것이 아니라 실천으로 자신들의 순종을 수행하게 하는가? "행함이 없는 믿음은 죽은 것인" 반면에, 만약 인간이 복종을 실천한다면, 참된 믿음은 "필연적으로 정립된다 … 오직 행함에 의해서만 우리는 그가 신자인지 비신자인지 판단할 수 있다"(*TTP*, 222/14장 6~7절). 같은 방법으로 종교적 교리들(성서적이든 다른 것이든)도 그것들이 참인지 거짓인지에 따라 판단되어야 하는 것이 아니라 누군가 자기 이웃을 자기 자신처럼 사랑하는 것과 같이, 신자가 헌신을 하도록 만드는지에 따라 판단되어야 한다. "그러므로 최선의 신앙은 반드시 최고의 논의를 보여 주는 이에 의해 나타는 것이 아니라 정의와 자비라는 최선의 행함을 보여 주는 이에 의해 나타난다"(*TTP*, 226/14장 11절).

따라서 글쓰기는 신성하든 아니든 근본적으로 그것의 존재에서뿐만 아니라 그것의 결과에서도 물질적이다. 글쓰기는 신체들을 변용할 수 있으며, 정신을 [먼저] 변용하지 않고도 신체들을 '움직일' 수 있다. 그러나 신체를 변용하지 않고 정신을 변용했을 리 없다. 우리는 개인들의 믿음이 무엇인지를 그들의 실천에 의하지 않고서는 알 수 없다. 만약 그들이 헌신을 실천한다면, 그 반대를 보여 주는 그들의 말들과 관념들은 무관하다. 그들은 그들이 진정으로 믿는 것이 무엇인지 알지 못한다. 참된 믿음은 신앙심이 깊은 행위들의 '필연적인' 상관물이다. 글쓰기는 자연의 일부, 다른 신체들 가운데 신체이다. 그리고 만약 이것이 유효하다면, 글쓰기는 다른 신체들이 행동하게 '하거나' 행위를 그만두게 만든다, 혹은 보다 정확하게 (『윤리학』을 참조하자면, 유일한 실체의 속성들에 불과한) 신체와 정신을 동시에 행동하고 사고하게 만든다. 행위 없이는 믿음도 없으며, 믿음이 없으면 행위도 없다(우리가 우리의 행위에 의해 가정된 믿음을 의식하고 있는지와 상관없이).

이 점까지, 우리는 스피노자의 저작에서 다른 해석과 글쓰기의 학설들과 대립될 수 있고 대립된, 그 자체로 일관된, 철학적 학설과 같은 어떤 것, 비타협적인 문자의 유물론을 떼어낸 것 같다. 그러나 그러한 일관성은, 이러한 요소가 『신학정치론』의 나머지와 별개로 고려되는 한에서만 인정될 수 있다. 우리가 텍스트에 문자의 유물론의 자리를 복원할 때, 우리는 『신학정치론』이란 바로, 자신과 극심하게 갈등하는 저작, 미완이며 끝날 수 없는, 정확하게 그것의 가장 강력한 철학적 주장들의 부정을 구성한다고 말해질 수 있는 결론들을 갖는 저작으로 만드는 격변을 보기 시작한다. 왜냐하면 우리가 살펴본 바와 같이, 성서 해석에 대한 스피노자의 논의는 이것이 없다면 언어가 존재할 수 없는 언어의 진리인 자연으로부터 마치 언어가 분리되어 있고 그것에 언어가 종속되어 있는 것처럼, 언어와 자연, 언어와 실재에 대립하는 이원론에 대한 거부로부터 시작하기 때문이다 확실히 그는 말하기와 글쓰기, 언어의 현행적 형식은 환원할 수 없는 물질적 실존을 소유하고 있으며, 그러므로 다른 신체들이 행동하도록 "하기" 때문에 그것들을 변용한다고 주장한다. 성서가 신체들과 행위들에 영향을 미치지 못한다면, 성서는 어떤 의미를 갖는 것을 멈출 것이다. 실제로, 모든 원인은 결과를 가져야만 한다는 정리에 따르면, 성서는 몇 장의 종이 이상의 어떤 것으로 존재하기를 중단할 것이다.

『신학정치론』의 주된 정치적 핵심들 가운데 하나이며 어떤 자유주의적 전통에 연결되는 핵심이 국가의 안정성과 안녕은 말들과 행위들의 구성적이고 입헌적인 구별, 마치 전자가 후자와 완전히 분리되어 있는 것처럼 정신과 신체, 언어와 존재의 이원론을 회복시키는 구별에 의지한다는 주장이라는 점에서 더더욱 놀랍다. 『신학정치론』은 행동들만 법에 의해 규제되고 말은 제한 없이 실행된다면, 평화(불화들은 말들 너머로 결코 나아가지 않기 때문에 그래서 힘 대신에 이성이 논쟁들을 결정한다는 것을 보장하면서)와 번영(사회적 문제들에 대한 모든 가능한 해결책들은 발표되고 고려될 것이기 때문에)이 있을 것이라는 단정으로 시작해서 그것으로 끝난다. 발리바르가 논평한 바와 같이, 17세기 말 네덜란드 사회의 투쟁들에 대한 법률적-입헌적 '해결책'은 『신학정치론』의 본문을 구성하는 주장과 다음과 같은 점에서 극명하게 모순된다.

실제로 한편으로는 말과 사고, 다른 한편으로는 행동을 명확히 구별할 수 있는 가능성에 근거한다. 그러나 '권리'라는 관념은 여기서 더 이상 역량의 의미로 이해되지 않고 또다시 어떤 권위에 의해 선험적으로a priori

언표되는 하나의 형식적 기준이 된다. 역량의 관념에서 (따라서 현실 속에서) 가장 유효한 말과 사고, 특히 기존의 국가의 불의와 악을 공격하는 그것들은 그 자체로 행동이고 따라서 불가피하게 다른 인간들의 행동과 사고를 유발하는 그 자체로 가장 위험한 것들이다.(Balibar, 1989: 37/177~178, [번역 수정])

실제로 계몽에 대한 칸트의 표어("너희들이 원하는 만큼 따져 보라. 그러나 복종하라")의 첫번째 형식에 해당하는 것의 스피노자의 제안은 그 스스로 확립한 진리, 즉 말하기와 글쓰기의 물질성, 언어의 현실적 진리, 정신만을 움직이는 것이 아니라(정신과 신체는 동시에 그리고 분리되지 않고 변용된다는 점에서 엄밀히 말해 스피노자에게 의미가 없는 정리) 정신(신체의 행위들에 의해 가정되는 관념들을 알지 못할 수도 있는)의 동의 혹은 의식적 인식 없이 신체들 또한 변용하는 언어의 능력에 대한 심각한 부정에 해당한다. 말들은 인간을 경건하거나 불경하게, 복종하거나 혹은 반역하게 '만들' 수 있다.

성서에 대한 스피노자의 물체화는 상업 및 해상 무역 부르주아지로 구성된 정무관들이라는 자칭 '공화주의자'(사실은 과두정치)파에 대립하는 총독(이자 군주였을) 오라녜공 빌렘의 전술적 동맹자들이었던 칼뱅주의 신정국가 신봉자들에 맞서 인도되었다. 정무관들과 달리, 칼뱅주의자들에게는 에스파냐 통치에 대한 반란으로 거슬러 올라가는 호전성과 풀뿌리 조직이라는 전통이 있었다. 그들은 실제로 정치적 역량의 의미를 알고 있었다. 스피노자는 네덜란드 공화국의 '적법'하며 '합법적인' 통치자들의 권위에 대항하려고 대중들의 미신을 이용하여, 그들을 적극적으로 동원하기 위한 기적들과 예언에 대한 모든 담론(『신학정치론』에서 그렇게 길게 분석된)과 성서의 '신비들'을 사용하는 능력을 그들에게서 박탈하려고 했다. 한편의 형식적인(법적) 역량과 다른 한편의 실제 역량 사이의 불일치가 충돌을 일으키고 있었다. 권리는 역량과 동일하다(즉, 무언가를 할 수 있는 역량이 있는 사람만이 그것을 할 수 있는 권리를 갖는다)는 관념에 초점이 맞추어져 있는 『신학정치론』 16장 전체는 그들의 통치권을 보호하기 위해 단지 법률에만 의존하지 않는(힘 이외에 다른 실재적 보증이 있을 수 없기 때문에) 마키아벨리의 정신과 매우 유사하게 정무관들에 대한 경고였을 것이다. 실제로 이것이 그러한 경고였다면, 스피노자 자신은 그 자신의 지혜를 명심하는 데 완전히 실패하였다. 그는 대중을 동원하여 정무관들을 압박하며, 국가 외부에서 정책을 결정하는 칼뱅주의자들의 능력이 그들을 아래로부터 지배할 수 있게 해주었다는 점에 주목한다. "일반적으로 가장 잘 지배하는 것은 바로 천민의 분노이다. 죄가 없다는 것을 알고 있었던 빌라도가 그리스도를 십자가에 못 박으라고 명령한 것은 바리새인들의 분노에 굴복해서였다"(*TTP*, 276/18장 6절). 관용과 이성의 지지자인 정무관들은 칼뱅주의자들의 대중적 토대의 수그러들 줄 모르는 압력에 의해 교무위원회의 손으로 스피노자의 친구이자 동료 사상가인 아드리안 쾨르바흐를 박해하고 투옥하도록 강요받았다(Meinsma, 1983: 355~377). 쾨르바흐는 1669년 감옥에서 사망하였고, 스피노자의 시각에서 그는 그리스도와 같은 인물이 되었다. 그러나 그가 실재적 통치권과 법적 통치권에 대한 어떤 혼동을 경고한 것과 마찬가지로, 발리바르가 지적한 바와 같이 그 자신은 완전히 헛된 법률만능주의로 후퇴하였다(Balibar, 1989). 악화되는 신학-정치적 갈등들, 교회와 총독을 지지하는 대중 동원들로 상업, 관용 그리고 형식적 자유의 당파에 불리한 사회적 힘의 균형이 점차적으로 확대되는 것에 직면하자, 스피노자는 용어에 대한 그 자신의 정의에 따르자면, 상상적인 '해결책'으로 도피하는 것 이상을 할 수 없었다. 이는 원인들과 결과들을 전도시킨다. 그는 갈등들과 불일치들이 존재하는 이성적 담론의 세계가 신체들과 힘들의 물리적 세계를 초월한다(또는 적어도 스피노자가 제기하는 법적 규준에 따라 그렇게 '해야 한다')는 이원론을 복귀시켰다. 대신에 그는 실현되고 시행되는 것으로 사회적 질서를 위협하지 않을 것이거나 적어도 위협하지 않을 것임에 틀림없는 비물질적인 말하기를 가정하면서, 칼뱅주의 선동가들의 말들, 다중의 분노를 "자극"(TTP, 293/20장 7절)하고, 그들의 신체들이 야만적인 행위들을 하도록 움직이는 그들의 능력의 물질성을 부정한다. 이런 무용한 평화의 원리는 말들이 처벌받지 않아야 한다는 『신학정치론』 서문에서 그가 한 주장에 대해 나중에 제시한 조건으로 표현된다. 물론, 선동적인 말들, 합법적 권위들을 비방하도록 계획된 말들, 그리고 무엇보다도, (의도적이건 아니건) 대중이 반란을 일으키도록 선동하는 말들이 있다. 그러나 그 스스로가 입증한 바와 같이, 상황들과 운에 따라 같은 단어들은 반대되는 결과들, 법적 금지가 바꿀 수 없는 결과들을 산출할 수 있다. 따라서 스피노자는 그가 역량만이 권리를 결정한다고 증명한 후에도 권리나 법jus이 역량을 결정한다(그리고 역량에 앞선다는)는 상상으로 자신도 모르게 후퇴한다. 우리는 그러한 근본적인 불일치를 어떻게 설명할 수 있을 것인가? 스피노자는 미래를 예측하는 예언의 은사를 필요로 하지 않았다. 그는 '공화주의'의 힘이 점차 소멸되고 무력해짐과 동시에 조직된 미신과 전제정치의 역량이 급속도로 성장하고 있음을 볼 수 있었다. 진보적 당파는 1660년대 말에 몰락할 것 같았으며, 『신학정치론』이 출판되고 2년 후인

1672년에는 기정사실이었다. 그는 썼다. "미신을 낳고 보존하고 양육하는 원인은 바로 공포다"(「서문」). 말들의 물질성에 대한 그 자신의 증명을 그가 거부하고, 잠시 동안이라면 좋았을 테지만, 사법적 초월성의 환상을 받아들이게 그를 몰아간 것은 실재성이라기보다는 바로 공포였다.

2장

더 나은 것을 보고 그것에 찬성하지만,
더 나쁜 것을 하고야 만다

어째서 인간은 자신들의 구원을 위해서인 것처럼
예속을 위해서 용감하게 싸우는가?

신체로부터 정신을, 물질로부터 영혼을, 존재로부터 언어를 자유롭게 하는 철학적 이원론의 체계를 한꺼번에 거부하는 것이 가능한가? 확신할 수 있는 것은 없다. 우리는 스피노자의 가장 중요한 저작인 『윤리학』의 악명 높은 난해함이 이원론 없는 사유의 결과들을 탐구하고자 시도할 때 직면하게 되고, 발생하게 되는 다방면의 문제들에서 비롯한다고 주장할 수 있다. 그러나 이를 '해결하기' 위해 (그래서 많은 주석가들이 주장했던 바와 같이 이원론을 일원론으로 대체한다) 내가 주장했던 것이 『신학정치론』의 중심적인 모순일 것이라 여기지는 않는다. 그보다 스피노자 자신의 주장에 따르면, 이 세계에 진리와 목적을 부여하는 이 세계와 꼭 닮은 다른 세계를 상상하는 경향이 운의 가변성의 필연적인 결과로 인해 발생하기 때문에 불가피한 것이라면, 『윤리학』은 반드시 절대로 포기될 수 없는 이원론의 장치를 분해하는 고된 과업을 지속해야만 한다(Moreau, 1994:467~486). 따라서 이는 내부로부터 필연적으로 실행되는 과제이다. 우리는 그러한 과제, 철학자들 사이에서도 그것을 대단히 드문 것으로 만들었던 난해함이 스피노자가 동원할 수 있는 모든 전략적 원천을 요구한다고 주장할 수 있다. 그러므로 그의 사고의 여정을 추적하려면, 우리는 『윤리학』의 드러난 질서가 밝히는 경로를 포기하고, 들뢰즈가 30여 년 전에 규명한 '다른 『윤리학』'을 찾아내야만 한다(Deleuze, 1968). 서문들과 부록들 그리고 주석을 따라 흐르고, 저작에서 차례차례로 진행하기보다는 명백한 시작과 끝이 없으며 저작 안에서 순환하는 '지하의' 흐름. 우리에게 이러한 흐름의 방향을 표시할 수 있게 해주는 신호는 확실히 포착하기 어렵다. 이는 반복되는 몇 개의 단어들이거나 문구들 혹은 아마도 『윤리학』에서는 보기 드물지만 마치 텍스트가 결코 확인할 수 없는 명령에 답하면서 텍스트의 표면 전체에 틈을 남겨두고 갑작스럽게 중단되는 주장일 것이다. 이러한 현상들은 단어나 구절 이상의 무엇인가가 위태롭다는 가능성을 드러낸다. 이런 방법으로 『윤리학』을 읽는 방법은 우리가 공통점이라고는 거의 보이지 않는 저작의 다른 부분들에 있는 정리들을 서로 연결할 수 있게 해주며, 그렇게 함으로써 스피노자의 공식적인 증명에서 상당히 눈에 띄게 벗어난 질서를 생산할 수 있게 해준다.

확실히, 이는 레오 스트라우스와 그의 후대 추종자들이 박해의 공포 때문에 정통파의 소비를 위해 고안된 외면 아래에 조심스럽게 감추어진 비밀스러운 텍스트를 발견해야 한다고 주장하는 것과 같은 문제는 아니다. 그러한 통념은 문제가 되는 텍스트의 가장 기본적인 주장들(게다가 내가 다소 상세하게 검증하고자 했던 주장들)에 반해 스피노자는 그가 하고 있었던 것과 그의 저작의 주인임을 정확하게 알고 있었다고 가정한다. 이보다 스피노자와 정반대되는 입장은 상상하기 어려울 수 있으므로, 아마도 해석에 대한 그 자신의 규약을 그에게 적용해 단지 그의 정신의 내적 역량을 통해서가 아니라 그보다 강력하고 게다가 그의 통제나 이해 너머에 있는 강력한 외적 힘을 통해 스피노자 자신의 텍스트가 어떠한 방법으로 규정되는지를 묻는 것이 가치가 있을 것이다. 그러한 이질적인 힘들의 생산물은 결합은 되지만 결코 조화를 이루지 않는 상이한 요소들을 갖고 있는 인위적인 단일체일 것이다. 정말로 스피노자가 그토록 격렬하게 거부한 대단히 자연을 따르지 않는/원문을 따르지 않는 영역이 아니라면 '더한 어떤 것'이란 무엇일까?

그러므로 어느 누구도 시작이라고 착각하지 않을 혹은 그 자체로 필연적으로 전개되도록 계획된 시작으로서 알려진 결말이라고 착각하지 않을 구절, 가장 주의 깊은 주석가들 가운데에서도 거의 몇 명만이 대충 훑어보고 몇 줄로만 논했던 구절을 우리의 진입로로서 선택해 보자. 73개의 정리 (그리고 스피노자가 "올바른 삶의 규칙"에 대한 그의 설명을 재배열해서 "한 눈에 볼 수 있게 된"[*E*, 4부 부록] 32개의 증명들로 구성된 긴 부록)에 마치 숨겨져 있는 듯한 4부 중반부의 정리 39에 대한 주석이다.

신체가 시체로 변했을 때에만 신체가 죽는다고 생각해야 할 어떤 이유도 내게 없기 때문이다. 실제로 경험 그 자체는 반대되는 것을 설득하는 듯하다. 인간은 내가 그가 동일한 사람이라고 말하는 데 매우 곤란함을 느낄 정도의 변화를 겪는 일이 때때로 일어난다. 나는 어떤 에스파냐 시인에 대해 말하는 것을 들었다. 그는 병에 걸렸고 회복되었음에도 불구하고 자신의 과거 인생에 대해 망각한 채로 있어 자신이 쓴 이야기들과 비극들을 자신의 작품이라고 믿지 않았다. 실제로 그가 자신의 모국어마저도 잊어버렸다면, 그는 덩치 큰 어린아이로 취급되었을 것이다. 만일 이것이

믿기 어려운 듯 보인다면, 우리는 아기들에 대해 무슨 말을 해야 하는가? 늙은이는 아기들의 본성이 그 자신과 너무나도 다르다고 믿어서 그가 다른 경우와 비교하지 않는다면, 그가 이전에 아기였음을 납득하지 못할 수 있다. 그러나 미신에 사로잡힌 사람들에게 새로운 의문들에 대한 소재를 제공하지 않기 위해 나는 이 문제를 여기서 그만 다루고자 한다.

많은 특징들이 주석에 주의를 환기시키고 그것을, 유례가 없는 것은 아니지만 『윤리학』에서 드문 것으로 만든다. 사실 다른 주석도 갑작스레 끝나기는 하지만, 스피노자는 이런 경우들에 나중에 다시 논의하겠다고 한 약속(그가 한결같이 지키지 않는 약속)을 하거나 혹은 독자들에게 텍스트의 다른 부분을 참조하라고 한다. 그러나 정리 39에 대한 주석은 스피노자 자신의 말대로 그가 "내버려두"relinquere고자 하는 문제들을 불러일으키며 스피노자의 논의에서 분명히 느슨한 결말이라는 형태를 취한다. 이러한 점에서 연구 중단에 대한 그의 정당화는 조금도 과장하지 않고 놀랍다. 스피노자는 우리에게 "미신을 믿는 사람들에게 새로운 문제들의 소재를 주기를" 원하지 않는다고 말한다. 그러나 여기에서 스피노자는 누구에게 말하고 있는가? 그는 여태까지 『윤리학』의 독자들은 미신에 대한 자신의 비판을 공유한다고 가정해 왔다. 가장 헌신적인 독자를 제외하면 어느 누구도 우연히 그것을 읽게 되지 않도록 위치한 구절에서, 정말로 『윤리학』의 마지막 줄["모든 고귀한 것은 드문 만큼 어렵다"]이 암시하는 어려움으로 악명 높은 저작에서, 이제 와서 왜 그는 미신을 믿는 독자를 상상하는가? 이를테면 계획된 독자의 어깨 너머를 응시하면서 들린다기보다는 어쩌다 들리도록 계획한 것으로 보이는 구절을 읽으면서.

그러나 구절의 내용을 더욱 면밀하게 고찰하는 것은 우리의 사고를 정련시켜 줄 것이다. 『윤리학』이 내놓은 주장에 따르면, 독자들의 세계는 철학 자체의 세계와 마찬가지로 마치 플라톤이 『소피스트』에서 상상한 것처럼 대립이 고정되고 안정된 진영들로, 즉 계몽의 진영 대 미신의 진영 혹은 이성의 진영 대 비이성의 진영으로 나누어질 수 없다. 만약 진영들에 대해 말하는 것이 가능하다면, 이는 같은 사람이 어떤 순간에는 이성의 진영에 속하고 다른 순간에는 미신의 진영에 속할 수 있음을 관찰할 필요가 있다. 충돌하는 욕망과 믿음에 의해 생기가 불어넣어지는 동일한 사람이 양진영에 동시에 속할 수도 있다. 스피노자가 『윤리학』의 다른 곳에서 말하는 바와 같이, "모든 인간은 미신에 빠지기 쉽다"는 것이 사실이라면, 철학에서 대립하는 경향들은 한 사람이 다른 사람에, 한 집단이 다른 집단에 반대한다기보다는 오히려 모든 사람들이 그 자신에 반대하는 것이다. 더욱이 미신은 인식이나 승인 없이도 인간의 정신, 가장 이성적인 인간, 즉 (압도적인 역량의 외부 원인과 직면해) 스피노자 자신조차도 지배할 수 있다. 요컨대, 헤겔을 뒤집어서 미신이 언제나 미신적인 형식을 갖는 것은 아니다. 반면에 합리성은 언제나 일시적이고 가역적이며, 인간의 정신에 대한 이것의 지배는 내적 힘과 외적 힘의 평형에 좌우되고, 너무나 쉽게 전복되고 필연적으로 위태롭다. 그러면 정리 39에 대한 주석은 이성의 어떤 한계를 표시하거나 혹은 차라리, 그 자신의 유한성을 파악하려고 시도하는 이성의 역설을 표시한다. 스피노자가 다른 곳에서 주장한 바대로, "자유로운 인간은 죽음에 대해 어떤 것도 생각하지 않는다"(E, 4부 정리 67)라는 정리는 아마도 참일 것이다. 그러나 호기심을 불러일으키는 에스파냐 시인의 사례처럼 죽음에는 개체의 삶에서의 이성의 죽음, 정신의 죽음, 삶에서의 죽음을 포함해 많은 종류가 있다. 스피노자는 그런 질문들이 미신에 관한 모든 것을 갖추고 있을지라도, 미신적인 것들 가운데 흥미를 일으킬 것 같지 않은 질문들, 그런 질문들이 펼치는 경로를 버리는 것을 선택한다. 우리가 『윤리학』을 통해 쫓아가야 하는 것은 바로 이 경로이다.

정리 39에 대한 주석에 접근하려면 아무리 직접적으로 분명한 방법일지라도, 이것이 첨부된 정리에서부터 따라가는 것이 아니라, 정리 39까지의 4부의 진행을 되짚어가는 것이 유용하다. 우선 4부의 라틴어 제목 'De Servitute Human, seu de Affectuum Viribus'가 글자 그대로 '인간의 예속 또는 정서의 힘에 대하여'라는 것을 상기할 만한 가치가 있다. 스피노자의 영어 번역자들(이 경우 셜리와 컬리 모두)이 'Servitude Humana'를 '인간의 속박'으로 번역하는 어떤 전통을 따르기로 선택했다는 것은 이해할 만한 일이지만, 우리는 라틴어 용어 세르비투테Servitute의 반복이 『윤리학』의 다른 구절들과 스피노자의 다른 저작들, 특히 『신학정치론』의 구절들을 연결하라는 요청임을 무시해서는 안 된다. 특히, 이러한 연결은 몇몇 주석을 제외하고 윤리적인 질문들과 관련된 것으로 보이는 4부에 직접적으로 정치적인 의미를 부여한다(선과 악에 적합한 정의는 무엇인가, 우리는 어떻게 어느 정도로 선을 추구하고 악을 피하게 될 수 있는가).

마슈레가 지적한 것처럼(Macherey, 1997b: 9) 스피노자는 『윤리학』 전체에서 '예속'이라는 용어를 겨우 일곱 번 사용하고 있으며, 지안코티는 『신학정치론』과 『정치론』에서도 이것이 드물다는 것을 보여 준다 (Giancotti, 1970). 그러나 그 용어를 사용할 때, 그는 곳곳에 두드러지게 사용하는 경향이 있어 수세기 동안의 독자들은 그 용어가 등장하는 몇 개의 구절들과 스피노자를 정확하게 동일시하였다. 4부의 제목 '인간의 예속에 대하여'와 나란히 그 용어가 이용되는 구절 중 아마도 가장 유명한 것은 정치학의 언어로 쓰여 있지만 관심사가 정확히 4부의 것들과 똑같은 『신학정치론』 서문의 구절에서 발견된다. "군주정의 가장 커다란 비밀과 그것의 주된 관심은 사람들이 자신들의 구원을 위해 싸우는 양 자신들의 예속을 위해 싸우고ut pro Servitio, tanquam pro Salute pugnent, 단 한 사람의 허영심을 만족시키기 위해 자신들의 피와 목숨을 바치는 것을 수치가 아니라 최고의 영예라고 믿도록 그들을 억누르는 공포에 종교의 이름을 부여하고 사람들을 기만하는 것에 있다"(TTP, 51/서문 7절). 『신학정치론』 서문에 기술되어 있는 예속의 형태는 우리의 이익을 추구하고 우리의 역량을 증가시키기보다, 우리가 우리 스스로를 약화시키고 우리 자신의 파괴를 적극적으로 추구하는 결과로서 단지 정서의 힘viribus에 의해 부과된 정치적 형태의 예속이다. 스피노자가 『윤리학』(구절이 등장하는 세번째이자 마지막에서 주석으로 오비디우스를 밝히는)에서 세 번 반복하는 것은 오비디우스의 구절 즉, 『변신이야기』 7권에서 메데이아가 "나는 더 나은 것을 보고 그것에 찬성하지만, 더 나쁜 일을 하고 만다"video meliora proboque, deteriora sequor라고 한 불평의 정치적 삶의 적용이다(Moreau, 1994: 389). 그리고 그녀의 불평은 이방인 이아손을 향한 그녀의 분별없는 파괴적인 열정에는 어울리는 반면, 스피노자의 '예속'이라는 용어의 반복은 우리에게 『신학정치론』 서문과 『윤리학』 4부 사이의 연관성이 그 자신의 이익을 추구하지 못하도록 그를 방해하는 수동적인 감정들에 대한 개인의 예속 그리고 희생, 고통, 슬픔을 요구하는 전제적인 체제에 대한 집단적 예속 사이에 있음을 보여 준다. 그러므로 발리바르가 주장했던 바와 같이, 『윤리학』을 『신학정치론』과 『정치론』에서 사회에 적용되는 형이상학적 학설의 주장일 뿐만 아니라 동시에 『윤리학』의 각각의 주장들이 (최소한) 두 개의 차원에서 동시에 기능하는 형이상학적(또는 존재론적)이면서 동시에 정치적이고, 사변적이면서 동시에 실천적인 저작으로 읽는 것이 가능하다(Balibar, 1985b). 정리 39의 주석에 이르는 경로는 인간이 그의 감정에 휘둘려 "더 나은 것을 보고 그것에 찬성하지만, 더 나쁜 일을 하고 만다"는 4부 서문의 관찰에서 시작한다. 그러나 정확히 '더 나은 것'과 '더 나쁜 일'이라는 용어들이 의미하는 것은 무엇인가, 또는 '선'과 '악'이라는 문제와 어떤 관련이 있는가? 스피노자가 앞선 1부에서 3부까지 말했던 모든 것에서 '선'은 실존하는 것에 외적이며 실존이 평가되고 판단되는 규준일 수 없다. "완전성과 실재성으로 나는 동일한 것을 의미한다"(E, 2부 서문 정의 6). 그러나 스피노자는 "선과 악을 넘어"(Macherey, 1997a: 25) 움직이려 시도하면서 그러한 용어들을 간단하게 거부한다. 대신에, 그는 그것들을 현행성의 언어나 또는 보다 엄밀히 말하자면, 역량의 언어로 번역한다. "덕과 역량으로 나는 동일한 것을 의미한다"(E, 4부 서문 정의 8). 그가 여기에서 말하는 역량은 그가 초기에 코나투스(코나투르conatur에서 온 것으로 노력하거나 애쓰는 것을 의미한다)라고 불렀던 것이다. 이는 각각의 독특한 사물이 이것의 현행적 본질actualem essentiam을 지속하려는 역량으로서 목적을 향한 충동이다. 3부(정리 6, 7)의 주장에 따르면, 역량은 신이 "일정한 정해진 방식"(E, 3부 정리 6[증명])으로 표현된 것으로 신의 역량일 따름이다. 그러므로 "덕의 기초는 자신의 고유한 존재를 보존하려는 노력 그 자체이다"(E, 4부 정리 18 주석). 더욱이 "이성은 자연에 반하는 것은 전혀 요구하지 않으므로 따라서 이성은 모든 인간은 … 그 자신의 이익을 추구할 것을 요구한다"(같은 곳).

가장 최근에 스피노자와 관련해 홉스로 대표되는 철학적 전통 전체는 그러한 자기 본위는 만인에 대한 만인의 전쟁으로 사회의 해체를 야기할 수 있을 뿐이며 오직 생존을 위해 포기되어야 한다고 주장하였지만, 스피노자는 "특정한 각각의 사람이 자신에게 유용한 것을 최대한 추구할 때, 사람들은 서로에게 가장 유용하다"(E, 4부 정리 35 따름정리 2)라고 반대한다. 사유하고 행동하는 역량을 증가시키고자 하는 (그리하여 스피노자에 따르면 그의 덕을 증가시키고자 하는) 개체는 각각 혼자일 때보다 비례적으로 더욱 강력한 개체를 구성하기 위해 다른 개체들과 결합하고자 할 것이다(E, 4부 정리 18 주석). 반대로, 그가 『신학정치론』 서문에서 우리에게 상기시키고 있는 바와 같이, 사회를 증오와 자기혐오와 동일한 지옥으로 변형시키는 금욕과 자기희생의 정신의 확산보다 자유로운 공화국에 더 해로운 것은 없다. 그러나 스피노자가 우리의 이익이나 혹은 그가 초월론적transcendental 윤리 규범을 거부한 후 선을 정의하는 것처럼 유용한 것utile에 대해 말할 때, 그가 정확하게 의미하고자 하는 바는 무엇인가? 4부 정리 38에서 그는 유용한 것이란 "인간 신체를 무수한 방식으로 변용될 수 있게 하는" 것 또는 "무수한 방식으로 외부 신체들을 변용할 수 있게 하는" 것인 반면에, "해로운 것noxium이란 신체의 이러한 소질을 감소시키는" 것이라고 선언한다. 그리고 나서 정리 39는 계속해서 선bonum을 인간 신체의 부분들로 형성된 집합들이 특정한 "운동과 정지의 비율"을 통해 규정되는 완전성을 보존하는 것으로, 악malum을 독특한 신체였던 것이 독특한 신체이기를 멈추고 따라서 파괴되는 다른 관계로 신체의 부분들을 이끄는 것이라고 정의한다. 그러므로 선은, 단지 생명을 보존하고 죽음에 저항하는 데 없어서는 안 되는 역량과 기쁨의 증가 그리고 생명의 힘들과 동일한 것으로 간주된다. 반면에 악은 죽음을 준비하는 것에 지나지 않는 정도로 삶을

왜소하게 만드는 고통과 나약함(그것의 정당화는 신학적이고 정치적이거나, 운에 압도된 한 인간의 개인적 미신이라는 점에서 '개인적'이다)의 소용돌이이다. 그런 죽음은 동시에 죽음의 모방이다. 기독교의 사례만을 놓고 본다면, 우리의 실존을 비추고, 실존에 의미를 부여하는 십자가형에 의해 살해된 신의 이미지에서 자기 자신을 증명하고 있기 때문이다.

그러나 이 정리에 대한 주석(특히 앞에서 인용한 구절)은 인간 신체가 시체로 변형되는 것은 단지 하나의 변형에 불과하다고 죽음의 다양성을 상정함으로써 죽음 자체에 대한 개념을 상당히 복잡하게 만든다. 스피노자는 극도로 간접적인 형태로 그의 주장(이를 주장이라고 부를 수 있다면)을 시작한다. "인간 신체, 혈액의 순환과 신체를 살아 있게 하는 다른 것들이 존속한다고 하더라도, 그럼에도 불구하고 자신의 본성을 완전히 다른 본성으로 바꿀 수 있다는 것을 나는 감히 부정하지 않는다nam negare non audeo. 신체가 시체로 변했을 때에만 신체가 죽는다고 생각해야 할 어떤 이유도 내게 없다nam nulla ratio me cogit. 실제로 경험 그 자체는 반대되는 것을 설득하는 듯하다." 여기에서 스피노자의 단어 선택은 대단히 흥미롭다. "나는 감히 부정하지 않는다." 무엇 또는 누구에 관해 경험이 단지 한 종류의 신체의 죽음만이 있고, 그런 죽음에서 신체가 생명의 징후를 나타내는 것을 멈춘다는 것을 부정하는 대담한 행위를 구성하는가? 그는 직면하고 싶지는 않았지만 결국 감히 그러지 않을 수 없는 결론에 도달하게 되었던 것으로 보인다. 실제로 그는 그 문제를 검토하면 할수록 거의 의문의 여지가 없는 것처럼 만연해 있는 죽음에 대한 공통 통념이 그가 논쟁하거나 의심해야 할 "이유가 없는" "경험"experientia과 모순된다는 것을 깨닫는다. 단지 상상적인 것으로 거부되어야 할 죽음의 관점, 본질적인 다양성을 감추는 부가뭄을 거부하도록 하는 것은 이 경우에 그에게 어떤 안내도 제공하지 않는 이성이 아니라 경험이다. 거기에는 소위 생체 기능들의 중단으로 이해되는 죽음에 못 미치는 물질적인 죽음들이 있다.[1] 신체는 죽을 수 있다. 즉 살아 있는 것을 중단하지 않고 그 자체와는 다른 어떤 것이 될 수 있다. 그러므로 죽음은 변형의 문턱에 지나지 않는다.

그러한 변형은 어떻게 발생하는가? 신체는 정신이 그렇지 않은 것처럼 "국가 속의 국가", 자동 조절되며 자급자족적인 시스템이 아니다. 신체는 "자신을 보존하기 위해 매우 많은 다른 신체들을 필요로 한다"(*E*, 4부 정리 39 증명). 자기 보존은 지속적인 활동을 요구하며 인간 개체의 정신과 신체가 더욱 능동적이고 힘 있게 되면 될수록 자신을 보존하는 가능성이 더욱더 커진다. 물론 신체는 공기, 물, 영양, 즉 자신을 유지하기 위한 아주 많은 이질적인 신체들의 섭취를 요구하며 그것이 없다면 신체는 빠르게 소멸할 것이다. 더욱이 악천후로부터 신체를 보호하는 데 필요한 의복 및 주거지와 더불어 물과 음식은 거의 대부분 다른 사람들, 대체로 무수히 많은 다른 사람들과의 협동을 통해서만 얻어진다. 그러므로 인간의 신체는 바로 신체의 생존을 위해 다른 인간의 신체들을 필요로 하며 따라서 수많은 부분들로 구성될 뿐만 아니라 생존의 조건으로서 자연의 일부를 형성하는 인간 사회를 포함하여 다른 신체들, 보다 큰 신체들, 보다 큰 단일체들, 보다 큰 집합들의 다른 부분들 가운데 한 부분을 구성하면서 다른 신체들과 상호작용을 해야만 한다. 스피노자가 『정치론』에서 쓰게 될 것처럼, "어느

---

1) 이 구절은 스피노자 철학에서 경험의 중요성을 역설한 모로(Moreau, 1994)의 주장을 눈에 띄게 확증해 준다. 이 구절에서 상상과 미신에 대한 비판 기준을 제공하는 것은 이성이 아니라 경험이다.

누구도 고립 속에서는 자신을 방어하거나 삶에 필요한 모든 것을 얻을 정도로 충분히 강하지 않다"(*TP*, 6장 1절). 간략하게 말하자면, 신체는 바로 그것의 생존을 위해 체계적인 방식들로 상호작용을 하는 다른 신체들에 의존한다. 신체를 살아가도록 해주는 내부 관계들뿐만 아니라 외부 관계들의 변경도 죽음을 초래할 수 있다. "인간 신체의 부분들의 운동과 정지의 비율에서 변화를 가져오는 것은 무엇이건 간에 … 인간 신체로 하여금 다른 형태를 취하게 한다. 즉 (자명한 일이며 우리가 4부 서문의 끝 부분에서 언급했던 바와 같이) 그것은 신체가 파괴되도록 한다"(*E*, 4부 정리 39). 그러므로 생명을 유지하는 데 필요한 바로 그 외적 상호작용들은 그것 자체가 죽음을 가져올 수 있다. 그러나 어떤 죽음 그리고 얼마나 많은 종류의 죽음이 있는가?

"인간은 내가 그가 동일한 사람이라고 말하는 데 매우 곤란함을 느낄 정도의 변화를 겪는 일이 때때로 일어난다. 나는 어떤 에스파냐 시인에 대해 말하는 것을 들었다. 그는 병에 걸렸고 회복되었음에도 불구하고 자신의 과거 인생에 대해 망각한 채로 있어 자신이 쓴 이야기들과 비극들을 자신의 작품이라고 믿지 않았다." 그러므로 "혈액 순환과 신체를 살아 있게 하는 다른 것들이 존속한다고 하더라도, 그럼에도 불구하고 자신의 본성을 완전히 다른 본성으로 바꿀 수 있다면", 삶에 내적인 죽음이 있다. 이 점에서 스피노자는『윤리학』에서 매우 드문 구체적인 사례를 제시한다. 그는 이전의 자기가 아니라고 주장하는 "어떤 에스파냐 시인에 대해 말하는 것을" 들었다. 왜 스피노자가 구체적인 사례를 들어야 했는지 혹은 왜 이 특별한 사례인지는 전적으로 명확하지 않다. 그 에스파냐 시인은 병에 걸렸고, "회복했다"(스피노자는 완전히 '회복'했다기보다는 기운의 회복 혹은 호전을 시사하는 동사 콘발레스코convalesco를 사용한다). 즉 그의 신체는 생체 기능을 회복했지만 그(그의 신체와 스피노자에 따르면 신체의 관념인 그의 정신)는 그가 동일한 사람이라고 말하는 데 "매우 곤란함을 느낄" 정도까지 변했다. 그는 자신이 쓴 작품들을 잊어버렸고, 그가 그것들을 썼다는 것을 믿을 수 없었다. 에스파냐 시인의 정신이었던 관념의 신체는 다른 신체가 되었고, 그 결과 정신도 다른 정신이 되었다. 하나의 독특한 존재의 보존에 필수적인 다른 신체들과의 마주침에는 규칙적이고 '우연적인' 상호작용들이 포함되며 따라서 예측할 수 없는 마주침은 단일한 존재의 현행성을 보존하기보다는 변화시키게 될 항시적인 위험을 수반한다. 당연히 질병은 그러한 마주침의 하나의 결과이다. 질병이 침범함으로써, 분리될 수 없는 독특성으로 신체와 정신을 정의하고, 다른 사람이 아닌 그가 특정한 비극들과 이야기들을 쓰도록 만든 내부와 외부 사이의 관계는 변화되었고, 그는 자신의 것이라고 여겨지는 작품들과는 필연적인 관련이 없는 다른 사람이 되었다.

컬리를 포함한 여러 주석가들은 이 구절을 인격 동일성, 특히 죽음을 넘어서까지 동일성이 지속될 가능성을 둘러싼 17세기 논의의 일부로 보았다(Curley, 1988). 이는 죽음 이후의 삶, 천국, 지옥 등과 관련된 만연하는 미신에 맞서 스피노자가 논의를 지속하기를 꺼려하는 이유를 설명해 줄 것이다. 그러나 그 구절은 정확하게 정반대의 관심사를 나타내는 듯 보인다. 어떻게 동일성은 삶의 한가운데에서조차 실존하는 것을 멈추는가? 신체는 그것을 정의하는 내적 관계와 외적 관계에서 커다란 변화에도 불구하고 어떻게 살아남으며, 하지만 그것 자체로 있는 것을 멈추는 대가를 지불하고 나서야만 살아남는가? 마슈레는 그 구절은 당연히 데카르트를 포함해 많은 17세기 철학자들이 드러내는 광기라는 현상에 매료된 사례라고 주장하였다(Macherey, 1997a). 그러한 관점에 따르자면, 스피노자는 신적 (또는 악마적) 들림이나 영감의 '사례들'을 제공하는 방식으로 '경험'을 착취하지 못하도록 논의를 중단한 것이다. 발리바르는 "미신에 새로운 의문들을 제공하지 않기 위해" 갑작스럽게 끝나는 주석에 대해 다소 다른 해석을 제시하였다. 그는 여기에서 스피노자의 관심은 정확히 (모든 사람들이 빠지기 쉬운) 미신 그 자체이며, 그 자신의 신학정치적 죽음이나 적어도 퇴행의 가능성(즉 "어린애 같은 어른"이 될 가능성, "모국어를 잊어버릴" 가능성, "이성의 언어를 망각할" 가능성 그리고 철학자 스피노자가 보여 준 그런 학설들이 잘못되었을 뿐 아니라 그것들의 결과들에 있어 유해하다고 믿게 될 가능성)이라고 주장한다(Balibar, 1994). 그가 더 이상 작품들과 편지들을 쓴 동일인이 아니라면, 그가 그것들을 썼다고 정확히 생각해 낼 수는 있지만 더 이상 그것들을 이해하지 못하고, 그것들에 반대하기조차 할 수 있는 그러한 변용(우리는 분명하게 단지 질병이나 심지어 정신 이상에 대해서 이야기하는 것이 아니다)을 겪는 것이 가능하지 않은가?

실제로 스피노자의 서신은 오직 이성만의 명령에 따라 살아가고자 하는 스피노자의 계획을 공유한 이후에 이탈리아를 방문하는 동안 갑자기 예상치 않게 가톨릭으로 개종한 친구들이자 한때의 동료 사상가들(알베르트 뷔르흐와 니콜라스 스테노)의 두 가지 사례를 보여 준다. 이들은 스피노자에게 편지를 썼는데(Letters, 67과 67a) 뷔르흐의 말에 따르면, "가엽고 오만한 악령들의 왕에 의해 유혹받고 남용되도록 방임하고 계십니다"(Letters, 67/353)라는 이유로 그를 꾸짖고, 그의 철학이 "단순한 착각과 환상"(같은 곳)이었다고 말했다. 스피노자는 스테노에게 결코 답장을 하지 않았지만, 뷔르흐에 대한 답장에서는 4부 정리 39의 주석과 매우 유사한 언어로 의미심장하게 글을 쓴다. 스피노자는 다른 이들이 뷔르흐의 전향을 알려주었을 때 자신은 그것을 "믿기 힘들게 여겨졌다"라고 쓰면서, 비록 스피노자는 이성적인 주장이 거의 효과가 없을 것이라는 점이 두렵지만 그럼에도 불구하고, 단지 친구들이 스피노자에게 "현재 모습보다는 과거의 모습을 생각할 것을"(Letters, 76/392) 충고했기 때문이라고 그에게 답장을 한다. 에스파냐 시인의 경우처럼 현재의 것은 더 이상 예전의 것과 동일한 실재가 아닌 것이다. 어떤 생김새와 이름의 지속됨은 사실상 다른 것, 두 개의 독특한 존재에 반복의 불가사의한 특징을 부여한다. 물론, 스피노자의 말은 주의를 끌지 못했다. 그는 시체에게 [편지를] 쓴 것이나 마찬가지였다. 최근까지 미신에 대한 스피노자의 비판과 합리성에 대한 그의 헌신을 공유했던 알베르트 뷔르흐는 이제 되돌릴 수 없게 변형되었다. 한마디로 죽었다. 스피노자의 입장에서는 이성이 아니라 공포에 의해 자극을 받았고, 신비들과 기적들 그리고 교회가 충실한 신도들에게 차려 낸 초자연적 현상들 모두를 받아들였으며, "모든 논증을 뛰어넘는 믿음의 확실성"[Letters, 67a]을 위하여 이성적 논증을 거부한 광신자였다. 이 새로운 다른 알베르트 뷔르흐는 더 이상 그가 정교화하는 데 기여했던 비판을 이해할 수 없었으며(그는 그 자신의 언어, 이성적 논증과 증명의 언어를 잊었다), 게다가 그는 정신이 결코 이성을 알지 못하고 언제나 비이성적 희망과 공포에 이끌려 다니는 무지하고 무식한 인간처럼 미신에 패했기 때문에 비판에 영향을 받지 않았다. 어떠한 원인들의 연쇄가 신체와 정신 둘 다를 단지 일종의 죽음이라고 부를 수 있을 뿐인 심원한 변형으로 이르게 하는가?

실제로 만일 우리가 '두번째'『윤리학』(들뢰즈의 구별을 다시 이용해)의 주장을 엄격하게 따라간다면, 그러한 퇴행은 정확하게 개연적인 것까지는 아니더라도 최소한 늘 존재하는 가능성이 되며, 질문은 틀림없이 뒤바뀔 것이다. 어떻게 "모든 인간이 빠지기 쉬운" 미신에 저항할 수 있으며, 어떻게 (지속적으로) "다르게 사유"할 수 있는가? 이원론에 대한 스피노자의 거부는 그를 이런 경로에 혹은 차라리 교착상태에 이르게 했다. 마치 그는 외견상 피할 수 없는 두 개의 결론들에 도달함으로써 그것들의 필연적인 역사적·정치적 결과들에 직면하기보다는 이 흩어진 근거를 포기하는 듯 보인다. ①신체의 해방 없이는 정신의 해방은 있을 수 없다. 그리고 ②집합적 구원의 일부가 아닌 개체적 구원은 있을 수 없다. 본 장에서는 이러한 결과들 중 첫번째를 다룰 것이다.

우리는 『윤리학』 3부 「정서의 기원과 본성에 관하여」De Orignien et Natura de Affectuum의 서문에서 시작할 것이다. 여기에는 마슈레가 "스피노자의 이론적 반-인간주의"(Macherey, 1995[7쪽 각주 1번])라는 인상적인 표현으로 불렸던 것이 들어 있다.

정서들affectibus과 인간의 생활 방식에 대해 글을 쓴 사람들 대부분은 자연의 공통적인 법칙들을 따르는 자연의 사물들이 아니라 자연 외부에 있는 사물들로 다루는 것 같다. 게다가 그들은 자연 속의 인간을 국가 속의 국가로 생각하기조차 하는 것 같다. 왜냐하면 그들은 인간이 자연의 질서를 따르기보다는 교란하며, 자신의 행동들에 대한 절대적인 역량을 지니고 있으며, 더구나 다름 아닌 바로 그 자신에 의해서만 규정된다고 믿기 때문이다.

스피노자는 인간 세계가 자연을 구성하는 원인들과 결과들의 밀접한 연결망을 초월한다는 통념을 거부하며 인간을 자연과 별개로 혹은 자연의 "외부에서" 고려하는 것을 거부하는 것으로부터 시작한다. 철학적 전통 전체가 필연적으로 실존하는 것을 기술하는 자연 법칙들과 사물들이 존재해야 하는, 그러나 그렇게 존재하지는 않는 방식을 지시하는 사회 법칙들을 그리고 물리적 역량과 법적 역량을 혼동해 왔던 것처럼, 스피노자가 임페리움imperium이라는 사법적 은유를 이용해 탁월하게 포착한 환상, 마치 인간이 자연에 둘러싸여 있지만 그것에서 어느 정도 독립해 있는 것처럼 임페리움 인 임페리오imperium in imperio 즉 "국가 속의 국가"라는 사법적 형식으로 자연에 대한 인간의 내재성을 생각할 수 없다. 그 밖에 누군가는 자연에 있는 것이 자연의 법칙을 '피하'거나 '따르지 않을' 수 있다고 상상할 수 있다. 그러나 중력의 법칙을 '따르지 않는' 낙하하는 돌에 대해서 말하는 편이 낫다. 만약 자연의 법칙을 거역할 수 있다면, 그것은 더 이상 법칙이 아닐 것이다. 인간의 초월성이라는 통념, 단지 물리적 본성을 유지하는 규정들로부터 인간이 자유롭다는 관념은 각각의 개인을 그 자신, 그의 생각들 그리고 행위들의 (다시 사법적 은유를 이용해) 유일한 주권적 지배자로 만듦으로써 정확하게 우리의 행위들의 현행적 원인들에 대한 어떠한 인식을 가로막는 기능을 한다.

니체를 앞질러 스피노자는 우리가 실제로 느끼고 생각하는 것과 달리 느끼고 생각하지 않기 때문에 그리고 우리가 해야만 했던 것처럼 하지 않기 때문에 정확히 우리가 비난받도록 하기 위해 우리가 자유롭고 우리의 행위들에 책임이 있다고 선언된다고 주장한다. 그러니까 우리는 우리 행동들의 유일한 원인으로 선포되며 우리의 행동들은 우리의 환원할 수 없는 자유의지 외에 다른 원천을 갖지 않는다. 그리고 이에 상응하게 우리는 우리 행동들에 대해 책임지게 된다. 즉, 피할 수 없이 유죄가 선언되며 확실히 따라올 처벌에 종속된다. 원죄라는 교리 그리고 장려책과 억제책이라는 공리주의적 원칙들을 포함하는 전통 전체는 "사형 집행인의 형이상학"[니체, 2002:122]에 불과하게 된다. 따라서 정서들이나 감정들은 원인들을 통해 설명하고자 하는 인식의 대상이었기보다는 그것들이 필연적으로 존재하는 것과 다르게 존재하지 않는다는 이유로 그것들을 비난하는 (그리고 대체로 그런 것들을 갖고 있다고 선언되는 이들을 처벌하는) 도덕적 판단의 대상이었다. 반대로 스피노자는 비록 불편할지라도 분노, 증오, 질투와 같이 가장 파괴적이고 해로운 정서들조차 "다른 독특한 사물들과 마찬가지로 자연의 힘과 필연성으로부터 따라나온다"(*E*, 3부 서문)라고 역설한다. 그가 『정치론』 첫 장에서 주장하는 바와 같이, 영혼을 가장 "성가시게 하는"[*TP*, 1장 1절] 것들, 인간의 정서들 가운데 가장 무서운 것까지도 "인간 본성의 악vita으로서가 아니라 마치 불편스럽기는 하지만 필연적이며 우리가 그것들을 통해 본성을 알려고 애쓰는, 규정된 원인들을 갖는 더위, 추위, 폭풍, 천둥 그리고 이러한 종류의 현상들이 날씨의 본성에 속하는 것처럼 인간의 본성에 속하는 특성들로서 간주한다. 이것들에 대한 참된 고찰에서 정신은 감각들을 기쁘게 하는 사물들에 대한 인식만큼이나 기쁨을 누리게 된다"[*TP*, 1장 4절]는 것은 인식의 관점에서 필연적이다. 이는 그의 비판자들 중 누군가가 묻는 것처럼 부도덕한 행위도 용서된다는 의미인가? 스피노자는 도덕적 비난과 승인의 장치 전체를 무시하면서 답한다. "악한 본성의 사람들은 그들이 필연적으로 그러하다고 해서 덜 두려워해야 하거나 덜 유해한 것이 아닙니다"(*Letters*, 58). 그러므로 스피노자는 이상적인 규준에 부합하지 못하기 때문에 인간의 실재성을 거부하기 위해(또는 이를 "용서함으로써" 자비심을 입증하기 위해) 그 규준을 인간의 실재성과 비교하는 철학에서 인간에게 실제로 있는 것을 설명하고자 하는 철학을 분리하는 경계선을 긋는다. 결국 이것은 스피노자로 하여금 새로운 질문을 제기하도록 한다. 즉, 만약 우리의 정신이 생각하고 신체가 행동하도록 우리가 자유롭게 명령하지 못한다면, 우리의 행위들과 생각들의 원인은 무엇인가? 우리는 어떻게 행동하고 사유하도록 규정되는가?

이 질문에 답하려면 '임페리움 인 임페리오'로서 인간의 개념에 대한 거부가 이것의 결론들에서 완수되어야 한다. 왜냐하면 이러한 개념이 취하는 가장 집요하고 겉으로 보기에 의심의 여지가 없는 형식들 중 하나는 정신은 신체와 분리되고 따라서 언제나 순전히 물리적 특성만으로 남을 규정들로부터 자유로울 뿐만 아니라 정신이 신체를 제어하며 신체로 하여금 정신의 명령을 수행하도록 한다는 통념이기 때문이다. 인간은 "자신의 활동들에 있어 절대적 역량을 가지고 있으며, 자기 자신에 의해서가 아니라면 다른 어떤 것에 의해서도 결정되지 않는다"(*E*, 3부 서문)[2]는 관념과 불가분하게 밀접한 관련을 맺고 있는 것은, 너무 명백해서 감히 이의를 제기하는 사람이 없는, "신체는 오로지 정신의 명령에 의해서만 움직이거나 정지하며 오직 정신의 의지와 사유의 기술에만 의존하는 많은 것들을 수행한다"(*E*, 3부 정리 2 주석) 관념이다. 대부분의 인간은 정신이 신체가 활동하도록 규정한다고 "굳게 설득되어 있어서" 그들이 이러한 가정된 '경험의 사실'에 의문을 제기하는 것은 매우 어렵기 때문에 스피노자는 『윤리학』에

---

2) [옮긴이] 원문에는 1부 부록으로 되어 있으나 인용문은 정확히 3부 서문에 수록되어 있다.

서 가장 긴 주석 가운데 하나를 이런 통념에 대한 지속적인 비판에 할애해야만 한다.

스피노자는 3부 정리 2의 주석에서 이러한 확신만이 갖고 있는 힘의 원인들을 설명하지 않는다. 그러나 설명, 그것도 매우 상세하고 흥미로운 설명은 본문의 다른 곳들에서 발견될 것이다. 특히 이 점과 관련해 중요한 것은 그가 "신의 본성과 고유성들"(『윤리학』 1부의 대상)에 관한 그의 증명을 "이해하지 못하게 방해하는 편견을 제거하려" 애쓰는 1부의 부록이다. 이성만을 근거로 하는 어떤 기준에 따라 의심될 수 없는 논증들에 대한 이해를 방해하는 편견들 중에 특히 어떤 것은 막지 못한다면 해로우며, 스피노자가 3부에서 비판하고 있는 인간의 자기지배라는 거짓된 통념과 직접 관련이 있는 만큼이나 오래가는 것으로 보인다. "대부분의 사람들이 이 편견 안에서 안주하며, … 모든 사람이 본성적으로 이 편견을 신봉하는 경향이 있다"[E, 1부 부록]. 그것은 신이 "인간적인 자유를 가진 자연의"[E, 1부 부록] 지배자이며 따라서 인간에게 도움을 주기 위해 모든 것을 창조했다는 관념이다. 그러한 통념이 갖는 문제는 이중적이다. 그것은 사실상 무한하고 영원하므로 기원이나 목적 또는 운명이 없는 자연에 목적론적 질서를 부여할 뿐만 아니라 (그리고 3부의 논제들과의 그것의 필연적인 관계가 분명해지는 것은 바로 여기에서이다) 그 자체로 존재하지 않는 "인간의 자유"가 신에게 있다고 생각한다. 그러나 이것이 이야기의 끝이 아니다. 신에 대한 미신적인 관점은 정확히 신이 그와 닮은 모습으로 창조된 우리, 우리 자유의 보증인으로서 기능을 할 수 있도록 하기 위해 그러한 자유가 신에게 있다고 생각한다. (물질) 세계 너머에 있으며 그의 무조건적 의지에 따라 세계를 자유롭게 인도하는 신은 그러므로 물리적 세계를 초월하고 절대적 지배로 자신의 신체를 지배하는, 그 자체로 신의 거울상인 인간의 거울상이다. 이것은 신학/인간학적 악순환이다.[3] 거울은 이것을 반사하는 또 다른 거울을 반사한다. 반사되는 것 자체가 그것을 반사하는 것의 반사인 이러한 관계에는 기원이 없다.

1부 부록의 주장들은 4부 서문에서 재개된다(부록은 명시적으로 두 번 언급된다). 우리는 의도와 목적을 실현하며 그것들에 따라 창조하는 제작자라고 신을 상상하기 때문에 우리는 자연의 사물들을 완전하거나 불완전하거나, 좋거나 나쁘다고 말한다. 우리는 한 사물을 이것의 기원인 의도에 상응해 그것이 보여 주는 정도에 따라 완전하거나 불완전하다고 판단한다. 그러나 우리가 신의 의도라고 생각하는 것은 자연에 대한 인간의 투사에 불과하다. 왜냐하면 "우리가 신, 달리 말해 자연이라고 부르는 영원하고 무한한 존재는 이것이 존재하는 동일한 필연성을 통해 작용한다. … 어떤 목적을 위해 존재하지 않는 것과 마찬가지로 어떤 목적을 위해 활동하지 않는 것처럼"(E, 4부 서문). 스피노자가 (인간학적 연합들로 가득한) 신에 대한 관념을 실재(일원론의 일자)가 아니라, 무한하고 영원하며 따라서 기원이나 끝이 없기 때문에 인간의 감정(신은 사랑한다, 신은 분노이다)을 신에게 귀속시키는 것과 같은 부조리들뿐만 아니라 모든 형태의 목적론(신은 목적을 위해 모든 것을 창조했다)에 저항하는 어떤 것으로 번역하려는 그의 시도에서 그 자신의 시대에 상당한 논쟁을 일으켰던 그 구절 "신, 또는

---

3) 독자는 알튀세르(Althusser, 1971)의 유명한 글인 「이데올로기와 이데올로기적 국가 장치」에서 언급된 것을 알아볼 것이다. 논의 중인 텍스트에 대한 언급은 전혀 없고, 스피노자에 대해서도 두세 번 정도밖에 언급되어 있지 않지만 이 글은 현존하는 『윤리학』 1부 부록에 대한 주석 가운데 가장 상세하고 통찰력 있는 주석으로 남아 있다.

자연"을 도입하는 것은 우연히 아니다. 1부에서와 마찬가지로 다시 한 번 스피노자는 신 또는 자연의 의도들은 전적으로 이것의 작용들과 일치한다고 주장한다. 신은 그의 활동을 통해 현실이 되고 이것의 기원이 되는 의도에 상응하는 정도에 따라 판단되는 관념을 그의 정신 속에 품고 있는 장인과 같은 것이 아니다. 어떠한 방식으로든 자신이 현실화되기 이전에는 존재하지 않는 신 또는 자연이라는 관념은(E, 1부 정리 33 주석 2) 바로 불완전함이라는 통념을 우리로 하여금 거부하도록 한다. "완전성과 실재성으로 나는 동일한 것을 의미한다"[E, 2부 정의 6].

그러나 자유의지라는 통념과 마찬가지로 목적인들이라는 통념 역시 거짓된 것으로 실재하는 것에 지나지 않는다. 존재하는 모든 것들과 마찬가지로 그러한 관념들은 그것들의 원인들을 통해 이해되어야 한다. 따라서 스피노자는 "사람들이 그것을 사물의 원리로서, 달리 말해 그것의 제1원인으로서 간주하는 한에서 사람들이 '목적인'이라고 말하는 것은 인간적 욕망에 지나지 않는다"(E, 4부 서문)라고 주장한다. 그러나 그가 "반복해서 말했"던 바와 같이 신 또는 자연에 투사된 인간의 행위라는 관념은 그 자체로 인간이 "그들의 행위들과 욕망들에 대해 의식하지만 그런 욕망을 갖도록 결정하는 원인들에 대해서는 무지하다"(같은 곳)라는 사실의 상상적인 결과이다. 그러므로 그렇게 현혹된 개체는 이 투사된 존재가 "신이 그들을 다른 사람들보다 더 소중히 여기고, 그들의 맹목적 욕망과 한없는 탐욕에 유용하게끔 자연 전체를 마련해 놓을 것"(E, 1부 부록)이라고 상상한다. 반면에 스피노자가 『윤리학』의 결론에서 말하고 있는 신에 대한 지적인 사랑amor Dei intellectualis은 신학적/인간학적 악순환, 신-인간의 자유의지를 보장하는 재인식의 거울 놀이의 해체에서만 발생할 수 있다. "신을 사랑하는 사람은 신이 거꾸로 자신을 사랑해 주기를 바랄 수 없다"(*E*, 5부 정리 19). 실제로, 신에 대한 지적인 사랑, 즉 지복^{beatitudo}은 전혀 개인적인 행위가 아니며 "신이 그 자신을 사랑하는 무한한 사랑의 일부이다"(*E*, 5부 정리 36). 그러나 그것의 원인들과 결과들에 있어 이중적인 종속(누가 누구에게 종속되어 있는지가 결국 전혀 명확하지 않고, 종속의 관계가 가역적이라는 것을 고려하면)은 스피노자가 1부 부록에서 주장하고 있는 것처럼 신의 의지라는 목적인, 무지의 성역에서 우리가 위안을 구하는 것을 야기하는, 자연에서 원인들의 연쇄를 무한히 따라가는 데 있어 우리의 무능력에 대한 우리의 무지 또는 우리의 욕망들의 원인들에 대한 우리의 무지와 결합된 우리의 욕망들에 대한 우리 의식의 문제에 불과한 것이 아니다. 역으로 우리가 신에게 귀속시키는 가공의 자유는 원인 그 자체이거나 스피노자가 『신학정치론』 서문에서 제기하는 바와 같이 "인간이 자신들의 구원을 위해서인 것처럼 예속을 위해서 용감하게 싸우게 만드는" 원인들의 연결망 일부이다. 인간은 그들을 억압하는 독재자에게 복종하도록, 즉 발화 행위를 포함해서 그가 명령하는 행위들을 (지정되어 있는 방식들로) 실행하도록 규정되어 있을 뿐만 아니라 이러한 규정이 순종적인 개체의 의지의 행위(신체로부터 자유롭고 신체에 대해 주권을 가진 듯 여겨지는 정신으로부터 나오는 행위)로 위장되어(또는 경험되어) 마치 인간의 억압을 "그 자신 이외의 다른 원천은 없는"[*E*, 3부 서문] 것처럼 보이도록 만든다. "아기는 우유를 자유롭게 빨아들인다고 생각하고, 성난 아이는 복수를 자유롭게 원한다고 생각하며, 겁쟁이는 그가 자유롭게 도망치고 싶다고 생각하는 것"[*E*, 3부 정리 2 주석]과 똑같이 주인에게 복종하는 인간은 자의로 그렇게 한다고 생각하며 그는 사실상 동의, 물리적 복종의 필연적 상관물인 정신적 결정을 생산하는 예속에 동의했다(따라서 선택했다). 예속된 개인이 군주에게 복종하면서 그가 자신을 또 다른 이(혹은 '실세들')의 지배하에 두는 것이 신의 의지라면서 신에게 복종한다고 느끼더라도, 개체는 언제나 선보다는 악을 선택할 수 있으며, 자발적으로 그 자신의 파멸을 초래할 수 있을 것이다. 물론, 홉스는 정치적 질서의 토대로서 동의라는 통념이 절대주의와 혹은 심지어 우리가 자발적으로 우리 스스로를 군주에게 복종시킨다는 군주의 성스러운 권리에 대한 이론들과도 결코 양립할 수 없지만, 반면에 가장 억압적인 체제를 위한 권리의 토대를 제공해 준다는 것을 이미 논증하였다. 그러나 스피노자는 우리가 언제나 이미 우리 자신을 종속시키기로 선택한 것이 되도록 우리가 자유롭다고 선언한 이러한 종속의 순환에서 벗어난다. 해방에 이르는 길은 다른 곳, 대답을 전제하지 않는 질문에서 시작된다. 우리가 신체들에 대해 정신들을 더 이상 초월적인 것으로 고려하지 않을 때, 정신적 결정들, 의지의 행위들이 자신의 창조에 관해 신이 그런 것처럼 신체들과 무관한 실존을 갖지 않기 때문에 그것들이 원인이라고 말해지는 물리적 행위들에 전적으로 내재하는 것으로 보일 때, 무엇이 벌어질까? 우리의 주의는 뜻밖에 그리고 비가역적으로 인간의 내면성의 현상들, 의지의 행위들, 주어진 혹은 제거된 동의, 찬성이나 반대 그리고 그것들이 토대가 되는 권리와 법의 전적인 사법적 장치로부터 다른 곳으로 돌려진다. 그리고 종속은 물리적·물질적 문제, 신체들이 하고 하지 않는 것의 문제 그리고 그것들이 어떻게 서로를 변용하는지의 문제가 된다.

전체 텍스트에서 가장 혁명적인 구절들이 수록되어 있는 3부 정리 2의 주석은 『윤리학』에서 이를 고유하게 만드는 다수의 특징들을 보여 준다. 그것은 저작 전체에서 가장 긴 주석일 뿐만 아니라 『윤리학』에서 유일하게 일련의 반박들과 답변들로 구성되어 있는 것이다. 스피노자는 신체에 대한 정신의 지배라는 통념을 신학적-인간학적 순환의 가장 집요한 형식들 중 하나로 간주하는 듯 보인다. 그리고 신학적-인간학적 순환의 역량을 줄이기 위해서는 보다 높은 단계의 논쟁적 힘이 요구될 것이다. 스피노자는 2부 정리 7의 주석에서 최초로 명시된 논증, 그리고 이제 3부에서 반복되는 "정신과 신체, 그것은 때로는 사유 속성 아래서, 때로는 연장 속성 아래서 인식되는 하나의 동일한 실재"[E, 3부 정리2 주석]라는 것을 고려해 볼 때, 하나가 다른 하나에 대한 인과적 우선권을 갖는다는 통념은 불합리하다고 언급함으로써 공격을 시작한다. 오히려, "우리 신체의 능동과 수동의 질서는 본성상 정신의 능동과 수동의 질서와 하나를 이루고 있다". 정신이 신체를 규정하지 않을 뿐만 아니라 둘 다 동시에 동일한 원인들에 의해 규정된다. 여기(그리고 거의 여기일 것이다)뿐 아니라 『윤리학』 어디에서도 스피노자는 정당한 이유로 정신과 신체 사이의 관계를 서술하는 데 '평행'이나 평행론이라는 용어를 사용하지 않고 있다는 점에 주목하는 것이 중요하다. 그러한 통념들은 정신과 신체를 서로에 대해 외재적인 것으로 만들기 때문에 정신과 신체를 연결시키는 바로 그 순간에 정신과 신체를 분리한다.

　미신은 자연을 그 자체로부터 설명하지 않고 상상적인 초자연적 영역에서 자연의 외부의 진리를 찾으며, 그리고 성서를 성서만으로 설명하기를 거부하며 보다 깊은 의미들을 요구하는 것과 동일한 방식으로, 신체의 활동들을 오직 물체적인 이유들로 설명하는 것을 거부하고, 물체적인 사건들에 물체적인 것 외부의 원인들을 부과한다. 그러므로 신체를 외면하고 신체 너머에서 그것의 진리를 탐구하는 것은 우리가 스피노자에게 결정적인 질문들이 무엇인지를 묻지 못하도록 한다. "정신에 의해 규정되지 않고, 물체적인 것으로서 고려되는 한에서 오로지 신체의 본성의 법칙에서" 신체는 신체로서 무엇을 할 수 있는가? 단지 독자들에게 신체를 규정하는 신체의 가능성을 고려할 것을 납득시키기 위해 스피노자는 에스파냐 시인(이것은 분명하게 관련이 있다)의 이미지만큼이나 그 나름대로 강력한 눈에 띄는 이미지, 솜남불리somnambuli 즉 몽유병자라는 동기, 이 주석의 중심이라고 입증될 동기를 도입한다. "몽유병자가, 깨어 있을 때는 감히 엄두도 못내는 많은 행동들을 수면 중에는 한다. … 신체는 오직 자신의 본성의 법칙만으로도 자신의 정신을 놀라게 하는 많은 일들을 할 수도 있다는 점을 보여 주기에 충분했다." "어떤 식으로, 어떤 수단을 통하여 정신이 신체를 움직이는지, 또한 어느 정도의 운동을 신체에 부여할 수 있는지, 그리고 얼마만큼의 속도로 신체를 움직일 수 있는지를 아무도 모른다"는 것을 고려한다면, 인간이 특정한 신체적 활동은 정신에 의해 일어나게 된다고 말할 때, 그들의 말은 사실상 그들의 인식에 결함이 있는 것을 숨길 뿐 아니라 그들이 이러한 틈을 메우는 데 관심이 없음을 보여 준다.

이러한 점에서 스피노자는 경험에 호소하는 것에 근거한 앞서 말한 주장에 대해 두 가지 반박을 상상한다. 우리가 정신이 어떻게 신체를 움직이는지를 비록 알지 못한다 하더라도, 우리는 정신이 신체를 움직인다는 것을 안다고 반박될 것이다. 경험은 우리에게 다음과 같은 것을 말한다. 정신이 신체를 인도하지 않는다면, "신체는 정지해 있다. 또 말을 하거나 침묵하는 것은 정신의 권능에만 달려 있다는 것을 경험으로 알 수 있다고 말하며, 따라서 다른 많은 것들은 정신의 결단에 달려 있다고 믿는다". 스피노자는 『윤리학』의 다른 곳에서처럼 경험을 비-인식이라고 거부하지 않고 정확히 경험에 호소하는 것에 의해 대답한다. 경험은 또한 정신의 역량, 이것의 사유하는 능력이 신체의 활동하는 역량과 분리될 수 없음을 제안하면서 (잠의 경우에서) 신체가 정지 상태일 때, 정신은 사유를 할 수 없음을 보여 준다. 그러므로 정신이 전적으로 물리적 결정들에 영향을 받지 않는 채로 남아 있다는 것은 불가능하다. 신체를 변용하는 것은 무엇이건 간에 동시에 정신을 그리고 동일한 정도로 변용한다. 우리가 말을 할지 침묵을 할지 결정하는 것은 오직 정신적 결정이라는 통념에 대해 스피노자는 "경험은 혀를 억제하는 것이나 욕망을 제어하는 것만큼 인간의 능력을 벗어나는 것도 없다는 것을 풍부한 사례로써 가르쳐준다"라고 대답한다. 경험은 게다가 우리가 "나중에 후회할 많은 것들을 우리가 저지른다"는 것뿐만 아니라 이제는 익숙한 문구인, "나는 더 나은 것을 보고 그것에 찬성하지만, 더 나쁜 일을 하고야 만다", 즉 우리 자신의 이익을 추구해야 한다는 것을 알고 있지만, 어느 정도까지, 우월한 힘을 가진 다른 반대되는 감정에 의해 우리 자신에게 유용한 행위를 하는 것이 금지될 정도까지 더 나쁜 일을 욕망한다는 것에 따라서, 우리를 결정하는 상반되는 감정들이 우리를 몰아붙인다는 것을 보여 준다. 더 나은 것을 알지만 더 나쁜 일을 하는 이들과 깨어났을 때 그들이 한 짓에 놀라기admiratio 시작하는 몽유병자들을 연결해 주는 것은 정확하게 그들이 행동하는 동안에 어떤 방식으로든 그것들을 의지했거나 수행한다는 어떤 의식도 없이 행동들을 했다는 의미이다. 그래서 주정뱅이는 "나중에 술이 깼을 때 잠자코 있지 않은 것을 후회하게 될 말들을 지껄인 것이 정신의 자유로운 결정에 따른 것이라고 믿는다". 물론 우리에게 외적인 원인들에 의한 우리의 행동들과 말들의 결정이 동시에 우리가 말하고 행동하기로 자유롭게 선택했고, 다르게 행동할 수도 있었지만 단지 그렇게 하지 않기를 선택했다는 믿음을 생산하는 상태들, 결코 깨어나지 않는 몽유병과 만취의 상태들이 존재한다. 그래서 스피노자는 미친 사람, 수다쟁이(라틴어 명사 가룰라^{garrula}, 명확하게 수다쟁이 여자를 지칭한다), 그리고 아이는 말하고 싶은 충동을 억제하지 못하지만, 그들은 이러한 억제의 부족을 자유로운 결정이라 부른다고 주장한다. 명백히 그러한 경우들에서 말하고 행동하도록 신체를 인도하는 것은 정신이 아니다. 신체는 정신 바깥의 힘들, 오로지 물체적인 힘들, 다른 신체들을 움직이는 신체들에 의해 손을 움직이거나 소리를 내게 된다.

그러나 엄밀하게 그러한 사례들은 규정에서 벗어난 것처럼 보인다. 스피노자의 마지막 미완의 원고인 『정치론』 11장 「민주정에 대하여」에서 제출된 주장에 따르면, 사실상 이 구절에서 스피노자가 언급하고 있는 미친 사람과 여성, 아이들은 정확히 정치적 삶에서 제외되어야만 하는 사람들이다. 스스로를 다스릴 수 없는 그러한 사람들은 그들이 의존하고 있는 다른 이들에 의해 통치된다. 그들의 허약함과 미성숙함으로 인해 그들이 인식 너머에 있으며 그들에게 외적인 힘들의 명령에 따라 행동할 것이라는 점은 다소 예상되는 바이다. 그러나 스피노자는 그보다 훨씬 더 급진적이고 도발적인 주장을 제시한다. 몽유병이나 충동들 같은 그러한 현상들은 일반적으로 물질적인 결정의 결과라고 인정되지만, 모든 행동들, '의도적'이고 창조적인 행위들, 아마도 개인적인 선이나 시민적 선을 위해 행해진 행동들을 포함하여, 신을 섬기기 위해 고안되거나 신의 계명들에 복종하여 수행된 행동들조차 물리적·신체적 원인들에 의해서만 결정된다는 통념은 곧바로 사회에 관한 우리의 사유에 가장 혁명적인 결과들을 야기할 수 있다. 이러한 이유로 스피노자는 그의 논제가 불가피하게 경악과 몰이해라는 반응을 얻게 될 것임을 상상한다. 그의 독자들은 틀림없이 "단지 물체적으로 고려되는 자연의 법칙만으로는 건축물, 그림picturaum 그리고 이런 장르의 것들을 연역할 수 없다. 그런 것들은 인간의 솜씨arte에 의해서만 가능하며 인간의 신체는 정신에 의해 규정되고 인도되지 않는다면, 사원templum을 지을 수 없을 것이다"라고 반박할 것이다.

이러한 반박에 대한 스피노자의 대답은 흥미롭다. 그는 정신이 신체를 지배한다는 편견에 관련된 주석에서 이미 말했던 바를 거의 말 그대로 반복한다. 우리는 신체의 구조로부터 따라나오는 것을 알지 못하며, 몽유병자는 우리를 놀라게 하는 많은 것들을 한다. 물론 이러한 답변들은 스피노자의 입장에서 그가 제기한 도전에는 결코 적합하지 않다. 매우 중요한 의미에서 그것들은 스피노자가 제기한 질문들에 대한 대답들이 전혀 아니며 오히려 결정적인 지점, 신체들은 오직 다른 신체들에 의해서만 규정될 수 있다는 통념이 신학-정치적 의미를 갖기 시작하는 지점에서 논의의 중단이다. 따라서 스피노자는 독자들이 스피노자의 다른 저작들뿐 아니라 『윤리학』의 어딘가에 제공되어 있는 내용으로부터 대답을 구성하도록 방치한다.

분명히 사원이라는 예만큼 도발적이지는 않지만, 네덜란드 회화의 황금시대라는 맥락에서 충분히 도발적인 그림pictura의 예에서 시작해 보자. 렘브란트가 「야경」의 창조자라는 것 혹은 페르메이르의 「델프트의 풍경」이 그의 의도의 현실화, 페르메이르의 솜씨의 결과이었음을 부정할 수 있는가? 어떻게 물체적 원인들의 자극만으로 캔버스 여기저기에 붓을 움직이는 몽유병자들에 의해 그러한 그림들이 생산될 수 있는가? 그림은 그것의 정의상 몽유병자들에 의해 생산될 수 없을 것이다. 이것은 정신의 현실화라는 목적에 수단일 뿐인 행위에 앞서, 정신의 내부에 기원을 두는 활동하려는 의지, 의도의 산물이다. 그러므로 그림은 자신에 의해서만 결정되는 정신에 의해 유일하게 인식되는, 먼저 정신에만 존재하는 관념의 실행이다.

그러나 스피노자가 상상하는 놀라움을 중요하게 여기는 창조자로서 예술가라는 개념은 건물이나 그림을 생산하는 신체가 물체적 원인에 의해 규정되며, 물체 외적이거나 물체를 초월한 원인들을 찾는 것은 우리가 본 바와 같이 정확히 스피노자가 『윤리학』 전체에서 떨쳐버리고자 애쓰고 있는 창조에 관한 신학적 편견들을, 즉 신의 본성에 관한 편견들을 반영하고 우리 행위들의 진정한 원인으로부터 우리의 주의를 다른 곳으로 돌린다는 그의 논제를 맞이하게 될 것이다. 물질적인 형태로 정신적 의도를 실현하며 따라서 먼저 정신으로 존재하고 나중에서야 물질로서 존재하면서 신, 또는 자연은 마음속에 목적을 담아 활동하지 않는다. 더욱이 스피노자는 신의 지성은 잠재적으로 존재하지 않고 신의 활동들과 동일하며 "영원에는 **언제**, 이전도 **이후**도 없으므로, 신의 완전성으로부터 신은 다른 어떤 것을 정할 수 없고, 그리고 정할 수도 없었다는 것이, 달리 말해 신은 자신의 결정들 이전에 존재하지 않았으며, 그것들 없이는 존재할 수 없다는 것이 따라 나온다"(*E*, 1부 정리 33 주석 2). 그리고 우리가 본 바와 같이 신에 대한 상상적인 관점은 동시에 인간의 자유와 인간의 행동에 대한 상상적인 관점을 반영하고 보장한다. 그러므로 하나에 대한 거부는 필연적으로 다른 것에 대한 거부를 수반한다.

『신학정치론』에서 종교적 관행의 믿음과 행위들의 관계를 논하면서 믿음이 그것의 발현들의 외부에 혹은 이전에 존재하며, 스피노자가 거부한 모델에 따르면 발현들은 그것들이 불완전하게 표현하는 믿음을 단지 실현한다는 어떤 통념을 그가 일축할 때, 스피노자는 인간의 행동에 관한 실제로 매우 유사한 주장을 한다. "따라서 오직 행위들에 의해서만 누군가를 신자나 불신자로 간주할 수 있다는 것이 다시 한 번 따라 나온다. 그의 행위들이 선하다면, 그가 다른 신자들과 종교적 교리의 관점에서 어긋나 있을지라도 그는 신자이다. 반면에 그의 행위들이 악하고 말로만 신자들과 일치한다면 그는 불신자이다. 왜냐하면 복종이 가정되면, 믿음은 필연적으로 가정되고 행위 없는 믿음은 죽은 것이기 때문이다"(*TTP*, 226/14장 7절).[4] 그러므로 믿음은 행위로 구체화되기 전에는 더 이상 내적이거나 정신적 혹은 영적 실존을 갖지 않는다. 반대로, 믿음은 물질적인 발현들의 외부에 실존하지 않으며 믿음은 영혼들의 영혼인 신 자신처럼 물질적 발현들에 관하여 내재적인 원인이다. 행위와 분리된 의도를 승인하는 것에 대한 거부는 개인들이 종종 그들 자신의 의도를 혹은 믿음을 알지 못한다는 것을 가정한다. 즉 그들은 그들의 생각들과 믿음들이 그것들의 바깥에서 그들이 그들 자신의 것으로 인지하지조차 못하는 행위들에 상정되어 있다는 것을 고려한다면 그들의 행위들이 필연적으로 가정하는 믿음들을 알지 못하며 결과적으로 그들이 생각하거나 믿는 것을 알지 못한다. 방금 전까지만 해도 매우 명백하게 목적의식적인 인간 행동에 적용할 수 없는 몽유병이라는 통념은 종교적 관행의 현실을 설명하는 데 가장 적절한 용어가 되었다는 것이 드러났다. 불신의 행위들을 수행하는 순간조차 믿는다고 믿고 있는 불신자들과 자신도 모르는 사이에 신의 법칙들에 대한 복종을 실천하는 순간마저 자신의 믿음을 의심하는 신자들.

---

4) [옮긴이] 원문에는 '15장'으로 되어 있으나 정확히 14장 7절이고, 셜리판으로는 226쪽이다.

그림에 대해 말했던 것과 무언가 유사하지 않은가? 예술가는 그림이 의지에 찬 행위에 의한 정신의, 영혼의 결정의 현실화이거나 물질화라고 믿겠지만 스피노자에 따르면, 그것의 '현실화' 외부에 있는 의도는 없다. 예술가는 참된 결정의 연쇄를 모르기 때문에 그림을 그리거나 조각을 하거나 또는 글을 쓰는(에스파냐 시인!) 자신의 신체를 관찰하고, 그, 그의 자유의지가 그가 자신의 정신에 지니고 있던 계획을 모방하도록 인도되는 자신의 신체적 움직임의 유일한 원인이라고 상상한다. 예술가가 그의 작품들의 원인이라고 상상하는 의도들은 우리가 우리의 꿈속에서 한 결정들과 마찬가지로 더 이상 인과적인 힘을 행사하지 않기 때문에 오히려 작품들의 결과들이다. "우리가 말을 하고 있는 꿈을 꿀 때, 우리는 우리가 자유로운 정신적 결정으로부터 그렇게 한다고 생각한다. 그러나 우리가 말을 하고 있지 않거나 혹은 우리가 말을 하고 있다면, 이것은 신체의 자발적인 운동들에 의한 것이다"[*E*, 3부 정리 2 주석]. 그러나 우리가 죽을 때까지 살아가는 삶의 많은 부분인 꿈의 세계는 개인들의 사적인 행위들 너머로까지 확장된다. 즉, 사회적 삶의 몽유병이 있다.

주석에서 두번째 반박의 마지막 구절이 언급하는 것은 의심의 여지가 없이 이 몽유병이다. "인간의 신체는 정신에 의해 규정되고 인도되지 않는다면, 사원templum을 지을 수 없을 것이다". 스피노자는 이미 동일한 문장에서 오직 인간의 솜씨 덕분이라고만 여길 수 있는 건축물들aedificiorum의 원인은 물체적 원인들로부터 추론될 수 있다고 반박했다. 어째서 그는 사원이라는 특정한 예를 이용해 그 점을 반복하는가? 아마도 스피노자는 이것이 현실적인 기능이 전혀 없어서 순전히 물체적인 질서에 들어설 자리가 없는 것으로 보이기 때문에 다른 종류의 건축물들 가운데 사원을 골라냈을 것이다. 더욱이 사원은 단지 물체적 세계 너머에 놓여 있는 진리의 물질적 기념물, 물질에 대한 정신의 우위성, 신의 창조에 대한 신의 우위성, 신체에 대한 정신의 우위성을 상징하는 물질적 기념물이다. 이것을 건축한 사람들은 그러므로 이것을 짓기 이전에 이것의 설계를 생각해 냈을 뿐 아니라 그렇게 하면서 자연 너머에서 목적과 길잡이를 찾았다.

그러나 템플럼templum이라는 단어는 또한 3부 정리2의 주석을 『신학정치론』에서 밀접한 관련이 있는 주장, 주석을 정치적으로 해석하는 방법을 암시하는 주장에 연결시키는 핵심축으로 기능한다. 왜냐하면 그 단어는 유대인의 사원을 떠올리게 할 수밖에 없고 『신학정치론』 17~18장의 많은 부분을 차지하는 것은 그 민족의 흥망성쇠이기 때문이다. 스피노자의 가장 통찰력 있는 현대 독자들 중 (불행하게도 우리에게는 스피노자에 대한 단편들만을 남겨 준) 한 사람이 지적한 바와 같이, 아마도 히브리 인민(그들의 역량과 독창성은 이제 정당하게 평가되어야 한다)에 대한 스피노자의 논의와 관련해 가장 인상적인 것은 초기 유대인의 사회를 물리적 삶의 모든 순간을 조직하면서 미신이 구성원들의 정신들뿐 아니라 그들의 신체들도 지배하는 '훈육 체제'로 묘사한 그의 설명이다(Althusser, 1994: 535~550). 스피노자에 따르면, 히브리 국가의 장기적인 안정성의 원인들 가운데 유대국가에서 신에 의한 선출을 구성했던 안정성은 고정되고 규정된 법률에 따라 모든 것들omnia을 하도록 그들을 강제했던 사람들의 "훈육된 복종obedientiae disciplina 교육이었다. 그들은 하고 싶은 대로 하는 것이 아니라 정해진 시간과 계절에만 그리고 동시에 한 종류의 짐승만을 가지고 경작을 했을 것이다"(TTP, 266/17장 25절). '모든 것'을 지배하는 규율은 신체적 활동을, 무의미한 게 아무리 명백할지라도, 규율을 벗어나게 하지 않았다.

"그들은 하고 싶은 대로 먹거나 옷을 입거나 이발을 하거나 면도를 할 수 없었고, 법으로 정해진 명령과 지시에서 제외된 어떠한 것도 할 수가 없다"(*TTP*, 118~119/5장 11절). 3부 정리 2의 주석에서 "정신의 결정은 욕망들 그 자체일 뿐이며, 이런 이유로 신체의 배치에 따라 변한다" 그리고 신체의 배치는 유대국가의 법률에 의해 세세하게 규정되었다는 것이 스피노자의 주장이라면, 이는 필연적으로 "누구도 금지된 것을 욕망할 수 없었고, 오직 지시된 것만을 원할 수 있었다"(*TTP*, 266/17장 25절)라는 사례였다. 더욱이 "복종이 잘 훈련된 인간에게 이는 틀림없이 예속servitus이 아니라 자유libertas로 여겨졌을 것임에 틀림없다"(같은 곳). 만일 그러한 조건하에서 인간이 사원을 건축한다면, 그것은 특정한 방식으로 그들의 신체를 움직이도록 강요하는 다른 힘들, 다른 신체들에 의해 움직이기 때문이다. 실로 신이 창조에 대해 그러한 것처럼 그들의 행위들에 대해 절대적 역량을 그들이 갖도록 하고 그들 스스로 갖고 있다고 믿게 하는 원인들에 대해 그들이 무지하다는 것을 고려하면 그들이 그렇게 할 것이라는 것은 피할 수 없고, 그들은 그들이 자유롭다고 상상할 것이다. 그러한 관념은 예속의 상태를 수반하는 몽유병의 가장 확실한 증거이다. 우리가 무지하거나 성직자들과 독재자들에 의해 기만당할 때뿐만 아니라 우리가 명백히 "더 나은 것을 보고 그것에 찬성하지만, 더 나쁜 일을 하고야 만다"는 상황에서조차 우리의 합리적 이기심에 반대되는 행위를 하려고 하는 성향을 우리는 어떻게 설명할 수 있는가? 만일 "군주제의 가장 커다란 비밀"이 압제를 정당화하기 위해 종교를 이용하는 것이라면, 종교는 틀림없이 더 이상 단지 믿음, 내적 상태로만 이해될 수 없음에 틀림없다. 실제로 스피노자는 우리로 하여금 복종과 애원의 행위, 몸짓 그리고 말들의 물질성, 신자들의 신체들을 둘러싸고 위계화하는 물질성, 종교가 효과를 발휘하게 하는 물질성에 마주하도록 강요한다. 만약 우리가 "정신의 결정은 욕망들 그 자체일 뿐이며, 이런 이유로 신체의 배치에 따라 변한다"는 스피노자의 주장을 진지하게 받아들인다면, 종교는 이것이 조직하는 신체들의 배치와 이러한 배치가 성직자와 왕에게 순종하기로 하는 정신적 결정을 산출하는 정도를 통해 이해되어야 한다. 전제정의 비밀은 정신들을 설득하는 능력이 아니라 그 자체로 신체의 활동들의 기원으로 생각하는 동의라는 소급적 결과를 산출하는 동안 신체들에서 힘과 역량을 뽑아내기 위해, 즉 그 능력을 전제정의 이익으로 만들기 위해 신체들을 움직이는 능력이다. 그리고 '훈육된 복종'은 전제군주 없이 전제정의 시스템이 작동할 때, 즉 주인들이 없는 노예들의 세계를 생산하는 힘의 놀이일 때 무엇보다 효과적일 것이다. 스피노자가 신체가 생기를 계속 유지하는 동안에도 그것의 죽음에 대해 말할 수 있는 것은 이상할 것이 없다. 작용을 받지만 작용을 할 수 없는 신체, 혹은 신체가 작용을 하면 신체의 작용들이 신체 자체의 역량을 감소시키는 것, 그것의 움직임이 늘 제한되고, 제약되고, 반복되는 신체, 신체가 무엇인가 조금이라도 느낀다면, [그때] 고통을 느끼는 신체는 실로 죽은 것이다.

그러나 우리는 매우 냉철해야 한다. 이러한 일련의 논증, 정치학에서 신체의 우위성에 대한 주장은 17세기에 명령과 순종의 관계들의 '자연성'을 역설하고 가족을 사회의 기원과 모델로 드는 필머와 보쉬에(Bossuet, 1990) 같은 인물들과 관련이 있는 가부장주의적 전통과 스피노자를 서로 화합하지 못하게 만든다. 그러나 고유한 형식의 전제정에 대한 그의 비판은 『신학정치론』에서 예속의 직접적인 작용요소로 등장하는 '군주제'로만 제한되지 않는 것이 확실하다. 반대로 신체의 배치가 정신적 결정에 우선

한다는 스피노자의 주장은 20세기 후반에 더욱 중요하게도, 그로티우스에서부터 홉스와 로크에 이르는 자유주의 철학의 흐름 전체와 그를 화합하지 못하게 만든다. 3부 정리 2의 주석에서 제기된 주장은 자유주의에 고유한 자유의 개념을 거칠고 노골적으로 조명한다. 이러한 전통에서 신체들의 배치는 이러한 배치를 결정하는 정신적 결정보다 훨씬 덜 중요하다. 그러므로 예속, 복종, 규율은 특정한 조건들 아래에서 노예제조차 그것들이 자발적인 결정의 결과들인 한, 그 자체로 부당하거나 위법적이지 않다. 두 개체들 사이에서든 군주와 그의 인민 사이에서든 주어진 사회적 관계를 판단하기 위해 신체가 얼마나 강제되었는지, 즉 그러한 관계를 통해 신체의 힘들이 증가하거나 감소하는지 혹은 신체가 기쁨을 또는 고통을 느끼는지를 묻는 것이 아니라 정신의 어떤 결정들이 그러한 배치에 앞서는지를 묻는 것이 필요하다. 그것들이 자발적으로 시작되었는가? 17세기 자유사상은 정신적·비물체적 기원들을 찾기 위해, 정의상 신체의 배치들에 선행하거나 그것들을 초과하는 의지의 행위, 정확하게 정신적 결정에 대한 신체와 신체의 힘들의 실재성을 외면한다. 그러한 철학들은 신체의 배치를 규정하는 초월론적 기원을 위해, 신체와 신체의 역량들, 신체의 기쁨들 너머를 바라보도록 강요하는 해석학적 절차를 정당화하고자 필연적으로 신체에 대한 정신의 지배를 가정한다. 언제나 이미 행사되어 왔으며, 종속의 상태에 언제나 이미 우선해 왔고, 현재에 앞선 과거에 언제나 존재했다는 인간의 자유에 대한 정의는 예속에 대한 비판을 허용하기는커녕, 예속에 그것의 합법성을 주는 토대를 소급적으로 생산하면서 예속을 가장 교묘하게 정당화한다. 이때 합법성은 명령과 복종의 자연성, 그래서 위계의 자연성에서 비롯되는 것이 아니라 자유롭고 평등한 개체들의 무조건적 의지에서 비롯되는 것이며 이러한 개체들은 그들의 생명(이것들에 대한 권리는 "양도될 수 없다")이 아니라 확실히 단지 그들의 역량과 생산성을 자발적으로 포기했다는 것으로 보일 수 있다.

홉스라는 사례는 특히 이러한 측면에서 교훈적이다. 매우 중요한 점에서 홉스는 17세기(그의 출판된 저작들은 적어도 스피노자의 저작들만큼이나 격분을 일으켰다)뿐만 아니라 아마도 철학의 역사에서도 가장 비타협적인 유물론자들 가운데 하나이다. 어쨌든『리바이어던』에서 그의 주장은 명백해 보인다. "모든 물체의 집적集積이 바로 '우주'이기 때문에, 물체가 아니면서 우주의 일부분이 되는 것은 없다"(Hobbes, 1968: 428/2권 49). 홉스의 경우, '비물체적'이라는 용어는 그러므로 비-실존만을 의미할 수 있는 반면에 '영혼'은 두 가지 다른 의미들을 가질 수 있다. 영혼은 "희미하고 유동적이며 눈에 보이지 않는 물체를 가리키거나, 혹은 유령을 가리키거나, 혹은 상상이 만들어 낸 상이나 환영을 가리키는 말이다"(Hobbes, 1968: 429~430/2권 51). 그리고 만일 홉스가 "하나님의 본성은 불가해하다"(Hobbes, 1968: 430/2권 52)는 그의 주장대로 정신이나 비물체적인 실체의 가능성을 열어 두고 있는 것으로 보이는 것이 참이라면, "다시 말해 우리는 **그분이 어떤 존재인가** 하는 것은 알 수 없으며, 오로지 **그분이 존재한다**"(Hobbes, 1968:430/2권 52)라는 것을 이해할 뿐이고, 그로 인해 우리의 개념에 현전하는 유한한 물체들의 세계와 무한한, 그러므로 생각조차 할 수 없는, 물체들의 집적 너머의 세계의 구별을 도입하면서, 그가『리바이어던』의 라틴어판 부록에서 "어떠한 실체들도 비물체적이다"를 부정하는 것은 "신은 물체다"(Hobbes, 1968: 540)[5]라는 것을 긍정하는 것임을 확정했다. 유사하게, 데카르트의『성찰』에 대한 그의 「반박들」에서 홉스는 데카르트가 「두번째 성찰」에서 확립했다고 주장하고 있으며, "나는 생각하는 것이다"라는 결론이 아니라 정반대인 "생각하는 것은 물체적인 것이다"(데카르트, 2012: 124, 126)[6]라는 주장에서 유래하는 정신과 신체의 이원론을 격렬하게 거부한다. 어떤 형식의 이원론에 대해서도 거부하며 모든 정신적인 것들을 신체로 환원하는 것은 홉스에게서 절대적인 것으로 보일 것이다.

그때 그의 주장의 논리에 압도된 홉스가 다른 상황에서 거부했던 이원론을 정확하게 재발명하는 것을 우리가 발견한다면 더욱 징후적이다. 그 진가를 제대로 인정받지 못하고 있지만 홉스의 유물론의 온전한 함축들이 분명해지는 『리바이어던』 3부에서 그는 신의 의지에 대한 고유한 인식을 주장하는 어떤 종류의 예언 혹은 성령감응, 기적들이라는 현상들에 대한 개인의 호소의 어떤 가능성에도 반하여 정신을 비판하는 주장들을 전개한다. 우리가 앞 장에서 지적했던 바와 같이, 홉스는 자칭 반역자들이 1640년부터 1660년까지는 흔한 일인 초자연적 현상에 호소하는 것에 의한 일종의 정당화를 하지 못하도록 노력하였다. 그 누구도 군주가 신의 은총을 받았는지 아니면 신의 분노를 샀는지를 안다고 주장할 수 없으며, 합법적 권위를 다투기 위해 신의 심판을 들먹이는 것은 단순히 폭동선동이 아니라 신성모독이다. 더욱이 홉스가 말한 것처럼 신의 의지를 알 수 없고 논증할

---

5) [옮긴이] 저자가 인용하는 문장은 『리바이어던』 라틴어판 부록의 3장인 『리바이어던』에 대해 제기된 몇몇 반박들에 대하여'에서 등장한다. 그러나 저자가 인용하는 맥퍼슨판(1968)에는 라틴어판 부록이 실려 있지 않다.

6) [옮긴이] 원문에는 인용출처가 "Hobbes, 1968: 122"로 되어 있지만, 이 인용부분은 데카르트의 『성찰』에 실려 있는 6개의 반박과 『성찰』에 대한 답변들 가운데 세번째 반박으로 실린 홉스의 비판에서 인용한 것이다.

수 없는 것으로 만드는 것은 자치에 대한 권리처럼 해석에 대한 권리가 군주에게 이전되지 않는 한, 해석의 장소를 사회적 질서를 불가피하게 전복시킬 영속적인 대립의 장소로 만드는 것이다. 홉스는 신의 의지에 대한 그들의 해석이 주인이 이교도인 기독교 하인들에게 내린 성 바울의 명령에 대한 군주의 해석과 정확히 일치하지 않을 것이라고 두려워할 만한 이유가 있는 독자들에게 상기시킨다. "'종이 되신 여러분, 모든 일에 육신의 주인에게 복종하십시오. 사람을 기쁘게 하는 자들처럼 눈가림으로 하지 말고, 주님을 두려워하면서, 성실한 마음으로 하십시오'(「골로새서」 3:22)" (Hobbes, 1968: 526/2권 182~183). 이와 유사하게, 신을 믿지 않는 군주들은 "'진노를 두려워해서만이 아니라, 양심을 생각해서라도'(「로마서」 13:1~6)" (Hobbes, 1968, 527/2권 183) 복종되어야 했다.

홉스는 여기서 더 나아갈 것이고 가상 극단적인 사례를 불러들일 것이다. "왕이나 원로원이나 기타 주권자가 그리스도를 믿지 말라고 명령할 경우 어떻게 해야 하느냐고"(Hobbes, 1968: 527/2권 183~184).

다른 상황에서는 다른 물체들에 의해 규정된 물체들의 세계의 이론가 홉스가 신체와 신체를 변용하는 규정들 위의 그리고 너머의 영역, 내적 자유의 성역을 구성하려는 자신의 주장의 논리에 의해 강제되는 것은 바로 이 지점에서인데, 하지만 그러한 주장은 그의 저작의 주요 전제들에 노골적으로 위배된다. 첫째, 『리바이어던』 3부의 주요 주장들과는 완전히 모순되게 그는 "이런 금지명령은 아무런 효과가 없다는 것이 내 대답이다. 믿고 안 믿고는 결코 인간의 명령에 따라 달라지는 일이 아니다. 신앙은 하느님께서 주신 선물이다. 믿음은 포상의 약속으로 줄 수 있는 것도 아니요, 고문의 협박으로 뺏을 수 있는 것도 아니다"(Hobbes, 1968: 527/2권 184). 더욱이 만일 우리가 우리의 신앙들을 표현하는 것이 금지된다거나 "우리의 합법적 군주가 명령하기를, 우리 자신의 혀로 믿지 않는다는 고백을 하라고 하면"(Hobbes, 1968: 527/2권 184), "혀로 하는 고백은 겉으로 드러나는 행동에 불과하다, 이것은 우리의 복종을 나타내는 다른 몸짓들과 다를 게 하나도 없기"(Hobbes, 1968: 527~8/2권 184) 때문에 홉스에 따르면 그럼에도 우리는 우리의 '자유'를 유지한다. 홉스는 "마음속에 이스라엘의 신을 믿게 된 후"(Hobbes, 1968: 528/2권 184) 거짓된 신들의 예배에 자신의 주인을 계속해서 수행하고 심지어 거짓된 신들의 사원에 들어가 절까지 한 하인 나아만의 예를 인용한다(「열왕기하」 5:17). 나아만은 그가 입으로 신을 부정했던 것처럼 이런 행동이 신에게 신을 부정하는 것으로 여겨질까봐 두려워했다. 그러나 홉스는 예언자 엘리야가 그러한 행동을 용서하였고 "'좋소, 안심하고 가시오.'(「열왕기하」 5:19)"(Hobbes, 1968:528/2권 185)라고 한 것에 주목한다. 나아만이 주인에 대한 순종으로 행동하는 한, 비록 그가 했다고 하더라도 그의 행위들은 당연히 주인의 것들이라 말해진다. 홉스는 복종과 규정의 외적 세계로부터 완벽한 자유의 내적 세계를 분리한다. 행함 없이 참된 믿음은 없다고 스피노자가 주장하는 것처럼 믿음은 오직 그것이 (발화행위들을 포함하여) 외적인 행위들에 내재하는 한에서만 존재한다고 주장하는 것은 홉스에게는 "누구든지 군주의 명령을 거역할 수 있다는" [Hobbes, 1968:528/2권 185] 권한을 부여하는 것이다. 오히려 우리는 신이 신체들, 행위들, 말하기의 외부성들 너머를 보고 있으며, 순종 그 자체를 위해 "하나님께 복종하려는 성실한 노력"과 "행동의 의지"(Hobbes, 1968: 611/2권 286)를 받아들이고 있음을 인식하여야 한다. 그러므로 자신의 철학에 걸맞지 않게 홉스는, 모든 인간이 자기 좋을 대로 생각하고 믿는 자유의 내적 세계, 그를 둘러싼 한낱 물리적 힘들에 의해서 제약되지 않는, 정의상 단 하나의 외적·물체적 발현도 없는 그러한 세계를 고안한다. 실존과 신체가 동일한 것임을 선언하는 저작에서 이러한 관념론의 분출에 대해 놀라운 것은 단순히 이것이 보여 주는 모순이 아니다. 훨씬 더 중요한 것은 다음과 같은 사실이다. 그것은 내면성의, 한없는 자유의 내적 세계의, 신앙 그 자체와 같이 예속의 필연적 보충으로서 합의가 '자유롭게' 기원하는 세계의 발명을 보여 준다. 비록 노예가 그의 주인에게 복종을 하더라도, 모든 것들에서 시민이 그의 군주에게 복종할지라도, 그들은, 표면상의 모습들에도 불구하고, 완전히 자유롭다. 왜냐하면 신체의 가장 사소한 행위들조차 지시되고 통제되는 반면에, 신에 의해 인지되고 신의 이해할 수 없는 자유의 역량을 축소물로 반영하는, (신체가 그 자체로 변용되지 않는 것처럼) 신체를 둘러싼 물체적 세계에 의해 변용되지 않는, 내적 세계, 어떤 세계, 유일한 세계가 있다. 한 인간은 결코 그의 신앙에 따라 행동할 수 없으며 다른 한 사람에게 신앙에 대해 말할 수 없다(주권자가 그렇게 명령한다면). 그러나 그의 '의지'와 그의 '믿음'은 이러한 내적 공간이 정확하게 그것이 어떠한 물체적 발현도, 심지어 음성적이거나 시각적인 발현도, 생산하지 않기 때문에 군주의 사법권 너머에 있다는 것을 고려하면 변하지 않은 채로 남아 있을 것이다.

칸트는 「계몽이란 무엇인가?」와 「사유에 있어 정향이란 무엇인가?」라는 두 편의 가장 유명한 국면적 혹은 시의적 글들에서 홉스의 입장들에 대해 가장 영속적인 비판을 제시하였다. 그것은 전적으로 자유주의의 한계들 내에서 수행된 비판이었기 때문에 영속적이다. 후자의 글에서 칸트는 정확히 홉스가 그랬던 것처럼, 우리가 지금 '이성의 전능함'이라고 부르는 것에 대한 통념 즉, 이성의 사법권은 제한되지 않으며, 이것의 실행이 보증되지 않는 영역은 없다는 통념을 수반하는 "열광"Schwärmerei[Kant, 1991: 246]에 대해 경고를 한다. 반면에 칸트에게 있어 이성의 첫번째 과제는 이성 자신의 한계들을 발견하는 것이다. 이러한 한계들 내에서 모든 오류를 피하는 것이 가능하다. 반대로 말하자면, 이성을 한계들 너머로까지 적용하려는 시도는 오류만을 발생시킬 수 있을 뿐이다. 초감각적인 세계, 이것을 구성하는 존재들과 이것을 지배하는 법칙들을 알고자 하는 노력은, 예를 들어 결코 인식에 이르게 되지 못하며 단지 "헛된 꿈꾸기"(Kant, 1991: 241)에 이르게 될 뿐이다. 우리는 그러한 세계가 존재한다는 것을 알아야만 한다(그리고 여기에서 그는 『리바이어던』에서 "궁극적인 목적들"에 대한 거부를 특유의 열정으로 주장한 홉스와 갈라진다). 그렇지 않다면 우리가 어떻게 "모든 것들에 명백하고 지적인 창조자"의 실존을 가정하도록 우리에게 강요하는 "질서와 합목적성"(같은 곳)을 설명할 수 있겠는가. 그러나 우리는 그럼에도 불구하고 우리가 가정해야만 하는 세계(와 창조자)를 결코 알 수 없음 또한 알아야 한다.

칸트는 정확히 이 점에서 스피노자 아니 오히려 스피노자주의, "이성의 무법적 사용"으로 특징지어지는 학설의 오류들, 인간의 지성에 고유한 피할 수 없는 한계들을 할당하는 데 있어서 그리고 관념들은 인간 주체의 특성들에 지나지 않으며 인간 주체에 고유한 경계들에 국한된다고 보는데 있어서 실패한 것을 환기시킨다. 칸트에 따르자면, 인식 주체에 대한 이러한 경시는 스피노자를 알 수 없는 것을 알고자 하며 증명할 수 없는 것을 증명하고자 하는 시도 그리고 자신의 한계들을 알지 못하는 이성의 열정을 받아들이기 위해 인식 주체를 잊어버리는 "스스로 사유하는 사유들"

이라는 '기괴한' 통념에 대해 말하는 데 이르게 한다. 그러므로 스피노자는 "감각-경험의 모든 조건들에서 단지 분리된 지성의 순수 개념들로만 구성된 관념의 존재를 인식했다"(Kant, 1991: 246)고 주장한다. 이성이 자신에게 부과한 법칙들에 의해 경계가 지어지는 것에 대한 이성의 거부의 귀결들, 즉 우선 이성의 영역에 대한 경계들을 선언하고 난 후 이를 존중한다는 것에 대한 이성의 거부는 먼저 "방종"(즉, 더 이상 어떤 의무도 인정하지 않는다는 원리)을 생산하는 "이성적 불신"(Kant, 1991: 249)이다. 그러한 실천적 결과들은 이성이 자신을 지배할 수 없는 것으로 보고 이성에 대해 자신들의 통치를 부과하는 정부당국을 도발하여 결국 모든 것을 해칠 뿐이다. 칸트가 '시민적 강압정치'라 부른 것은 결국에는 이성을 파괴할 수 있다. 이것은 통속적으로 말해(그리고 여기에서 칸트는 홉스의 입장을 되풀이한다) "더 높은 권위는 말하기나 글쓰기의 사유를 우리에게서 빼앗을 수 있지만 사유의 자유를 우리에게서 빼앗을 수는 없다"(Kant, 1991: 247). 그러나 칸트는 말하기와 글쓰기의 자유가 없는 사유의 자유는 순전한 환상이라고 주장한다. "우리가 사유를 하지 않았다면, 말하자면 우리가 우리의 생각을 **전달하는** 그리고 우리에게 그들의 사유를 전달하는 다른 사람들과의 공동체에서 우리가 어느 정도 그리고 얼마나 정확하게 사유를 하겠는가! 그러므로 우리는 인민에게서 그들의 생각들을 소통할 자유를 빼앗는 것과 같은 외적 속박 또한 그들의 **사유**의 자유를 제거하는 것이라고 결론내릴 수 있다"(같은 곳).

우리는 여기에서 칸트의 진술 목적이 사고와 행위의 보편적인 조건들을 발견하는 것이지만, 그는 동시에 역사적 현재, 그의 철학적 실천을 지배하고 그의 과업을 지시했던 독특한 조건들에 관련되어 있었음을 떠올려야 한다. 그런 이유로,「계몽이란 무엇인가?」에서 그는 소통하는 사유의 필연성을 역사적 방식으로 사유하기의 조건으로서 본다. "대부분의 사람들"이 "다른 사람의 지도 없이 자신의 지성을" 사용할 수 있는 능력을 결여하고 대신에 개인들이 "법령이나 형식들"에만 의지하는 시대에 의존의 세월로 인해 너무나 약해지고 사유의 자유로운 운동에 익숙하지 못한 그들의 지성으로 인해 개인들은, 몇몇 대담한 영혼들을 제외하면, 버팀목이 되어 주는 개념적 보철물에 은신하지 않고는 가장 사소한 문제들에도 맞설 수 없다. "그렇지만 민중이 스스로를 계몽하는 것은 오히려 가능한 일이다. 실제로 민중에게 자유만 허용된다면 계몽은 거의 확실히 이루어질 수 있다"(Kant, 1991: 55/15). 물론 그러한 자유는 대단히 엄밀하게 정의되어야 한다. 이것은 혼자 힘으로 사유하고 다른 이들에게 그의 사유를 표현하기 위해 법령이나 형식들은 내던질 수 있는 개인의 자유, 한마디로, 주장하고 논쟁하며 경쟁하는 요구들에 판결을 내리는 데 있어 기준은 순수 이성의 것들뿐임을 인정하는 모든 개인들의 자유이다. 그러나 계몽의 수단으로서 말하기의 자유를 필요로 하는 동일한 역사적 상황들은 동시에 행위의 영역에서 제한들을 요구한다. 아무리 합리적일지라도 관념들을 너무 빠르게 행위로 옮기는 것은 사회적 질서를 전복시키고, 권위의 붕괴를 초래하며, 단지 낡은 것을 대체하는 새로운 일련의 편견들을 부지불식간에 인도하는 것이다. 다시 말해 극단적으로 보자면, 즉 혁명의 경우, 일련의 새로운 편견들, 법령들이나 형식들은 사실상 필연적으로 "생각 없는 대중의 지침으로 봉사"(같은 곳)하게 될 것이다. 그렇다면 계몽의 조건은 "그림자를 두려워하지 않는 스스로 계몽된 군주, 동시에 공공의 평화를 확보하기 위해 잘 훈련된 수많은 군대를 가지고 있는 군주"(Kant, 1991: 59/21~22)이다. 따라서 칸트는 순종하는 신체들에 깃들어 있는 자유로운 정신들이라는 홉스의 이원론을 거부하는 것이 아니라 단지 변경하는 것뿐이다. 칸트는 사유의 어떤 외적 표현을 (말하기와 글쓰기로) 허용하기보다는 말하기와 글쓰기를 내면성들, 혹은 차라리, 말하기와 글쓰기가 관여하지 않고도 재현하는 세계의 너머에 위치한 비물체성들, 비물질성들로 재정의한다. 말하기는 더 이상 행위의 형식이 아니라 사유의 확장이며, 세계에 대한 것이지만 더 이상 세계의 것은 아니다. 홉스와 마찬가지로, 칸트는 다음을 가정해야만 한다. 사람이 자신의 행위들에서 복종하도록 규정되어 있을 때조차 사람은 합리적으로 그리고 비판적으로 계속해서 생각할 수 있다(그리고 홉스와 달리 계속해서 말할 수 있다). 따라서 정신은 초월하며 육체적 훈육과 복종의 순수하게 물체적 세계에 의해 영향 받지 않는다. 사실상 그러한 복종이 자유로운 사유의 조건이다. "시민적 자유의 정도를 한층 크게 하는 것은 인민의 정신의 자유에 유리한 것처럼 보이지만, 실은 정신의 자유에 넘을 수 없는 한계를 설정하는 것이다. 이에 반해, 시민적 자유의 정도를 한층 적게 하는 것은 인민 각자가 자신의 능력을 충분히 발휘할 수 있는 여지를 부여하는 것이다"(Kant, 1991: 59/22[번역 수정]). 계몽을 위한 칸트의 표어는 정확히 이러한 역설을 붙잡고 있다. "너희들이 하고자 하는 일에 관해 너희들이 원하는 만큼 따져 보라. 그러나 복종하라!"[Kant, 1991: 59/22]

우리가 스피노자의 저작에서 확인했던 입장에서 보자면, 홉스와 칸트의 자유주의적 입장들은 그들이 정신과 신체 혹은 말하기와 신체의 분리에 의존하는 한 복종의 체제에서 개인들의 정신들(그리고 말들)이 자유로운 채로 남아 있게 될 거라는 약속과 함께 개인들의 신체의 규제를 받아들이라고 그들을 설득하기 위해 고안된 학설들로만, 예속의 책략들로만 나타날 뿐이다. 하지만 실제로 3부 정리 2의 주석에 따르면, "정신의 결정은 욕망들 그 자체일 뿐이며, 이런 이유로 신체의 배치에 따라 변한다". 그러므로 홉스와 칸트는 실상 사람들이 통제하기는커녕 알지도 못하는 물체적 원인들에 의해 규정되면서 그들의 작업들의 장본인이자 그들의 신체들의 주인들이라고 믿으며, 그들이 말하는 것을 통제하지 못하면서 자유롭게 말하고 있다고 꿈꾸는, 사람들이 살아가는 일반화된 몽유병에 철학적 형식을 제공했다. 스피노자의 저작에는 그러한 인물들이 자주 출몰한다. 『신학정치론』의 히브리 민족이라는 "꼭두각시"[*TTP*, 13장 6절], 그리고 『윤리학』 3부의 몽유병자들, 그들 자신의 자유에 대한 믿음이 그들의 예속의 가장 확실한 증거인 애처로운 인물들. 그들은 더 나은 것을 보고 그것에 찬성하지만, 더 나쁜 일을 하고 마는 것뿐만 아니라 그들이 자유롭게 그렇게 하는 것을 선택했다고 믿는다. 그러나 스피노자의 가장 위대한 저작의 여백에, 아니 오히려 저작의 밀도 속에 숨겨져 있는 것은 신체가 다른 신체들을 규정하고 정신적 결정들이 신체의 배치에 의해 규정되는 세계, 예속의 세계에서 리베르타테 후마나^{libertate humana}[인간의 자유]를 모색하려는 모든 이들에게 피할 수 없는 운명이라고 여겨지는 것에 대한 이미지이다. 에스파냐 시인의 이미지, 자신이 썼던 저작들을 더 이상 기억해 낼 수 없는 사람, 자신이 더 이상 이해할 수 없는 것들을 말했던 사람, 자신이 한때 비판했던 미신을 자신이 믿고 있음을 예상치 못하게 불현듯 발견하는 사람. 그렇다면 이것은 신체에서 영혼을 분리하는 것에 대한 스피노자의 거부, 자유의지에 대한 그의 비판, 신체에 대한 정신의 지배력이라는 통념이 끝나는 자리인가? 능동적인 감정들에 내재하는 이성이 겨우 예기치 않게 단속적으로 깜박이는 삶에서 죽음의 세계? 두 변의 어둠을 잠시 비추자마자 바로 꺼지며 우리를 다시 어둠의 심연으로 쓰러트리고 우리를 잊는 '우발적인 마주침'의 생산물인가?

오히려 『윤리학』의 마지막 부분(「지성의 역량 혹은 인간의 자유에 대하여」)을 완전히 역설적인 해방의 표현으로 읽는 것이 가능하다. 그리고 그런 해방에서 물론 그 자신을 포함하여 정신은 "모든 사물들을 필연성에 의해 지배되는 것으로 이해하는"(E, 5부 정리 6) 정도까지 더욱 강력하게 성장한다. 정신은 (사회를 포함하여) 자연의 일부이며 자연의 역량을 나누어 갖는다는 것은 역량이 없다는 것이 아니라 정신을 인도하는 필연성을 변형할 수 없다는 것이다. 그렇다면 정신 그 자체를 의존적이고, 규정된 존재로서 최종적으로 관조하기 위해 자연의 지배자로서 신과 자기 신체의 주인으로서 개체라는 가상들을 내던지는 정신의 역량이 아니라면, 여기에서 "정신의 역량"은 무엇을 의미할까? 『윤리학』은 정확하게 다른 것이 신에 비해 선호될 수 있는 가능성이 없기 때문에 사랑받게 될 수 있는 것을 잠자코 따르는 신(또는 자연)에 대한 지적인 사랑의 옹호에서 정확히 결론을 내리지 않는가? 만일 우리가 영원하고 무한한 필연성의 관점에서 사유하는 것을 배운다면, 수천 명을 죽이는 지진이나 함대를 침몰시키는 폭풍우뿐 아니라 우리를 죽음에 빠뜨리는 폭군이나 그의 사제들 혹은 심지어 소수가 부를 쌓는 반면, 그것의 변동이 수천만 명을 가난과 기아로 몰아넣는 시장이라는 폭군 없는 폭정조차 우리는 운명애amor fati를 통해 사랑하게 될 수 있지 않을까? 스피노자는 정확하게 정신과 의지에 대한 그의 평가절하를 통해 즉, 그의 단호한 유물론에 의해, 예속과 미신이 너무나도 효과적으로 조직되어서 (왜냐하면 물체적이기 때문에) 인간 해방이 문자 그대로 생각될 수 없는 세계를 기술했고 그렇게 함으로써 그 세계가 유일하게 가능한(그러므로 최선의) 세계임을 단언하지 않았던가?

그러나 만일 우리가 신체에 대한 스피노자의 강조를 글자 그대로 따른다면, 그러한 결론들은 옹호될 수 없다. 왜냐하면 엄밀히 말해 우리는 『윤리학』 3부와 4부에서 설명된 시각으로부터 피할 수 없는 질문에 아직 답을 하지 않았기 때문이다. 만일 물체적인 것을 초월하는 지성적인 영역이 없다면, 정신이 신체를 초월하지 않는다면, 그때 말하기나 글쓰기는 말할 것도 없이 확립된 질서에 반해 사고하는 것이 어떻게 가능한가? 다른 방식으로 말하자면, 한때 이성적이었던 사람들의 지적인 죽음, 그들의 미신으로 후퇴와 권위에 대한 숭배를 우리는 어떻게 설명할 수 있는가? 심지어 예속과 미신의 세계에서 이성적인 사고의 실존을 도대체 어떻게 설명할 수 있는가? 다른 이들은 죽지만 어떤 이들은 어떻게 지성적으로 계속해서 살아가는가? 어떻게 미신 속에서 자라나 나날의 미신의 의례에 참여한 한 젊은 남자가 미신의 관행을 거부하는 것에 의해 물리적으로, 그리고 미신의 계명을 거절하고 그것에 맞서는 주장들을 구성함으로써 정신적으로 이 세계를 박차고 나오는 역량을 실행하는가? 이러한 질문들에 대한 답변을 시작하려면, 우리가 마지막 장의 결론에서 주목했다시피, 스피노자 그 자신이 "따져 보라 그러나 복종하라"는 칸트의 학설의 어떤 버전, 그렇지만 그 자체의 불일치들에 의해 취약해진 나머지 스피노자의 유물론의 무게로 인해 붕괴되어 버리는 버전을 제시했다는 것을 떠올려야 한다.

따라서 누구도 주권자의 권리를 침해하지 않고서는 그의 결정에 거슬러 행위할 수 없다. 하지만 각자가 자신의 견해를 말하고 소통하는 데 국한하고, 기만이나 분노, 증오가 아니라 이성적인 확신을 통해서만 자신의 의견을 옹호한다면, 그리고 자신의 권위에 따라 국가 안에 어떤 변화를 일으키려는 의도를 갖고 있지 않다는 것을 전제한다면, 각자는 완전히 자유롭게 의견을 형성하고 판단할 수 있으며, 따라서 말할 수 있다. 예컨대 누군가가 어떤 법이 부조리함을 증명하고 이 법의 폐지를 공개적으로 제안하는 경우, 만약 동시에 그가 자신의 의견을 주권자(오직 그만이 법을 제정하거나 폐지할 수 있다)의 판단에 맡기고 그동안 법률에 위배되는 모든 행동을 자제한다면, 분명 그는 국가로부터 응분의 대접을 받을 만하며 가장 훌륭한 시민으로 행동한 것이다. 반대로 그가 정무관의 부당함을 비난하고 그에게 반대하여 군중의 증오를 도발하거나 정부의 결정에도 불구하고 선동적으로 법을 폐지하려 한다면, 그는 선동가와 반항자가 되고말 것이다.(*TTP*, 293/20장 7절)

이는 목소리의 물체성으로든 혹은 글쓰기의, 그러므로 성서의 문자적 물체성으로든 언어 역시 자연의 일부이며 그와 같은 것은 물체적 실존을 소유한다고 주장하여 세상을 놀랍게 만들었던 저작에서의 놀라운 결론이다. 스피노자가 이미 『신학정치론』에서 설명한 입장들에서 보자면, 마지막 장의 대부분은 스피노자 자신이 밝혀 놓은 진리들에 대한 연장된 방어로서 드러나며, 망설임들과 모순들 속에서 위의 구절은 스피노자의 '자유주의'의 모든 역설을 응축되어 있는 형태로 제시한다. 사실상 "따져 보라 그러나 복종하라"의 스피노자 버전은 칸트보다 상당히 덜 자유주의적이다. 그리고 어떻게 그렇지 않을 수 있을까? 만약 언어가 물체적 세계의 외부에 있지 않다면, 말하기는 물리적 의미에서 일종의 행위일 뿐만 아니라, 즉 신체와 같은 것으로서 다른 신체들을 움직이게 하는 능력을 소유한다.

그러므로 행위로부터 말하기를 분리시키는 것은 불가능하다. 법에 반대하는 강력한 주장들은 불가피하게 그 주장들의 저자의 '의도들'과 무관하게 (스피노자에게서 우리가 매우 모호한 통념이라는 것을 보았으므로, 말하기 혹은 쓰기라는 신체적 행위와 동시에 생각들과 무관하게라고 말하는 것이 나을 것이다) 반항이 아니라면, 그땐 저항, 불복종, 기타 등등을 생산한다. 이러한 사실을 부인하려는 시도에서 스피노자는 칸트에게는 전적으로 부재하고 (적어도 그가 **공적** 말하기를 다루는 한에서), 『윤리학』의 감정들에 대한 그의 이론적 관점에서 보면 터무니없는 구별을 생산한다. 즉, 한편으로는 분노와 증오라는 정서들뿐만 아니라 사물들 자체를 변화시키고자 하는 의지와 무관한 것으로 정의되는 이성적 말하기와 다른 한편으로는 물체적인 발화 행위로 우중들을 "선동하기" 때문에, 감정들에 의해 오염되어 전염성을 갖게 된 말하기의 구별. 이러한 구별은 희망에 지나지 않는다. 그는 말하기를 줄이는 것은 그다지 나쁜 것이 아니지만, **이것은 불가능하다**고 한 쪽도 안 되어서 주장했다. 우리가 생각하지 않을 수 없는 것처럼, 우리는 생각하는 것을 다른 이들에게 표현하지 않을 수 없다. 우리가 화가 나거나 분노할 때 더더욱 그러하다. "사실 천민은 말할 것도 없고 가장 교활한 사람들조차도 입다무는 것을 알지 못한다. 비밀이 필요할지라도 그들의 의견을 타인에게 털어놓는 것은 인간들에게 공통적인 악덕이다"(*TTP*, 292/20장 4절). 이러한 시각에서 군주에 의해 인도되고 그럴 때에만 말을 하는 신민들의 사회라는 홉스의 전망은 스피노자가 『정치론』 첫 부분(1장 1절)에서 비난했던 유토피아적인 몽상들 가운데 하나이다. 홉스는 폭력으로 인한 죽음에 대한 '이성적' 두려움과 자연 상태의 불편한 점을 피하고자 하는 욕망이 인간을 현재 그들의 상태에서 그가 인간에게 바라는 것으로, 그리고 사실 홉스의 코먼웰스가 자연의 분열적 침범[Hobbes, 1968: 61/1권 172 참고]에 굴복하지 않는다면 인간을 되어야 하는 것으로 변화시킬 것이라고 희망한다. 스피노자는 그러므로 칸트의 표어에서 첫번째 부분을 바람직하지는 않지만 법이 변화시킬 수 없는 불변의 조건으로 기꺼이 받아들이고 있다고 여길 수 있다. 원하는 만큼 그리고 원하는 모든 것에 대해 따져 보라(당신은 하지 않을 수 없다). 그 대신 스피노자는 불가피한 것을 법적으로 금지하는 사법적 환상으로 후퇴한다. "이런 자유를 신민들에게서 완전히 박탈하는 것은 불가능한 반면에, 그들에게 그것을 전적으로 부여하는 것은 대단히 유해하다"(TTP, 292/20장 5절). 어째서 스피노자는 도덕적으로 혹은 법적으로가 아니라 **물리적으로** 양도될 수 없는 자유를 부여하거나 박탈하는 주권에 대해 말하기 위해 역량으로서 권리라는 그 자신의 정의를 무시하는가? "누구도 다른 이에게 인간이기를 그만두는 정도로 그의 역량을 그리고 결과적으로 그의 권리를 양도할 수 없다." 그리고 "인간들은 권리와 역량을 받은 이에게 더 이상 공포가 되지 않을 정도로 다른 사람에게 그들의 역량을 양도하지 않았고 그들의 권리를 포기하지도 않았다"(TTP, 250/17장 1절)? 스피노자가 보여 준 모든 제한들에 저항하는 것을 제한하자는 주장은 사실상 홉스에 대한 그의 비판의 세번째 단계이자 논리적 귀결인 것을 대신하는 인식일 것이다. 인간은 그들이 하도록 규정되어 있는 것처럼 생각하려 하며 그들이 생각하는 것을 말과 글로 표현하려 하는 것처럼, 그들은 불가피하게 그들의 관념들과 믿음들을 특히, 확립된 정치적 또는 신학적 질서에 대한 비판적인 것들을 행위로 표현하려 하는 경향이 있을 것이다.

사실 우리가 이 장에서 언급된 주장들에 따른다면, 우리는 예속과 미신에 대한 저항과 불복종이 틀림없이 그것들의 이성적 비판에 선행하거나 최소한 그것을 수반해야 한다고 말해야 할 것이다. 우리가 히브리 민족의 경우에서 보았던 것처럼, 훈육된 복종의 결과는 복종하려는 욕망이며, 이것이 원인들과 결과들을 전도시키는 한 실제로 우리의 신체들이 다른 신체들에 의해 하도록 규정되었던 것을 우리가 자유롭게 우리의 신체들이 하도록 명령했다는 것은 순전히 상상적인 감각이다. 그러나 히브리 민족의 특징이자 유대인들의 물체적인 정서적 통일성에 의존하는 안정성은 역사에서 상당히 보기 드문 것으로 그 민족을 신이 선택했다는 것의 가장 확실한 징표라고 여겨졌다. 스피노자에게 있어 그것의 독특성은 사회에 대한 가장 큰 희망(능동적인 감정들이 극단적으로 수동적인 감정들을 지배했던 '현자들의 공동체'가 이와 유사한 안정성과 장수를 누렸을 가능성을 제공하는 한)과 사회에 대한 가장 큰 공포(사람들이 그들의 지배자들에게 확고하게 복종할 뿐만 아니라 특히, 복종이 희생과 고통을 의미할 때조차 복종 이외에는 아무것도 바라지 않을 수 있는, 신체와 정신의 총체적 지배의 결과로서의 안정성을 가진 사회)를 동시에 구현할 수 있는 그러한 것이다. 아무리 명백하게 군주가 강력할지라도 그는 그가 통제할 수 없는 원인들의 무한한 연쇄에 종속되어 있다. 그러한 결과로 인간 사회들에 대한 분석에서 법을 사실로 혹은 권리를 역량으로 혼동하는 것과 다른 거의 모든 사회들에 대해 인간 세계를 국가 속의 국가로 다루는 것을 스피노자는 거부한다. 이는 역사에서 아주 드물고 필연적으로 위태로운 계기들을 제외하면, 절대적 역량 혹은 권리라는 통념이란 셀 수 없이 많은 요소들의 예상 밖의 결합에 의해 규정된다는 것을, 단순한 유토피아적인 꿈(혹은 누군가의 관점에 따라서는 디스토피아적 공포)을 의미한다. 명백히 절대적일지라도 힘들의 평형에 의존하지 않는 지배 체계는 존재하지 않으며, 이러한 사실을 무시하는 지배자는 더 오래 지배하지 못할 것이다. 역설적으로 이는 모든 사회에 내재적인 매우 극복하기 어려운 적대성인데, 그것은 이성적인 삶이 요구하는 안정성과 최종적으로 미신을 결코 제거하지 못할 운명을 지닌 듯 보이는 세계에서 여하튼 어떠한 합리성의 조건도 영원히 위협하는 것이다.

3장
다중이라는 신체

어떤 깊은 바다도, 어떤 광대하고 폭풍우 치는 바다도 단명으로 끝날 자유를 처음으로 향유하게 된 저 군중들의 감정을 이리도 흔들어 놓지 못할 것이다. (퀸투스, 1946: 536/472)

우리가 보았던 바와 같이, 구약성서에 열거되어 있는 유대국가의 역사는 정치적 성찰에 있어 영원히 엇갈리는 사례를 제시해 준다. 즉, 법과 욕망, 이성이 영구적으로 일치할 수 있어 "모든 인간이 그들의 성격이 어떻든 사적 이익 이전에 공적 권리를 선호하는"[TTP, 253/17장 4절] 잘 조직된 사회라는 유토피아적 희망은 사람들이 끊임없이 계속되는 기만의 상태에 살고 있으며, 그들의 예속을 정당화하는 미신을 의심할 능력이 부족하다는 사회에 대한 디스토피아적 공포와 결코 완전히 분리될 수 없다(예를 들어, 『신학정치론』 서문에서 상상된 오스만 제국은 그러한 상태가 현실화된 사례로 제시된다). 그러나 "항구적인 안전을 유지할"[TTP, 252/17장 3절] 필요에 대한 정당화로 최초에 제시된 다른 국가들의 역사들은 항구적으로 안정적인 사회에 대한 희망/공포를 일련의 상이한 희망들과 공포들로 대체하게 된다. 리비우스(따라서 마키아벨리 역시)와 살루스티우스, 타키투스의 로마, 퀸투스 쿠르티우스의 마케도니아, 마키아벨리의 피렌체. 스피노자가 『신학정치론』에서 이 저자들을 소환하는 것은 특히 그의 불운한 동맹자들에게 공식적인 법적 권위는 실재적 힘과 동등하지 않으며 어떠한 정치체, 심지어 '억압적인 장치'가 있는 국가조차도 적극적인 반대를 하는 사람들로 인해 오래 버틸 수 없기 때문에 그들의 동의나 대개 전적인 승인에 의존한다고 경고하고자 할 때이다.

그래서 스피노자는 그가 "인간들은 그들의 권리와 역량을 받은 바로 그 사람들이 그들을 더 이상 두려워하지 않는 정도로, 그리고 시민들이 비록 그들의 권리가 박탈되었을 때조차 적들보다 시민들 때문에 국가가 더 이상 위험에 처하지 않을 징도로 그들의 권리를 포기하지 않았고 다른 이에게 역량을 양도하지 않았다"(*TTP*, 250/17장 1절)라고 주장할 때 타키투스를 (그러나 인용부호 없이) 인용한다. "그들의 권리가 박탈되었을 때조차", 여기에서 권리란 역량과 공외연적이라는, 16장에서 스피노자가 제시한 정의와는 정반대되는 의미, '권리'를 통상적으로 인정되는, 예를 들어 초월론적transcendental 의미로 사용하고 있음이 명백하다. 17세기 전반기에 대해 언급하고 있는 최근 주석에서 리처드 턱은 타키투스가 (『군주론』의 마키아벨리처럼) 법과 권리를 힘의 관계들에 영원히 종속된 것으로 간주하며, 초월적transcendent 도덕 가치들을 그것들이 정치적 실천을 인도하는 경우에 실패로 이어질 뿐인 상상의 산물들로 간주하는 듯 보이는 점을 고려해 스피노자가 끌어내는 전통을 '정치적 회의주의'라고 부른다(Tuck, 1993). 이러한 관점에 따르자면, 그런 회의주의는 사실상 국가 지배가 요구하는 일체의 폭력을 정당화하는 데 이용되는 학설, 즉 신민들에게 권리가 존재한다는 것을 부정하는 반면 국가에게 절대적인 권리가 있다고 우기는 국가이성raison d'état의 냉소주의로 귀결될 수 있을 뿐이다.

아직 완성되지 않은 최근의 저작은 이러한 전통과 (우리가 이들을 회의적 실재론자라고 부르기로 하든 혹은 회의적 유물론자라고 부르기로 하든) 스피노자가 부정할 수 없는 친자관계에 있음을 보여 주었다(Proietti, 1985). 그러나 우리는 초월론적인 도덕적 가치들에 대한 그의 평가절하와 법의 유효성에 대한 거부가 국가 폭력(혹은 국가에 의해 어떠한 이유로든 수행된 뭔가 다른 조치)을 위한 권리의 기초를 제공하기는커녕, 여태껏 봐왔던 지배에 대한 가장 강력한 비판을 제시하고 있음을 발견하게 될 것이다. 스피노자는 단지 정신의 해방, 신체로는 결코 표현될 수 없는 정신의 자유, 이미 실행된 것으로 보일 수 있을 때 가장 잘 확증되는 자유를 요구하는 것이 아니라 신체의 자유를 요구한다. 단지 그 자신과 자신의 권리들의 소유자인 개체의 해방이 아니라 그것의 외부에서는 개체가 실존하지 않으며 그것과 별개로는 개체의 자유를 상상조차 할 수 없는 집합성의 해방을 요구한다. 역량 관계들을 초월하는 (그러므로 다만 정신에서만이라면, 그것들을 비판하거나 '거부'할 수 있는 지점으로 기능하는) 권리나 정의에 대한 관념을 포기하라고 요구하는 것은 동시에 초월성의 가상을 필요로 하고 자극하는 역량 관계들을 끝낼 것과 그렇게 함으로써 역량으로서 자신의 권리를 실천할 것을 요구하는 것이다.

그러므로 『신학정치론』은 네덜란드의 지배를 위한 전제정치와 신권정치의 동기를 정당화한 미신과 더불어 전제주의와 신권정치의 힘들에 대한 개입으로 간주되지만, 16장은 명백하게 완전히 다른 문제를 제기하고 있다. 여기에서 스피노자가 쫓아버리고자 하는 가상들은 사회계약, 법의 지배, 개인들에 의한 자발적인 국가로의 권리 이전과 같은 초기 자유주의의 가상들이다. 물론, 그는 신학의 개념들을 거부하는 것만큼이나 이러한 개념들을 노골적으로 거부한다. 그러나 그는 『신학정치론』과 『윤리학』에서 신학의 개념들을 다루고 있기 때문에, 사법적 초월성의 언어를 체계적으로 역량의 언어로 번역하면서, 권리들의 어휘를 그 자체에 반하게 만든다. 그가 『윤리학』에서 "Deus, sive Natura"[신, 또는 자연]이라고 쓸 것처럼, 그는 『신학정치론』에서 분명하게 "Jus, sive Potentia"(권리, 또는 역량)이라고 말하고 있으며, 다시 한 번 토젤의 표현을 이용하자면, 이러한 특별한 "sive 작용"의 결과들은 그가 신을 다루고 있는 것이 종교에 대해 파괴적인 것만큼이나 자유주의 학설을 철저하게 파괴하고 있다(Tosel, 1984).

스피노자는 "개체의 자연권"[*TTP*, 237/16장 1절]을 설명하면서 "국가의 토대"de republicae fundamentis에 대한 자신의 논의를 시작한다. 인간 세계는 자연계의 일부라는 그의 주장을 유지하면서, 그런 탐구는 "자연의 권리와 제도institutum"[TTP, 237/16장 2절]를 고려하는 것으로 시작되어야 한다. 자연 또는 신은 그것이 할 수 있는 모든 것을 하기 때문에 그리고 신은 그가 할 수 있는 무언가를 하지 않는다면 불완전할 것이고, 신은 완전하기 때문에 "자연의 권리는 이것의 역량만큼이다"[*TP*, 2장 4절]. 그러므로 그것의 무한성에서 자연(또는 신)을 구성하는 개별 사물들은 그것들이 전체로서 자연에 의해 하도록 규정되는 것들을 할 "최고의 자연권"을 가진다. 물론, 이것은 스피노자의 철학적 반-인간주의의 탁월한 사례이다. 자연 세계를 지배하는 필연성의 외부에 그리고 그 너머에, 자유로운 인간 세계에 속하기는커녕, 권리는 그 외부에서 어떤 것도 존재하지 않는 바로 그 필연성과 같은 것이 된다. 스피노자의 입장에서 보자면, 독특한 실재들(인간뿐 아니라 비-인간도, 살아 있는 것뿐 아니라 살아 있지 않은 것도)이 권리에 의해 현행화된다(실존하고 작용한다)는 것을 부정하는 것은 그들의 무한성에서 독특한 실재들이 구성하는 표현의 신이 권리에 의해 실존한다는 것을 부정하는 것이다.

자신의 입장을 분명히 보여 주기 위해 스피노자는 적잖은 독자들을 괴롭혀 온 잔혹한 경제라는 사례를 제시한다. 그는 우리에게 물고기는 물에서 살도록 규정되어 있으며 따라서 권리에 의해 그렇게 하고, 마찬가지로 커다란 물고기는 작은 물고기를 잡아먹도록 규정되어 있고 또한 권리에 의해 그렇게 하는 것이라고 말한다. 사례의 첫번째 부분은 충분히 명확해 보인다. 권리가 우리가 현행적으로 실존하는 것을 판단하거나 비난하거나 부정하는 초월론적·초자연적 규범이 되지 않는 한, 사물들은 있는 그대로이며, 권리에 의해 그들의 현행성에서 실존하고, 다른 것일 수는 없다. 물고기는 다른 것이 아닌 바로 그것으로 있을 권리를 갖는다. 그것들은 물에 살 권리를 가지고 있지만 그것들은 말할 권리를 가지고 있지는 않다(즉 이것은 그것들에게 불가능하다). 그러나 우리는 이러한 사례에 의해 잘못 인도되지 않도록 해야 한다. 스피노자에게 물고기는 어떤 추상이나 보편을 의미하지 않는다. 물에서 사는 모든 개별적인 물고기에게는 그렇게 할 권리가 있다. 어떤 이유로 특정 물고기가 물에서 산소를 여과하지 못하는 병에 걸리고 따라서 물에서 살 수 없다면, 그것은 더 이상 그렇게 할 권리를 갖지 못한다. 만약 그것이 죽는다면, 그것은 더 이상 살아갈 권리를 갖지 못한다. 같은 방식으로 스피노자가 (블레이은베르흐에게 보내는) 편지에서 주장하고 있는 바에 의하면, 우리는 맹인(적어도 상태가 바뀔 수 없는 사람)은 돌과 마찬가지로 시각에 대한 권리가 없는 것이라고 결론지을 수 있다(*Letters*, 21). "바보들, 미친 사람들, 정신이 온전한 사람들"[*TTP*, 237/16장 2절]은 그들이 같은 권리에 의해 하듯이 행동한다. 불합리한 행위들은 합리적인 행위들과 동일한 권리에 의해 수행된다. 실재적인 것은 무엇이든 권리이다. "모든 이들이 태어나서 그들의 삶의 가장 큰 부분을 보내는 자연의 권리와 제도는 어떤 사람도 욕망하지 못하거나 할 수 없는 것 외에는 어떤 것도 금지하지 않는다"(*TTP*, 238/16장 4절). 그렇지 않다면, 사유하는 것은 있지 않은 것 그러므로 (적어도 현재) 있을 수 없는 것의 이름으로 있는 것을 거부하는 것이며 우리가 성서의 사례에서 보았던 것처럼 어떠한 인식이나 진리에 도달할 수 없으므로 성서가 비난하는 세계를 변화시키는 데조차 아무런 도움도 줄 수 없는 작용이다.

스피노자가 물고기 이야기의 전반부에서 사실을 초월하는 권리를 거부하고 있다는 함축에는 논쟁의 여지가 있을지라도, 후반부는 틀림없이 인간 세계와 초월적 권리의 결합을 억제할 수 없을 독자를 자극하기 위해 계획되었다. 커다란 물고기는 최고의 자연권에 의해 더 작은 물고기를 잡아먹는다. 왜냐하면 전체로서 자연의 권리는 이것의 역량만큼이고 따라서 모든 개별 사물들의 권리 역시 이것의 역량만큼이기 때문이다. 더 작은 물고기를 잡아먹는 커다란 물고기처럼, 권리는 역량과 같다. 우리가 강력한 것의 어떠한 행위를 정당화하고, 더욱 나쁜 경우 이것이 이 세계의 '커다란 물고기'에 의해 수행되는 한, 단순한 압제에서부터 공개적인 대량학살에 이르기까지 우리에게서 어떠한 행위를 비판할 수 있는 토대를 박탈하는 (초월론적 규범들에 관한) '회의주의'에 정확히 도달한 것은 아닐까? 자연적 사건들에는 초자연적 원인들이 있다는 주장을 하는 미신의 목적은 한 가지이지만 무엇이 인간의 (정치적 그리고 사회적) 세계에서 초월론적 권리 (또는 정의)의 유사한 억압의 결과일 것인가? 결국, 이것이 말하는 것은 한 가지이다. 상어들이 정어리들을 먹는 것을 두고 '불의'하거나 위법하다고 비난하는 것 혹은 상어들이 본성에 따라 행하도록 규정된 것을 할 '권리'를 부인하려 시도하는 것은 터무니없는 짓이다. 그러나 만일 성직자의 반동과 전제주의의 힘들이 '합법적인' 정부를 전복하는 방식의 역량이 될 수밖에 없다면, 그렇게 하는 그들의 역량이 동시에 그들의 권리라고 말하는 것은 상당히 다른 것이다. 스피노자의 주장대로, 일단 권력을 잡게 되면 그때에 이러한 힘들은 무제한적인 권리를 갖게 될 것인가?

물론 대답은 아니라는 것이다. 정치체는 법에 따라 혹은 이론상으로 원하는 모든 것을 할 수 있는 절대적인 권리를 '소유'할 수 있지만, 어떠한 정치체도 현행적으로 절대권력을 행사하지 못한다. 실제로 스피노자가 개요를 설명한 관점에서 보자면, 절대권력이란 사법적 허구, 결코 현행화될 수 없는 합법적 권리의 또 하나의 사례에 불과하다. 스피노자의 시대에 유럽 전제주의의 전형적인 특징들 가운데 하나이자 절대주의에 대한 가장 유명한 비판들 가운데 반박의 여지가 없는 대상은 재산에 대한 법적 보호가 부재하다는 것이었다. 로크가 『통치론』에서 상상했던 경우에 따르면 절대군주제하에서 어느 누구도 변덕스럽거나 탐욕스러운 군주의 약탈로부터 안전하지 못했고 자신의 재산을 가질 수 없었다. 그러나 역사는 정확히 반대였음을 보여 준다. 과세를 제외하고, 군주 개인의 고귀한 신분보다는 전쟁의 운명(그러므로 전 국민의 상업적 이익들)과 보다 일반적으로 연결되어 있었기 때문에, 재산은 법이 신민들에게 어떠한 권리를 부여하건 군주들이 그들의 신민들을 약탈할 것같이 보였을지라도 비슷한 몇몇 절대군주국들과 입헌군주국에서 매우 안정적임이 증명되었다. 정말로 스피노자는 다음과 같이 말한다. 일반적으로 "전적으로 불합리한 명령들을 내리는 군주는 극히 드물다. 왜냐하면 자신의 이익을 보존하고 통치를 유지하려면 공익에 주의하고 이성의 명령에 따라 모든 것을 통치해야 하기 때문이다. 세네카가 말한 바와 같이 어느 누구도 폭력적인 권력을 오래 유지될 수 없다"(*TTP*, 242/16장 9절).『정치론』에서 그는 극도로 폭력적이거나 압제적인 정치체가 폭력이나 압제적인 행위들을 ('내부 안전을 이유로' 또는 '재산을 수호하기 위해') 행사할 권리를 법적으로 부여받았다고 하더라도, 그러한 정치체들은 지속될 수 없기 때문에 그들은 그렇게 할 권리를 갖지 못한다고 말하기까지 한다. 물론, 스피노자는 그러한 주장을 전개하면서 변하지 않는 윤리적 학설이나 정의에 대한 보편적인 기준에 호소하지 않는다. 다시 한 번, 이것은 역량에 대한 문제이다. "국가의 역량과 권리는 국가가 스스로 다수의 신민들이 결집하게 하는 이유들을 그들에게 제공하는 한 약화될 것이기"(*TP*, 3장 9절) 때문에 "다수를 분노하게 하는 것quae plurimi indignatur은 국가의 권리에 조금도 속하지 않는다"(같은 곳). 갑자기 누가 키비타스civitas[국가]라는 바다에서 큰 물고기이고, 누가 작은 물고기인지가 더 이상 명확하지 않게 된다. 즉, 누가 실제로 힘의 사회적 관계 속에서 추상된 초월론적 권리로부터 이익을 얻는가. 만약 권리가 역량과 같다면, 역량은 어디에 놓여 있는가?

하지만 그런 질문들은 『신학정치론』 16장의 첫 부분에 명시된 주제인 "개체의 자연권"(*TTP*, 237/16장 1절)으로부터 우리를 멀리 떨어뜨려 놓는 듯 보인다. 실제로 그것들은 네그리가 제기한 것처럼, 가부장제 그리고 정치적 개인주의와 등거리에 있는 17세기 정치철학의 세계에서 스피노자를 '야생의 별종'으로 만드는 요소들을 구성한다(Negri, 1981a). 그러나 스피노자는 그가 자연에 대해 논하면서 신학적 개념들을 무시할 수 없는 것처럼 (적어도 더욱 '진보적인' 형식들로) 정치적 반성의 중심 개념들을 무시할 수 없다. 『신학정치론』 3장에서처럼, 그는 신의 인도라는 신학적 통념을 "자연의 고정되고 변할 수 없는 질서"로 해석하고, 신의 도움을 "인간 본성이 자신의 존재를 보존하기 위해 자신의 역량에 의해서만 영향을 미칠 수 있는 모든 것" 그리고 "외적 원인들의 역량에서 인간의 이익이 되게 하는 모든 것"으로 번역하고 있으므로 그는 역량을 초월하는 권리의 언어를 초월성이 없는 어떤 세계, 더 높은 권위의 부재에 따라 투쟁들이 결코 판결이나 심판에 종속되지 않는 그런 세계의 용어로 번역할 것이다. 최종 판결의 마지막 시간이라면 차라리 좋겠지만 운의 '평결'을 '뒤집기' 위해 갈등의 결과를 호소할 수 있는 사람은 아무도 없거나 호소할 수 있는 것은 그 어떤 것도 없다.

그러므로 스피노자는 분리된 개인 모두가 모든 것에 대한 권리를 갖는 자연 상태에서, 번영뿐 아니라 생존까지도 보장해 줄 수 있는 사회적 평화의 대가로 군주에게 자연권을 양도하는 조건을 시민 상태로의 이행이라고 보는 홉스의 통념을 재현하는 듯 보인다. "안전하고 가능한 잘 살기 위해 인간들은 필연적으로 서로 일치하여야 한다. 그리고 그것에 이르기 위해 각각이 모든 사물들에 대해 본래 갖고 있는 권리가 함께 행사되거나 이제부터 각각이 갖고 있는 힘과 욕망에 의해서가 아니라 동시에 의지와 역량에 의해 규정되도록determinatur 노력한다"(TTP, 239/16장 5절). 그러나 스피노자가 기술한 계약pactum의 본성은 발리바르(Balibar, 1985a)가 주장했던 바와 같이, 홉스가 기술한 것과는 전혀 다르다. 첫째, 인간은 사회 속에서 **살아야** 하지만 실제로 자연 상태에서 살기로 결정할 수도 있다(홉스에 따르면, "아직도 그렇게 살고 있는 지역들이 많이 있다"[Hobbes, 1968: 378/1권 173])는 것은 전혀 사실이 아니다. 스피노자가 『정치론』에서 주장하게 될 것처럼, 인간은 필연적으로 사회 속에서 산다. "왜냐하면 고립된 인간은 스스로를 지키고 삶에 필요한 모든 것을 얻을 수 있을 정도로 충분한 힘이 없기 때문에, 그로부터 인간들은 본성상 시민 사회를 열망하며, 결코 시민 사회를 완전히 폐지할 수 없다"(*TP*: 6장 1절). 사회는 본래 자율적인 개인들의 의지적인 행위의 결과가 아니다. 반대로 인간은 본성상 그들의 생존에 필수적인 실존인 사회에서 살도록 규정된다. 인간 사회는 자연과 분리되지 않으며, 자연에 반하지도 않는다. 인간 사회는 자연의 일부이다. 그처럼 권리의 양도로 표시되는 설립의 계기도, 입헌적 기원도 없다. 네그리가 주장했던 것처럼, 사회에 대한 스피노자의 개념은 본성상 분리된 개인들이 상위의 (인위적인) 심급, 국가의 매개를 통해 통합된다는 어떠한 통념도 배제한다(Negri, 1981a).

그러나 아마도 스피노자에게 보다 중요한 것은 개체의 지위일 것이다. 스피노자의 저작은 전체론이나 방법론적 개인주의와 같은 사회사상의 당대의 분할을 완전히 거역한다. 역설적으로 보일지 모르지만 한층 일관된 유명론자는 홉스가 아니라 스피노자이다. 이 점에서 홉스의 유명론이 가지는 한계는 명확해진다. 그는 『리바이어던』에서 "세상에는 이름 이외에는 보편적인 것이 없다. 그 이름이 적용되는 대상은 하나하나가 다 개체로서 하나뿐인 것이기 때문이다"(Hobbes, 1968: 102/1권 53)라고 주장하지만, 적어도 인간 세계에서 우리는 그의 개체들이 정확히 독특한 것이 아님을 발견한다. '방법론적 개인주의' 풍조 속에서 그는 모든 인간적 집합성을 더 이상 축소할 수 없는 단순한 요소들, 개체들로 축소시킨다. 따라서 이는 분석의 절대적인 종착점이자 동시에 기원이며 끝으로서 기능한다. 그러나 홉스의 개체들은 모두 정확히 똑같다. 각각은 죽음에 대한 보다 근원적인 공포로 인해 억제될 수 있는(그리고 필연적으로 억제될) "죽을 때까지 계속되는, 권력에 대한 끊임없는 욕망"(Hobbes, 1968: 161/1권 138[번역 수정])에 의해 추동되며, 보통의 이성은 그러한 운명을 피할 것을 지시한다. 그러므로 개체의 독특성은 외관상 그러한 것에 불과하다. 홉스는 "스콜라 학자들"[Hobbes, 1968: 101/1권 51]의 언어에 대한 경멸을 표현했음에도 불구하고 모든 개체가 지니는 인간의 보편적 본질을 가정하게 된다.

스피노자의 관점에서 보자면, 홉스는 두 가지 방식으로 잘못을 저지르고 있다. 먼저, 마슈레가 보여 준 것처럼, "개체 또는 주체는 유일하고 영원하고 환원불가능한 존재의 단순성 속에서 자기 자신에 의해 실존하는 것이 아니라, 개체 안에서 자신들의 실존과 관련하여 상황에 따라 서로 화합하는 독특한 존재자들의 마주침에 의해 합성된다"(Macherey, 1979: 216/285). 더욱이, "개체를 구성하는 요소들은 그 자체가 복합적 실재들이며, 이 요소들은 자신들 안에 공존하는 서로 구분되는 부분들로 합성되어 있고, 다시 이 부분들은 관계 바깥에서 그 자체로 규정되며, 이처럼 무한하게 진행한다. 왜냐하면 스피노자에 따르면 실재에 대한 분석은 종결될 수 없으며, 이는 결코 절대적으로 단순한 존재자들——그로부터 출발하여 이 단순한 존재자들의 조합들의 복합적 체계를 설립할 수 있는 존재자들——로 귀착될 수 없다"(Macherey, 1979:218/288). 엄격한 유명론(*E*, 2부 정리 13에 표현된 것으로서)은 실재를 환원불가능한 단일체로 여기지 않는다. 각각이 부분들로 만들어지고, 부분들 자체도 무한하게 부분들로 구성되는 (마슈레의 문구를 사용하자면) "배치들" 이외에 다른 어떤 것이 아니다. 이러한 관점에서, 개체는 '사회' 혹은 '공동체'와 마찬가지로 유기적 전체가 아니다. 동시에 개체를 "독특한 존재자들의 마주침"(Macherey, 1979: 216/285)으로 형성된 복합적 실재라고 이해하는 것은 (모든 개체가 그것의 실현일 뿐인) 인류의 일반적 본질을 폐기하는 것이며, 인류의 일반적 본질을 동일한 조건들에서조차 욕망들과 공포들, 행동들이 무한한 변이를 겪게 되는 절대적으로 독특한 본질로 대체하는 것이다. "다른 인간들은 하나의 동일한 대상에 의해 다른 방식으로 변용될 수 있고, 그리고 하나의 동일한 인간은 유일하고 동일한 대상에 의해 다른 때에 다른 방식으로 변용될 수 있다"(E, 3부 정리 51). 그리고 존재들을 합성하는 존재들에 대한 하향적 한계, 즉 보다 복잡한 모든 존재들로 결합하게 될 '원자들'이 없는 것과 마찬가지로 상향적 한계도 없다. 그러므로 단체들, 집단들, 사회들 자체는 개체들, 혹은 독특성들을 구성하며 이것들은 인간 개체들만큼이나 실재적이다. 스피노자에 따르면, 한 쌍조차 하나의 개체를 형성하며, 이 개체는 그것을 합성하는 두 개체들만큼이나 실재적이다. "예를 들어 정확하게 동일한 본성을 지닌 두 개체가 서로 결합한다면, 분리된 각각의 개체보다 두 배나 많은 역량을 가진 한 개체를 합성한다"(E, 4부 정리 18 주석). 특정한 '성질'이나 개체의 성정(스피노자는 라틴어 'ingenium'을 이용한다)을 정의하는 복합적 요소들의 결합의 일치는 인간의 실존의 집합적인 형식들에서 대규모로 발견된다. 쌍들, 대중들, 민족들에는 모두 그것들을 다른 무엇이 아닌 바로 그것들로 만드는 특정한 인게니움ingenium이 있다(Moreau, 1994: 427~65).

정확하게 "임페리움 인 임페리오"(스피노자가 『윤리학』 3부 서문에서 부정한 가능성)가 되기 위해 자연에서 퇴장하기 때문에 개체들이 자연적으로 분리되어 있고 오직 인위적으로 합쳐지는 홉스의 원자론에 대한 거부는 차례로 권리와 역량뿐 아니라 사회적 권리와 자연권의 동일시에 이르게 된다. 그의 홉스에 대한 유일하게 직접적인 언급에서 스피노자는 "정치학과 관련한 홉스와 저의 차이점은 ⋯ 저는 항상 자연권을 온전하게 보존하고, 어떤 국가이든 간에 주권자는 그가 신민을 능가하는 역량을 발휘하는 만큼 신민에 대한 권리를 가질 뿐이라고 주장합니다"(*Letters*, 50/293)[1]. 정말로 어떻게 그렇지 않을 수 있겠는가? 역량, 특히 물리적 역량은 마치 재산처럼 혹은 신민의 소유물처럼 양도될 수는 없는 것이다. 그러므로 "인간들은 그들의 권리와 역량을 받은 바로 그 사람들이 그들을 더 이상 두려워하지 않는 정도로 그들의 권리를 포기하지 않았고 다른 이에게 역량을 양도하지 않았다"(*TTP*, 250/17장 1절). 실제로 마트롱이 지적했던 바와 같이, 스피노자가 권리의 양도에 대해 계속 말할지라도, 권리와 역량에 대한 그의 동일시, 그러므로 법적인 것과 물리적인 것의 동일시는 그러한 양도를 불가능하게 한다. "우리의 역량은 물리적으로 우리의 것으로 남아 있기 때문이다. 우리는 이것을 넘겨주지 않는다. 우리는 이것을 유지한다. 그리고 타인이 자신의 목적들을 달성하기 위해 우리를 필요로 하는 것은 정확히 우리가 역량을 지키기 때문이다"(Matheron, 1985a: 269). 권리의 양도가 발생하지 않는다면, 개체에 대한 국가의 권리를 말할 수 있는 것은 오직 국가가 많은 개체들의 역량을 이용하는 능력에 있어 어떤 하나의 개체보다 더

---

1) [옮긴이] 원문에는 인용출처가 '*E*, Prop. 50'으로 되어 있지만 오기다.

욱 강력하다는 정도에서만이다. 물론, 국가가 다수의 적극적인 분노를 초래한다면, 다수가 사전에 자신의 의지를 표현했을지라도, 다수 혹은 다수의 대표자들이 어떠한 합의를 했을지라도, 주권에 대한 권리는 다수의 역량에 따라 약해될 것이다.

이 점에서 홉스와 스피노자 사이의 차이가 매우 명확하게 드러난다. 홉스는 "이행하도록 강제할 수 있는 충분한 권리와 힘을 가진 공통의 권력"이 없는 경우 자연 상태에서 이루어진 신의계약은 무모하며, 상대방이 합의한 바와 같이 실행할지에 대한 "합리적인 의심에 따라" 무효가 된다는 것을 인정하고 있지만, 그럼에도 불구하고 그러한 신의계약들은 "무효가 아니다"(Hobbes, 1968: 196~198/1권 186~189[번역 수정]). 그러한 계약상의 의무는 힘의 실재적 관계들을 완전히 초월한다. 나는 내가 그에게 나중에 지불하기로 합의한 조건에 따라 나를 풀어주었던 도둑에게도 나의 약속을 지켜야만 한다(Hobbes, 1968: 198/1권 189). 적들이 더 이상 나를 마음대로 할 수 없다는 사실과 상관없이, "만약 내가 내 생명을 위해 적에게 대가를 지불하기로 약조했다면, 그 계약은 구속력을 갖는다"(같은 곳). 그러한 초월성을 거부하는 스피노자는 동일한 사례를 이용해 반대되는 결론들에 도달한다. "강도가 자기 마음대로 내 재산들을 그에게 줄 것을 약속하도록 강요한다고 가정해 보자. 내가 이미 입증했던 바와 같이, 이제 나의 자연권은 오직 나의 역량에 의해서만 규정되므로, 그가 원하는 것은 무엇이든 약속을 하는 기만을 통해 내가 이 강도로부터 나 자신을 자유롭게 할 수 있다면, 나에게는 그렇게 할, 즉 그가 원하는 것이 무엇이건 합의해 주는 체할 자연권이 있다는 것은 명백하다"(*TTP*, 240/16장 6절). 만일 내가 나를 놓아달라고 그를 설득하는 데 성공한다면, 그의 힘에서 벗어나자마자 "나는 주권에 의해 그러한 계약을 파기할 수 있다"(같은 곳). 물론, 스피노자는 홉스의 가장 큰 공포를 공식화한 것뿐이다. 가장 사소한 계약상의 의무를 거부하는 것은, "만인이 만인을 향해 다음과 같이 선언한 것과 같다. '나는 스스로를 다스리는 권리를 이 사람 혹은 이 합의체에 완전히 양도할 것을 승인한다. 단 그대도 그대의 권리를 양도하여 그의 활동을 승인한다는 조건 아래'"(Hobbes, 1968: 227/1권 232)[2]라는 모든 신의계약들의 신의계약의 파괴에 불가피하게 이르게 될 경향이 있다. 그러한 신의계약을 맺은 후 군주의 신민들은 물론, 그들 자신을 파괴하는 명령들을 제외하면 모든 일들에서 군주에게 복종할 의무에 구속된다. 권리가 역량과 동일하다는 것으로부터, 스피노자는 신민들이 군주들과 순종서약을 하거나 공식적인 합의를 할 수 있다고 하더라도, 그러한 계약들은 오직 군주가 사랑을 통해서건 공포를 통해서건 그에게 복종하도록 사람들에게 강요할 수 있는 역량이 있는 한 유효하다고 추론할 수 있을 뿐이다. "군주가 최고의 권력을 실질적으로 보유하는 한에서 그는 원하는 것을 명령할 권리를 갖는다. 만약 그가 이러한 역량을 상실한다면, 동시에 그는 완전한 명령권을 상실한다"(*TTP*, 242/16장 9절). 마트롱이 설명한 바와 같이, "만일 주권자가 자신의 통치 방법들로 인해 그의 신민들로 하여금 반란을 일으키도록 한다면, 그의 고유한 대의명분을 정당화하기 위해 호소할 최소한의 법규범도 갖지 못하게 될 것이다. 사람들이 반란을 일으키는 순간부터 그들은 그렇게 할 권리를 갖는다"(Matheron, 1985b: 174).

따라서 저명한 동시대 철학자들이 사유의 진실성에 대한 보증은 이성

---

2) [옮긴이] 인용 출처가 원문에는 '*TTP*, 227'로 되어 있지만 오기다.

이나 감각 경험의 제1의 증거로부터 출발해야 한다면서 자신들의 사유가 새로운 것임을 입증하기 위해 노력할 때, 스피노자는 개념은 아니지만 정치적 실천의 실재성들을 분석하는 데 없어서는 안 되는 용어들을 찾아 고전 고대 특히, 중요한 순서대로 타키투스, 퀸투스 쿠르티우스, 살루스티우스, 리비우스 등 몇 명의 로마 역사가들에게 몰두했다. 모로가 주장했던 것처럼, 로마 역사에 대한 스피노자의 언급은 (덧붙여 말하자면, 퀸투스 쿠르티우스의 마케도니아에 대한 그의 언급들이 부정적인 것처럼) 거의 모두 부정적이다(Moreau, 1994). 『신학정치론』에서 로마가 하는 역할은 피해야 하는 정치적 극단이다. 질서의 파괴도 아니고 시민 사회를 분리된 개인으로 해체하는 것도 아닌, 오히려 모든 사회에 잠복해 있는 내전을 상기시켜 주는 것이다. 가장 번영한 시대마저도 깨지기 쉬운 힘들의 평형상태에 의존한다는 예를 로마는 보여 주고 있다. 『정치론』에서 스피노자는 이 후자의 관점을 더욱 진행시킨다. 어떤 점에서 로마는 가상이 없는 정치이다. 타키투스가 비탄해 하는 것처럼 로마의 역사는 궁극적으로 지배자도, 지배에 의해 만들어지는 어떠한 안전도 제공하지 않으면서 헌법, 법률, 임무와 의무, 권리의 가장 폭넓은 체계들이 힘의 관계들에 얼마나 완전히 의존하는지를 너무나도 잔혹하게 보여 준다. 타키투스는 『연대기』에서 아우구스투스는 먼저 군대와 평민들의 지지를 확보한 후에 "원로원과 정무관들, 심지어 법률의 기능까지 한손에 거머쥐기" 시작함으로써 권력으로 성장하였다고 설명한다(Tacitus, 1931, I: 2/43~44). 이러한 강탈에 대해 "힘에 의해 무력해진 법률은 … 깨지기 쉬운 보호를 제공했다". 타키투스는 동시에 『연대기』 I권의 결론에서 티베리우스 시대에 가장 혐오스러운 예속이 "속이 빤히 들여다보이는 기만"과 "자유의 가면"으로 위장되었다고 비탄해 한다.

『정치론』에서 스피노자는 첫번째 인용(흔히 그러한 것처럼, 비록 타키투스의 이름을 거명하고 있지는 않지만 거의 글자 그대로)을 하며, 특정한 문맥에서 이를 분리시키고, 이것을 일반적 격언으로 제시한다(Wirszubski, 1995; Proietti, 1985). 그러나 그는 전혀 예상치 못한, 심지어 역설적인 곳에서 그렇게 한다. 6장과 7장은 군주제의 문제에 전념한다. 어떻게 그러한 제체가 안정성을 달성할 수 있으며, 그것이 통치하는 사회의 번영과 역량을 증대시킬 수 있는가? 특히, 군주국가에서는 그러한 목적들을 보장하는 데 필요한 수단 가운데 하나가 법의 지배이다. 그 자신의 생존을 위해 군주는 자신보다는 법을 우선해야만 하기에 "국가의 토대들은 실제로 왕의 영원한 명령들로 간주되어야 한다. 그래서 왕이 국가의 토대들에 반하는 명령들을 내릴 때, 신하들이 그 명령들을 따르기를 거부한다 할지라도 신하들은 왕에게 완전히 복종하는 셈이다"(*TP*, 7장 1절). 군주제적 통치에 대한 유혹들은 실제로 너무나 커서 율리시스가 돛대에 자신을 묶고, 그가 명령이나 위협을 하더라도 자신을 풀어 주지 말라고 병사들에게 명령했던 것과 마찬가지로 자신들을 저지하기 위해 왕은 스스로를 법에 묶어야 한다. 그러므로 "신들이 아니라 종종 세이렌들의 노래에 매혹되는 인간인"(같은 곳) 군주들은 그들 자신의 이기심으로 전제정치의 유혹에 굴복하는 것으로부터 그들을 보호해 줄 것을 신민들에게 강요해야만 한다. 그러나 또 다시, 이것은 법률에 관한 문제를 제기하기에 불충분하다. 보다 주요한 문제는 "이성에 의해 인도되든 정서에 의해 인도되든, 그럼에도 불구하고 인간이 타당하고 지속적인 법규를 갖도록 하는 것이 어떻게 가능한가이다. 확실히 국가^{imperium}의 권리, 즉 공적 자유가 단지 법률의 취약한 지지에 근거한다면, 시민들은 이러한 자유를 정말로 누리는 데 어떤 확신을 갖지 못할 뿐만 아니라 이런 자유는 그들의 파멸을 야기할 것이다"(*TP*, 7장 2절).

스피노자는 어떤 핵심적인 측면에서 네덜란드와 유사한 경우인 아라곤의 사례를 제시한다(*TP*, 7장 30절). 무어인들로부터 그들 자신을 해방시킨 후, 아라곤의 인민들은 어떤 종류의 국가가 그들에게 가장 적합할지를 자유롭게 결정할 수 있었다. 그들은 군주제를 결정했지만 "군주에게 부과되는 조건들에 대해 합의할 수 없었고 그래서 그들은 로마 교황에게 이 문제에 대해 문의하기로 의결했다"(같은 곳). 로마 교황은 군주제를 모면한 유대민족의 사례에 주의를 기울이지 않는다고 아라곤의 인민들을 비난하였지만, 그들이 '인게니오 겐티스'ingenio gentis, 즉 인민의 성정을 기초로 일련의 관습들을 수립하려는 계획을 지속하도록 충고했다. "특히, 그들은 왕과 시민들 사이에 발생하는 어떠한 분쟁들도 결정할 수 있는 절대적 권리가 부여된, 왕에 대항하기 위한 … 최고 의회를 구성해야 했다"(같은 곳). 그들은 로마 교황의 권고를 따랐을 뿐만 아니라 왕을 포함해 국가에 반하는 누군가의 불법적 폭력에 저항할 신민들의 권리를 다른 제약 중에서 법으로 확립하였다. 그러나 시간이 지나자 "대다수는 권력에 아첨하려는 욕망(이는 가시를 차는 어리석은 짓이었다)으로 인해, 나머지는 공포로 인해 그들의 자유는 사라지고 공허한 말들과 의미 없는 관습들만이 유지"(같은 곳)되었다.

법은 존속되지만 아라곤의 사례에서처럼 공공연한 폭력이 아니라 사람들의 욕망에 의해 규정된 사회적 힘들의 비우호적인 관계는 타키투스의 말을 그대로 반복해 스피노자가 설명한 것처럼 (특정한 역사적 상황을 정치적 반성을 위한 일반적 지침으로 다시 변형시켜) 법에서 그것의 관례적인 의미를 비워 버릴 수 있다. 아마도 스피노자는 안정적인 국가를 건설하려는 군주에게 유사한 조언을 한 마키아벨리(마키아벨리 자신도 타키투스를 읽지 않았을 것이다. 『연대기』의 복원된 부분은 『군주론』이 저술되고 2년 후인 1515년까지 유럽에 배포되지 않았다)를 통해 타키투스를 읽었을 것이다. "모든 국가의 주된 기초는 (오래된 군주국이든 신생 군주국이든 복합 군주국이든) 좋은 법률과 좋은 군대이다. 좋은 군대가 없이 좋은 법률을 가지기란 불가능하고 좋은 군대가 있는 곳에는 항상 좋은 법률이 있기 때문에, 나는 법률의 문제는 제쳐놓고 군대 문제를 논의하겠다"(Machiavelli, 1964: 99/84~85). 그것의 실존이 훌륭한 법률이 있을 것이라고 규정하게 해주는 군대란 무엇인가? "왕의 검, 즉 그의 권리는 실제로 다중 자체의 의지이다"(*TP*, 7장 25절). 다중의 분노에 오랫동안 버틸 수 있는 통치자는 없다. 이런 식으로 사회 법칙은 당위가 아니라 있는 그대로의 표현으로서, 자연의 외부에서 그리고 자연의 역량(그것에 의해 법칙은 단지 단어들에 불과해진다)에 대립하는 것이 아니라 자연의 실현으로서 자연 법칙의 필연성과 힘을 드러낸다. 들뢰즈가 스피노자의 주된 특징 중 하나를 반-사법주의anti-juridicism라고 규정한 것은 확실히 옳았지만(Deleuze, 1983, Negri, 1981a 그리고 1981b에 실린 들뢰즈의 논평), 스피노자는 결코 권리와 법에 대한 개념을 포기한 적이 없었고 대신 그것들을 유물론적 방식으로 재구성하고자 했다는 것은 변함없는 사실이다. 사회의 해산은 결코 있을 수 없으며 단지그 형태의 변화만 있을 뿐인 것과 마찬가지로, 법들은 어디에도 새겨지지 않고, 독자적인 개인이나 집단의 결정으로 선포된 적이 없다고 하더라도 이러한 법들이 없는 사회는 결코 존재할 수 없다. 더욱 중요한 것은 그것들이 현행적 실천에 내재해 있는 법들이라는 것이다. 그러므로 법은 이것의 현실화 이전에는 존재하지도 않으며, 그것 없이는 존재할 수도 없다. 이것을 변화시키는 데에는 몇몇 단어들을 공표하거나 폐기하는 것만으로는 충분하지 않으며, 그것이 구현하는 물질적 실재성 그 자체가 변화되어야만 한다.

특히, 발리바르와 네그리, 마트롱은 민주정에 대한 장에서 4절까지 서술된 상태에서 『정치론』의 중단은 (스피노자는 이미 각각 군주제와 귀족정을 논하면서 두 개의 장을 할애했다) 스피노자의 짧은 생애만큼이나 많은 이론적 난점들을 보여 주는 것이라고 지적했다(Balibar, 1994; Negri, 1994; Matheron, 1986). 그러나 이 점에 반대해서가 아니라 이 점과 관련해 『정치론』의 마지막 장이 법에 대한 문제, 스피노자가 고려하지 않은 그리고 아마도 고려할 수 없었던 문제를 다루고 있다는 점은 주목할 만한 가치가 있다. 왜냐하면 법이라는 통념에 그것의 의의를 유일하게 부여했던 앞선 질문이 먼저 다루어져야 했기 때문이다. 그것은 우리의 시대에 중요성이 부각된 질문이다(마트롱, 네그리, 발리바르의 노고에 감사한다). 오늘날 『정치론』을 읽을 때 우리는 그것의 중심적 역할인 다중의 문제를 보지 않을 수 없다.

『신학정치론』에서 스피노자는 자신이 그렇게 하고 있음을 어떠한 방식으로도 보여 주지 않은 채, 단지 논의를 집합적 실재들(우리가 보았던 것처럼 스피노자의 관점에서 그 자체로 개체들로 간주된다)로 옮기기 위해서 개체의 권리에 관해 되풀이하여 말하기 시작한다. 『정치론』에서 그는 이를 분명하게 말한다. 권리가 역량만큼이라면, 개체 하나만으로는 단지 작은 역량이나 권리만을 가질 수 있을 뿐이다(또는 다른 어떤 것에 대해서도, 그 문제에 대해서는 마찬가지이다). 개체가 어떠한 실재성을 갖는다 해도, 개체의 권리는 국가와 관련해 보잘 것 없는 것이다. 그러므로 "국가의 권리Jus

는 … 각 개인의 역량Potentia이 아니라 다중의 역량에 의해 규정된다"[*TP*, 3장 2절]. 이 점에서 우리는 어쩔 수 없이 번역들을 무시하고 라틴어 텍스트로 돌아가야 한다. 왜냐하면 스피노자가 집합적 실존의 다른 양상들을 지적하기 위해 항상 일치하지는 않지만 정교하게 가다듬은 일련의 용어들을 이용하기 때문이다. 네그리가 지적했던 것처럼, 스피노자의 동시대인들 가운데 어느 누구도 그러한 어휘목록을 구성하려는 생각조차 하지 않았다(우리가 보게 될 것처럼 그들이 스피노자를 사로잡고 있는 사회적 실재성들을 완전히 무시하지 못했던 경우에조차)(Negri, 1981a). 모델이나 안내의 역할을 할 수 있거나 또는 그의 프로젝트에 필요한 개념적 도구들을 제공하거나 안내할 수 있는 저작을 쓴 근대 사상가(완전히 근대인은 아닌 마키아벨리를 부분적으로 제외하고)는 단 한 명도 없었다. 실제로 그의 시대의 자유주의 철학은 로마 역사가들이 관심을 가졌던 복잡성들을 두 개의 도식적으로 상반되는 것인 개인과 국가(또는 주권자) 그리고 인민과 국가(그렇게 함으로써 모든 대중 운동들을 '인민'으로 주저앉히는) 중 하나로 (우리가 다소 상세하게 검토하게 될 이유로 인해) 정확히 환원시키는 경향이 있었다. 스피노자가 『정치론』의 시작에서 격렬하게 비난하는 것은 정확하게 단지 당위인 것을 구성할 뿐인 토대에 의존하는 권리와 의무의 정교한 체계, 신화적 기원들과 입헌적 계기들을 위해 실제 역사를 저버리는 것과 같은 환원과 추상의 작용이다. 반면에 스피노자는 우리에게 성공적으로 "인간에 대한 음모를 꾸미는"[*TP*, 1장 2절] 방법을 부도덕한 통치자에게 가르칠 목적만을 갖고 있는, 관습적으로 악하게 여겨진 폴리티키politici(적극적으로 정치에 참여했던 사람들)의 저작들을 참조하라고 권고한다(지금까지 스피노자는 여기에서 단순히 마키아벨리만을 지적하고 있는 것이 아니라 타키투스와 살루스티우스 그리고 '도덕적 회의론자'라는 혐의를 받았고 또 그러한 혐의를 받고 있는 이들에 대해서도 말하고 있음이 분명하다). 사법적 유토피아들의 설계자들과는 달리, 폴리티키는 "경험과 일치하는 것만을 배웠으며", 경험은 그들에게 가장 중요한 정치적 관계란 개인과 국가 사이에 있는 것이 아니라 스피노자가『정치론』에서 매우 일관되게 다중이라고 부르고 있는 것과 국가 사이에 존재함을 매우 명확하게 보여 주었다. 그의 수많은 동시대인들에게 로마의 의의는 정확히 공화정의 장대함과 민법전의 광범위함에 있지만, 스피노자의 주의를 끈 것은 로마의 법학자들에 의해 기획된 이상적인 것이 아니라 로마의 역사가들에 의해 기술된 현행성이다. 여기에서 다시 한 번 스피노자는 퀸투스 쿠르티우스(스피노자에게 퀸투스는 타키투스에 버금갔다)의 사례에서 '귀족정의 환상들'을 거부함으로써 공화국과 로마 제국뿐 아니라 마케도니아의 운명을 규정했던 충돌하는 힘들의 구성과 배치를 대단히 구체적으로 기술할 수밖에 없었던 로마 역사가들을 비범하게 통찰한 독자임이 드러난다. 이러한 저술가들로부터 스피노자는 집합적 삶의 형태들을 표시하기 위해 그가 이용하는 다섯 개의 용어들, 포풀루스populus, 플레브스plebs, 불구스vulgus, 투르바turba, 물티투도multitudo를 추출하였다. 비록 분명히 서로 연관되어 있지만 이 용어들 각각은 집합성의 특정한 지위(그것의 계급 특성이건 단순히 그것의 법적 지위이건)나 이것이 수행했던 행위의 종류(합법적/비합법적, 평화적/폭력적, 합리적/비합리적)를 나타내는 범위 내에서 뚜렷한 의미들을 갖는다. 물론, 문제의 글의 매우 기술적인 본성을 고려할 때, 그것의 기능을 순수한 기술과 비난(온건하거나 심각하거나) 사이에서 흔들리게 하는 어떤 다의성을 용어들 각각이 간직하고 있다는 것은 말한 나위도 없다. 그래서 야베츠는 예를 들어, 타키투스가 단일한 저작

(이 경우, 『연대기』)에서 어떤 곳에서는 중립적인 방식으로, 또 어떤 곳에서는 약간 경멸적인 방식으로 그리고 또 다른 어떤 곳에서는 "두드러지게 경멸적인"(Yavetz, 1969: 141) 방식으로 '플레브스'와 '투르바'라는 용어를 이용하고 있음을 보여 주었다. '포풀루스'는 일반적으로 '주민'populace과 '인구'population 그리고 동시에 그리스어 '데모스'δῆμος에 상응하는 유사-법적 실재로서의 '인민'the people을 가리키는 데 모두 이용되었다. 물론, 플레브스는 도시 사람urbana과 시골 사람rustica 둘 다, 범주에 전적으로 내적이거나 전적으로 외적이지도 않은 경계적 위치를 점하고 있는 노예와 더불어 노동하는 계급들을 폭넓게 지시했다. 나머지 용어들인 불구스와 투르바 그리고 물티투도(이에 해당하는 그리스어는 오이폴로이οιπολλοί와 오클로스ὄχλος 이다)는 보다 덜 엄밀한 방식으로 이용되었는데, 이 단어들은 단지 군중(투르바가 아마도 이러한 취지로 선택된 단어이지만)을 지칭하는 데 이용되었을 뿐이었으며 모두 문제의 특정 군중, 즉 대중들을 의미하는 데 또한 이용되었다. 이 마지막 명칭들은 종종 그들의 윗사람들에 대한 공공연한 폭력 행위나 위협에 참여할 목적을 갖고 조직된 플레브스로 구성되어 있는 실재들을 기술하였다.

말할 것도 없이, 스피노자가 언급하는 저자들 중 어느 누구도 자신들이 기술했던 대중 운동에 대한 동정, 혹은 경멸의 감정과 다른 어떤 것으로 인해 비난받지는 않았을 것이다. 사실상 대중들의 역할은 절대적으로 파괴적이고 가장 안정적이고 잘 짜인 통치 체제마저도 그들로 인해 결국은 파멸될 운명을 맞게 되는 극복할 수 없는 내적 부정성의 원리일 것이다. 하지만 스피노자의 여러 곳에서 발견되는 구절들(발리바르가 지적한 바와, 타키투스에게서 인용한)에 근거한 발리바르의 표현을 인용하자면, 정확히 그들의 "대중들에 대한 공포"(Balibar, 1994)는 그들을 설득하여 역사의 중심적인 자리를 대중들에게 부여하게 한다. 대중들은 변덕스럽고 예측 불가능하며 게다가 그들의 경제적 능력에서 보자면 사회적 삶에 필수적이다. 그들은 모든 국가가 그 위에 건설되는 심연이다. 대중들의 본성과 역량이 설명되는 가장 공통적인 형상figure 가운데 하나는 대개 국가 업무에 대한 눈에 띄지 않는 배경이지만 불안한 시기에는 어떤 것도 그것에 저항할 수 없는 힘을 불러일으킬 수 있는 바다의 형상(타키투스와 퀸투스 쿠르티우스에게서 발견되는 은유)이다. 죽음(예를 들어, 타키투스에게 있어서는 아우구스투스, 퀸투스 쿠르티우스에게는 알렉산드로스)이든 불화(살루스티우스에게는 카탈리나의 역모)든 국가에서 사소한 균열은 대중 행동과 질서의 붕괴를 초래할 수 있다. 이런 의미에서 이러한 결정적인 역사적 계기들의 진실은 정치 체계 안에 있는 것이 아니라 이것의 외부, 성난 다중의 역량에 있다. 그러므로 살루스티우스에 따르면, 비록 처음에는 "변화에 대한 욕망 때문에 평민들 전체가 카탈리나를 선호했을지라도"(Sallust, 1920, XXX: 7), 카탈리나의 파멸은 궁극적으로 "우르바나 플레브스"urbana plebes[도시 평민]를 설득하는 데 실패한 것에 있다. 원로원은 검투사들이 반란에 가담하는 것을 두려워한 나머지 로마에서 모든 검투사들을 제거하는 것을 포함하는 비상조치들을 로마 귀족들이 도입하는 것에 대해 매우 우려하였다. 그때 로마 귀족들은 결코 벨룸 세르빌레bellum servile, 노예 반란의 유령을 떨쳐버릴 수 없었다. 그리고 스파르타쿠스는 노예 반란의 유일한 가장 극적인 사례였다. 물론 대중들이 지배자들의 권력을 그들 자신의 권력으로 대체하려는 정해진 목적에 따라 행동했던 것은 결코 아니었으며, 역사가들이 그들에게 그러한 목적이 있었다고 생각했던 것도 의문의 여지가 있다는 것은 진

실이다. 그럼에도 불구하고 군주제든, 공화제 혹은 전제정이든 그들은 공
식적으로 재현되건 말건 모든 정치 체제에 내적이거나 내재적인 힘으로
기능하였다. 그리고 법적으로 제재를 가하든 말든 어떤 지배자도 무시할
수 없고 무시하지 못하는 그들의 역량은 그들에게 권리를 보장했다.

수많은 주석가들이 지적한 것처럼 대중 운동과 관련해 스피노자가 로
마 문헌들을 이용하는 것은 상당히 복합적이다(Giancotti Boscherini, 1970;
Negri, 1981a; Balibar, 1994; Matheron, 1986). 특히, 『신학정치론』(1670년 출
판)과 『정치론』(1677년 스피노자가 사망할 당시 미완이었던) 사이에는 용어
적으로 그리고 개념적으로 변화가 있으며, 『윤리학』은 엇갈리는 중간적 위
치를 차지하고 있다. 『신학정치론』에서 대중들을 기술하는 데 가장 빈번하
게 이용되고 있는 용어는 단연코 '불구스'vulgus이다. 그러나 발리바르가 보
여 준 바와 같이, 스피노자는 일반적으로 '불구스'를 (로마 역사가들과는 반
대로) 경멸적으로 이용한다(Balibar, 1994). 미신에 빠지기 쉬운 (그러나 영
원히 그렇게 되도록 선고를 받은 것은 아닌) 대중보다 더 무지한 무리들을 가
리키는 것이 아니라면, 이는 종종 동시에 정치적이고 인식론적 실재를 의
미한다. 이 점에서 전형적인 것은 6장(「기적에 관하여」, 다른 장보다 '불구스'
라는 용어가 자주 발견된다)의 두번째 문장이다. "보통 사람들은vulgus 다소
이례적인 사건이 자연에 관한 그들의 평소 믿음들에 반해 자연에서 일어
날 때 특히, 그러한 사건이 명백히 그들에게 유리하거나 이득이 된다면, 신
의 역량과 섭리가 가장 분명하게 나타난다고 상상한다"(TTP, 124/6장 1절).
'불구스'는 자연의 주기적 과정의 중단에 대한 희망과 공포가 그들이 올바
른 길에서 벗어나면 그들을 벌주기 위해, 혹은 그들이 잘 섬긴다면 그들을
이롭게 하기 위해 자연의 방향을 바꿀 수 있는 인간적 자유가 부여된 신-

인간에 대한 그들의 믿음을 드러내는 대중이다. 이런 중단들은 이례적인 사건들에서 신의 의지의 징표를 읽을 수 있다고 설득하는 이들을 위한 대중적 토대를 제공한다. 그러므로 불구스의 인식론적 취약함은 스피노자가 생각하기에 네덜란드 공화국의 작은 틈에서 자리를 잡아가고 있었던 군주제/신정체제를 위한 유용한 구성요소가 된다. 물론, 기적에 대한 비판은 『윤리학』1부의 주요 목표들 가운데 하나이며, 만약 신이 자기 자신 그러므로 모든 사물들을 지배하는 필연성을 자유롭게 바꿀 수 없다는 스피노자의 주장이 충분히 명백하지 않았는지 그는 부록에서 정치적 결론을 직접 이끌어 낸다. "그러므로 기적들의 참된 원인들을 탐구하며 멍청이처럼 자연적 사물들을 보고 경탄하는 것이 아니라 학자처럼 그것들을 이해하고자 하는 사람은 거의 어디서나 이교도이자 불경한 자로 간주되고, 자연과 신들의 해석자로 불구스에게 존경을 받고 있는 사람들에게 그와 같은 사람으로 고발되는 일이 벌어진다"(*E*, 1부 부록).

앞선 내용에서 불구스의 개념은 인식과 계몽에 대한 엘리트주의 이론에 속하며 엘리트주의 이론에 따르면 대중은 영원히 무지한 채로 남게 될 운명인 반면에 선택된 소수는 신의 지적 사랑까지 상승하는 것으로 보일 수 있다. 실제로 미완의 초기 저작인 『지성교정론』은 그러한 학설의 설명으로 읽는 것이 가능하다. 그러나 이러한 통념의 흔적들이 『신학정치론』에도 지속되고 있다면(그리고 『윤리학』5부에서도 그렇게 읽도록 고무하는 일은 결코 중단되지 않았다), 그것들은 스피노자의 가장 중요한 주장들과 뚜렷하게 모순된다. 모로가 보여 준 바와 같이(Moreau, 1994: 383), 현자/바보라는 구별은 『신학정치론』을 포함하여 스피노자의 성숙기의 저작에서는 존재하지 않으며, 그 저작에서 "본래 모든 인간은 미신에 사로잡히기 쉽다"(『윤리학』에서 거의 말 그대로 반복되고 있는 정리) 그리고 그들은 "마치 자연 전체가 그들과 같이 정신착란을 일으키는 것처럼 경악시키는 방식으로 자연을 해석"(*TTP*, 서문 2절)하도록 몰아넣는 성쇠의 반전만을 원한다고 주장한다.

그러나『윤리학』에서조차 불구스는 스피노자가 대중들을 의미하기 위해 선택한 단어이며 이것의 경멸적인 역할이 유지된다는 사실에는 변함이 없다. 지안코티의 셈에 따르면, 용어가 포함되어 있는 7개의 구절 대부분은『신학정치론』의 용법을 반복한다. 불구스는 그것의 자기 지배에 대한 공상들을 자연(또는 신)에 투사한다. 한 구절은 덜 경멸적이기 때문이 아니라 지성의 나약함이나 무기력해진 변덕스러움이 아닌 반대로 현실적 역량을 불구스의 속성으로 부여하기 때문에 눈에 띈다. "불구스가 공포를 느끼지 않을 때, 그것은 두려운 존재가 된다"Terret vulgus, nisi metuat(*E*, 4부 정리 54 주석). 그들이 경험하는 공포뿐 아니라 그들이 불어넣는 공포라는 용어의 두 가지 의미에서 스피노자에게서 대중들의 공포가 중요하다는 점을 밝힌 발리바르의 논증을 따라가야 할 필요성이 있다(Balibar, 1994). 한 가지 의미의 방향에서 그리고 스피노자의 '타키투스주의'로 비추어보건대,『윤리학』4부의 구절은『신학정치론』에서 표현된 어떠한 것보다도 대중들에 대해 훨씬 더 부정적인 관점을 표현하고 있는 것으로 보일 수 있다. 앞선 정리에서 스피노자는 우리의 활동 역량을 감소시키는 슬픈 정서들 가운데 하나로서 겸손에 대한 비판을 전개하지만, 정리54의 증명에서 그는 개체는 "우선 사악한 욕망prava cupidate에 의해 정복되고, 뒤이어 슬픔에 의해 정복된다"는 점에서 후회는 이중적으로 고통스럽다고 주장한다. 그러나 주석은 이러한 논변들에 조건을 제공하는 듯 보인다. 왜냐하면 인간은 이성,

겸손, 그리고 후회의 인도 아래 살아가는 일이 드물기 때문에, 공포 그 자체는 해롭기보다 이로울 수 있다. "만일 정신이 무능한 인간들이 모두 똑같이 거만하며, 동일하게 수치심과 공포도 없다면, 어떻게 유대에 의해 그들을 모아 묶을 수 있을까? 불구스가 공포를 느끼지 않을 때, 그것은 두려운 존재가 된다". 스피노자는 다수의 복종을 보장하기 위해 그들에게 반복될 "훌륭한 거짓말"[플라톤, 『국가』, 414b-c]이라는 플라톤적 이론을 하마터면 제공할 뻔했었다. 대중들은 나약함은 선이고 역량은 악임을 배워야만 한다. 무엇보다 그들은 그들 자신이 공포의 원인이 되지 않도록 공포 속에서 살아가도록 해야만 한다. 그러나 그런 입장은 4부의 결론에서(그리고 어디에서나 반복되는) 스피노자 자신의 논변들을 고려해 볼 때 전혀 옹호될 수 없다. (대중들의) 공포에 의해 생겨난 사회적 조화는 신뢰할 수 없으며 (TTP, 16장), 동시에 어떠한 지배자도 신민들에 대한 그의 법적 권위가 어떠하든, 그의 신민들의 역량을 두려워하지 않을 수 없다(TTP, 17장). 사실상 주권자가 세이렌의 노래 소리를 따라가지 못하게 막고, 비합리적이거나 폭력적인 행위에 빠지지 못하도록 제지하는 것은 어떤 외부의 적보다 정확하게 그 자신의 인민들에 대한 공포이다. 이것은 '대중들의 공포'나 또는 적어도 그들이 불어넣는 공포에 합리적 기능을 부여한다.

그러나 『정치론』에서 대중들의 공포에 대한 스피노자의 입장은 훨씬 더 놀라운 것이다. 실제로 그는 7장 27절에서 『윤리학』 [4부] 정리 54에서 진술한 입장을 완전히 뒤집는다. 그는 어떤 지배의 형식처럼 군주제는 다중의 의지multitudinis voluntas에 의존한다는 자신의 주장이 "불구스가 공포를 느끼지 않으면, 사람들을 공포에 떨게 만든다terrere, nisi paveant, 대중plebs은 비천한 하인('servit'는 또한 '노예'를 의미하기도 한다)이거나 포악한 주인이고, 그들은 진리도, 정의도 갖지 않는다"와 같은 구절들을 사용하는 사람들에게 웃음을 사게 될 것임을 예상한다. 그래서 『정치론』에서는 단지 용어상의 변화 그 이상의 매우 중요한 전환이 일어난다. 『정치론』에서는 불구스가 거의 등장하지 않고 "다중"multitude으로 대체된다. 스피노자의 후기 저작에 이것이 조금이라도 남아 있다면, 그것은 대중들 자체가 아니라, 이제 다중으로 불리는 것을 지시하기 위해 그 용어를 사용하는 사람들이 (스피노자 자신을 포함해서) 『정치론』에서 정치적 삶의 실재로 간주되고 있는 것, 다중의 역량에 대한 그들의 거부를 표현한다는 점을 지시하는 것이다. 대중들에 대한 그들의 경멸은 너무 큰 나머지 그것은 살루스티우스에서 마키아벨리에 이르기까지 모든 위대한 역사가들과 폴리티키들이 구체적으로 설명했던 것을 그들이 보지 못하게 한다. 대중들의 침묵, 그들의 동요, 그들의 폭동까지 어떤 체제나 정부 형태에서도 결정적인 대중들의 역할을. 이러한 관점에 따르면, 자신의 권리를 보존하기를 바라는 어떠한 왕도 "다중의 공포가 다중의 행동들을 규정하기 때문에, 왕은 무장한 다중의 다수의 부분이 자기를 따르게 만들기를 원하거나, 혹은 공익utilitati에 신경 쓰는 선량함의 너그러움에 의해 인도될지라도, 왕은 언제나 가장 많은 지지를 얻는 의견을 후원할 것이다"(TP, 7장 11절).

스피노자는 더 나아가 그의 반대자들을 거부할 뿐만 아니라 『윤리학』 [4부] 정리 54의 주석에 진술된 입장들도 부인할 것이다. 다중의 공포(즉 다중이 불어넣는 공포)와 다중에 대한 경멸은 모두 근본적인 오류에 근거한다. "모든 사람들에게 존재하는 악덕들을 오직 대중들plebem에게만 제한한다. 본성은 하나이며 모두에게 공통된다"(TP, 7장 27절). 스피노자는 다시 한 번 구절을 반복한다. "불구스가 공포를 느끼지 않으면, 사람들을 공포에 떨게 만든다. 왜냐하면 자유와 예속은 손쉽게 뒤섞이지 않기 때문이다"(같은 곳). 스피노자는 계속해서 다음과 같이 말한다. 대중이 판단력이 부족하다는 것은 놀랄 일이 아니다. "국가의 주요 업무들이 그들[플레브스] 모르게 처리되며 그들이 자신들에게 숨기는 것이 불가능한 사소한 것으로부터는 의견을 만들어 내지 못하기 때문이다"(같은 곳). 무지의 상태로 다중을 유지하고, 이들이 정치적 문제들을 신중하게 생각하는 데 익숙해지지 않게 장려하는 정책은 사회 평화에 기여하기는커녕 대중들의 분노를 불러일으킬 수 있을 뿐이다. 불충분한 정보를 가지고 있는 문제들에 대해 판단을 유보하는 것이 한층 합리적일지라도, 사람들은 단순히 그렇게 하지만은 않는다. '국가 기밀'을 마주하게 되면, 실제로 그들은 "모든 것을 비뚤어지게 해석"(같은 곳)할 것이다. 다중에게 정치를 개방하는 것은 충돌하는 의견들과 끝없는 논쟁의 혼돈에 대한 초대장이라는 주장에 반대해 스피노자는 다수의 사유의 역량은 필연적으로 소수의 사유의 역량보다 크기 때문에 따라서 소수가 현명하거나 박식하다고 하더라도 다중이 이성의 경로를 따라가게 될 가능성이 소수보다 더 높다고 주장한다.

> 만약 "로마인들이 토의하는 동안 사군툼이 망한다"면, 그에 반해 소수의 개인들이 그들의 정서에 따라 모든 것들을 결정할 때 공익과 더불어 사라지는 것은 자유이기 때문이다. 사실 인간은 한 번에 모든 것을 알아차릴 수 있기에는 지나치게 둔감한 성정ingenia을 갖고 있다. 그러나 인간은 토의하고, 듣고, 논의하면서 예리해진다. 그리고 모든 실마리들을 조사한 것에 힘입어, 인간은 그들이 찾던 것을 마침내 발견하고 이전에 누구도 생각하지 못했던 그것은 모두의 동의를 얻게 된다. (*TP*, 9장 14절)

그러므로 다중은 그것의 물리적 역량에 의해 정치적 삶에 합리성을 도입하며 물리적 역량은 그 역량을 제한하는 것에 의해 자신의 신민들에게 전제정치를 강요하는 군주의 권리를 또한 제한한다. 또한 그 자체가 합리적 의사결정의 원천이기도 하다. 적어도 다중이 알게 된다면, 소위 현자들이나 학자들이라는 소규모 집단보다 이성에 따라 자기 자신을 인도할 가능성이 훨씬 높다. 여기에서 스피노자는 그가 『윤리학』에서 간략하게 설명한 입장들로 되돌아간다. 하나의 개체만이라면 신체에서 거의 무력한 것과 꼭 마찬가지로 정신에서도 무력하다. 이러한 사실은 타인들의 사회로부터 후퇴, 지혜를 추구하고자 통속적인 것으로부터 철수하는 것을 막는다. 그러므로 우리가 다중의 조건에 우리 자신을 관련시키는 것을 요구하는 것은 도덕적 책임이나 의무의 문제가 아니다. 이는 오히려 필연성의 문제이며, 우리는 어쩔 수 없이 그렇게 해야 한다. 그들의 역량은 우리 역량의 조건이며, 그들의 유약함은 오직 우리를 약하게 만들고, 그들의 공포와 증오는 1660년대 암스테르담을 황폐화시켰던 전염병만큼이나 전염성이 강하고, (이성에) 치명적이다. 우리는 우리 자신의 물체적이고 지성적인 선을 위해 다중의 조건을 고려해야만 한다. 그들의 능동적인 역량이 크면 클수록, 이성의 인도 아래 생각하고 살아가는 그들의 역량이 크면 클수록, 그들은 자신의 선에 더욱 헌신하게 될 것이다. "각각의 사람이 자신에게 유용한 것을 최대한 추구할 때, 사람들은 서로에게 가장 유용하다"(E, 4부 정리 35 따름정리 2). 이성의 지배를 받는 인간은 "그들이 다른 사람들에게 욕망하지 않는 것을 자신들에게 열망하지 않는다"(E, 4부 정리 18 주석)[3]. 자신의

---

3) [옮긴이] 원문에는 'ibid', 즉 '같은 곳'으로 되어 있지만 오기다.

존재를 보존하고 자신의 역량을 증가시키기 위해 노력하는 것은 다른 이들에게도 같은 것을 바라는 것이다. 왜냐하면 "한 인간이 이 인간의 본성과 합치하는 그런 개체들 사이에 있게 되면, 바로 그러한 이유로 이 인간은 자신의 활동 역량이 도움과 격려를 받는다는 것을 알게 될 것이다"(*E*, 4부 부록 7항). 누군가는 다른 이들의 역량을 증가시키기 위해 노력해야만 한다. 원래 "크게 변화시키지 않고는"(같은 곳) 자기 파괴적이고 무능한 사람들 사이에서 살아가는 것은 불가능하다. 수동적이고 유약하며 노예 같은 자들의 "정서들을 모방하지 않도록 자제하기 위해서는 독특한 정신의 역량이 요구된다"(*E*, 4부 부록 13항). 그러므로 발리바르의 표현을 이용하자면, 스피노자가 "대중들의 관점"을 채택하게 된 것은 다중에 대한 어떤 종류의 이상화에서가 아니다(Balibar, 1994). 반대로 스피노자가 겨우 받아들이기는 했지만 결코 온전히는 받아들이지 않는 현실주의의 결론들에서이다. 좋든 싫든, 구원은 집합적이거나 그렇지 않을 것이다. "이것에 과제와 강한 노동이 놓여 있다!"Hoc opus, hic labor est[베르길리우스, 2007: 6권 129행]

실제로 그러한 입장이 부과하는 실천적이고 이론적인 부담들은 너무나 거대해서 스피노자는 그의 삶이 끝날 때까지 계속해서 이것을 승인하는 것에 저항할 것이다. 『정치론』의 마지막 몇 쪽들은 그가 작업 내내 의심의 여지없이 입증하고자 노력했던 것, 다중의 역량의 중심성을 가장 극적으로 모순되는 방식으로 정확히 부인하려 시도한다. 민주주의에 대한 장은 네 개의 절로 구성되어 있으며, 게파르트의 『스피노자 저작집』*Spinoza's Opera* 판본에서는 두 쪽에 해당한다. 이 가운데 두 개의 절, 대략 한 쪽만이 민주주의에 대한 논의에 할애되어 있다. 스피노자는 3절의 첫 부분에서 "다양한 종류의 민주주의 국가들을 생각할 수 있다"라고 말하지만 그는 민주주의 국가에 대해 "그들 국가법에만 복종하며, 게다가 자신의 고유한 권리에 지배받으며, 정직한 방식으로 살아가는 모든 이들은 예외 없이 최고 의회에 투표할 권리와 공무를 맡을 권리가 있다"(*TP*, 11장 3절)라고 이야기할 뿐이다. 그러나 스피노자가 독자들을 위해 서둘러 제시하고 있는 민주정이라는 절대적 형식에 대한 제한들은 실로 상당히 인상적이다. 그들의 민족의 법률의 사법권 아래에 있는 외국인들뿐 아니라 그들의 부모에 의존하는 상태로 있는 어린이들 그리고 불법적이고 불명예스러운 행위들을 통해 그들의 권리를 박탈당한 범죄자들, 모든 여성들, 모든 노예들도 제외된다. 스피노자는 민주적 권리들을 극소수에게만 부여한 채 단숨에 그의 절대적 민주주의에서의 정치적 참여로부터 인구의 방대한 대다수를 제거했다. 물론, 17세기 민주주의자들 사이에서 그러한 입장은 드문 것이 아니었다. 그것은 영국 혁명기 급진주의자들에서조차 소수를 제외한 모두의 입장이었다. 1647년 수평주의자들 사이의 유명한 퍼트니 논쟁은 가장 급진적인 과격파의 실질적인 다수가 내전 기간 동안 시골 소작농들, 임금 노동자들, 도제들, 하인들에게 참정권을 주지 않는 것에 찬성한 것을 보여 주었다. 이는 이들 '하류층 사람들'이 무지하거나 비이성적이었기 때문이 아니라 지주, 주인 또는 고용주에 대한 그들의 경제적 의존성으로 인해 그들이 어떤 정치적 독립도 행사하지 못할 것 같았기 때문이었다. 그러므로 그들의 투표는 수평주의자들이 권력을 약화시키려고 했던 바로 그 힘을 강화시킨다. 아버지든, 남편이든 남성에게 의존하는 여성은 경제적인 문제들뿐 아니라 정치적인 문제들에서도 그 남성을 쫓아간다고 간주될 수 있어 이들에게도 당연히 동일한 주장이 적용되었다.

스피노자가 이러한 입장을 취하는 것에 대해 놀라운 점은——11장에 대한 다수의 유익한 주석들은 이러한 점을 충분히 강조하고 있지 않았다 ── (특히 17세기 민주정치의 맥락에 놓고 볼 때) 특별히 편협하거나 '부당'하다기보다는 오히려 그것이 대체로 스피노자 철학의 관점에서 보자면, 터무니없다는 것이다. 스피노자가 『정치론』의 도처에서 말하고 있는 바로 그 평민, 즉 법이 말하는 것에 상관없이 국가의 권리를 결정하는 의지를 가진 다중이 아니라면 이러한 여성들, 임금 노동자들, 소작농들, 도제들, 하인들은 누구란 말인가? 그들은 1640년대 영국과 프랑스에서 그러한 폭력적 효과를 발휘하며 정세에 참여했던 바로 그 힘들이었다. (클라렌들 백작이 한탄했던 것처럼 주로 '하류층 사람들'로 구성된) 대중 시위는 참가자들의 다수가 투표할 '권리'를 갖고 있지 못했다는 사실에도 불구하고, 그들의 의지를 강요하고 그들이 불러일으킨 공포를 통해서 중요한 의회의 결의들이라는 결과를 규정할 수 있었다. 꼬박 10년 동안 프랑스 전역에서 지속적으로 일어난 봉기들은(세금 징수원들에 대항해 발랑스의 여성들이 보여 주었던 널리 알려진 대중 활동을 포함해) 파리와 여러 지방도시들에서 프롱드당을 특징짓는 대중들의 동원에서 절정에 달해 반체제 귀족들을 너무 두렵게 한 나머지 그들이 원래 반대해서 반란을 일으켰던 것보다 훨씬 더 광범위한 군주제 국가의 중앙집권화를 수용하게 만들었다(Dubby, 1988). 물론, 마지막으로 마치 그들이 그들의 자유를 위해 싸우는 것처럼 용감하게 그들의 예속을 위해 싸웠던 1670년 이후 연합주 국가에서 일어난 도시 대중들의 운동은 네덜란드 공화국을 타도하고 비트 형제를 살해했다. 이것이 정확하게 권리와 역량을 박탈당해 주권자들에게 공포의 대상이 되지 않는 것과 같은 일이 결코 없는, 혹은 덧붙이자면, 그런 이유로 법률에 의해 공무에 대한 발언권이 부정되고 예외 없이 민주주의의 모든 예외들로 이루어졌을 때조차 이런 발언권을 갖지 못하는 것과 같은 일이 결코 있을 수 없는 다중이다. 다중이 자신의 권리와 역량을 빼앗겨서 당국에게 공포의 대상이 되는 것을 멈추는 일은 결코 없다. 우리가 덧붙인다면, 다중은 예외 없이 민주주의에 대한 모든 예외들로 구성되어 있고 법률에 의해 공무에 대한 발언권이 부정될 때조차 이런 발언권을 가질 수밖에 없다. 그러므로 『정치론』의 마지막은 스피노자가 완결을 마음속에 그려볼 수 없는 프로젝트를 포기하는 것은 아니라 단지 앞선 장들이 상세하게 설명한 것을 부인하려는 헛된 시도에 불과하다. 스피노자는 안정성과 정치적 평형에 대한 연구에서 어떠한 것도 저항할 수 없는 힘을 가진 폭풍우 치는 바다에 대항해 그저 법률을 휘두르면서 사법적 형식주의와 다중의 역량을 대립시킨다. 앞선 10개의 장에서 추론할 수 있는 우리에게 남겨진 대안은 참으로 벅차다. 우리가 주목했던 바와 같이, 그것은 지성적 침잠을 통해서든 신비주의적 깨달음을 통해서든 '개체적' 해결에 대한 일말의 가능성도 고려하지 않고, 우리가 말할 수 있는 것은 사회 안정성이 이성의 인도에 따라 행동하고 사고할 수 있는 역량을 최대로 증가시키기 위해 끊임없이 계속되는 대중동원에 의해 언제나 물체적 삶의 지속적인 재조직화를 통해 재창조되어야만 하는 영속적인 정치, 극단적으로 어떠한 유형의 보장들도 없는 정치이다. 마트롱이 주장했던 것처럼 민주주의 국가imperium democraticum라는 바로그 통념은 역설을 드러낸다(Matheron, 1994: 164). 민주주의가 적어도 국가(혹은 아마도 이 점에서 국가 장치에 대해 말하지 않을 수 없을 것이다)를 필요로 한다면, 이는 사회의 한 부분이 다른 부분에 대해 권력을 행사하기 때문이다. 적어도 공동체의 성원들이 이성의 인도에 따라 살아가고, 그들 자신의 사고 역량과 활동 역량을 증가시키고자 하는 한, 합리적 공동체는 필연적으로 국가 없는 민주주의일 것이다.

그러나 최악의 것은 아직 오지 않았다. 스피노자는 11장의 3절과 4절에서 여성은 단순히 '제도'에 의해서가 아니라 본성에 의해 남성의 권위에 복종할 수밖에 없음을 증명하고자 한다. 만일 여성의 종속이 단지 법과 관습의 문제였다면, 정부에서 그들을 배제할 이유가 없겠지만 지구상 어디에서도 남성은 지배하고 여성은 지배를 받는다. 만일 여성이 정신의 강인함과 성격에서 자연적으로 남성과 대등하였다면, "다양한 민족들 중에 남성과 여성이 동등하게 지배했던 민족들 그리고 여성이 남성을 지배했던 민족들이 존재했을 것이다"[*TP*, 11장 4절]. 그러므로 스피노자는 여성이란 남성에게 합리적 공동체에 대한 감정들이 아니라 단지 시민의 덕성을 이기적인 질투심으로 대체할 성적 욕망의 정서만을 불어넣기 때문에 그들을 정부의 업무에 참여시킬 수 없다고『정치론』을 끝맺는다. 『정치론』의 마지막 문장은 "그러나 이것으로 충분하다"Sed de his satis이다. 설마.

물론, 필요한 것은 일부 주석가들이 그랬던 것처럼 스피노자를 비난하려는 것이 아니라 오히려 일반적으로 인정하는 바와 같이『정치론』이 느닷없이 중단된, 예기치 못한 곤경의 원인을 규정하는 것이다. 『정치론』의 이전 쪽들뿐 아니라 스피노자의 철학적 저작 전체는 그러한 주장들을 배제하고 있는 듯 보일 것이다(Gatens, 1996). 스피노자는 유대민족의 역사는 인종의 완강함으로부터ex gentis contumacia 연역될 수 있다는 어떤 통념에도 격렬하게 반대하지 않았나? "이것은 참으로 유치한 주장이다. 어째서 이 민족은 다른 민족들보다 더 완강했을까? 자연적으로? 자연은 민족들을 창조하지 않는다. 자연은 받아들여진 언어들, 법들 그리고 습관들의 차이에 의해서만 민족들로 분할되는 개체들을 창조한다"(*TTP*, 267/17장 26절).

자연은 오직 개체들을 창조할 뿐이라는 입장은 인종이나 민족이라는 본질을 근거로 하는 주장들만큼이나 성gender이라는 본질을 근거로 한 주장들과 모순되는 것으로 보인다. 개체의 독특한 본질에 대한 스피노자의 개념을 고려해 볼 때, 특정한 남성은 여성과의 차이보다 다른 남성과의 차이가 더 클 것 같지 않은가? 더욱이, 그는 단지 복합적 실재로 간주되는 여성의 총체성이 유사하게 이해되는 남성과 다른 것이 아니라 그들은 성격의 강함과 지적인 역량에서 열등하다고 주장한다. 사실상 그는 필머와 보쉬에 같은 인물들이 절대주의에 대한 자신들의 가부장적 정당화를 위해 제시했던 것들과 근본적으로 다르지 않은 자연적 위계(원형이 가족 혹은 심지어 부부라는)에 대한 이론에 도달한다. 그러므로 『정치론』 마지막 장의 마지막 절에 선행하는 모든 것들로 인해 스피노자는 여성의 종속을 자연적인 것이 아니라 역사적인 것으로 보지 않을 수 없으며 그 때문에 관습이나 법률에 의해 초래되었다면 상이한 관습과 법률에 의해 변화할 수밖에 없는 반면에, 『정치론』은 아리스토텔레스가 『정치학』 1권에서 "남성이 여성보다 본성적으로 지배하는 데 더 적합하다"(I, 12, 1259b)라고 했던 오이코스οἶχο ς 또는 가사에 대한 그의 이론을 거의 직접 참고하면서 끝을 맺는다.

아리스토텔레스에 대한 참고는 3절의 방향에 따라 예외 없는 민주주의에서 배제되는 다른 집단의 경우에도 참이다. 스피노자의 단어는 세르보스servos이며, 나는 이것에 가능한 한 포괄적인 의미를 부여하기 위해 이를 일관되게 '하인'servant으로 번역하였다. 그러나 그 용어는 종종 '노예' slave로 번역되며, 『정치학』 1권의 대부분은 노예에 대한 권한의 실행과 적절한 대우가 차지한다. 남성과 여성의 동등성에 반대하는 스피노자의 주장은 일반적으로 노예 제도와 주인/노예 관계의 자연성에 대한 아리스토텔레스의 용어들을 상당히 밀접하게 연상시킨다. 신체의 충동을 억제할 수 있는 영혼을 가진 그러한 인간은 본래부터 주인이며, 신체에 의해 규정되는 유약한 영혼의 인간은 본래부터 노예이다. 이러한 주장은 스피노자가 여성의 '유약함'을 환기시킬 때 다시 등장한다. 처음부터 끝까지 스피노자의 저작에서 예외 없는 민주주의의 예외, 동화될 수 없는 것의 형상figure, 그리고 동시에 그들의 배제의 불가능성이 출몰한다. 다시 말하자면, 이는 정확히 역량을 사유의 대상으로 삼기 위해 모든 형태의 초월성을 포기하는 사유, 스피노자의 사유의 역량에 대한 증언이다. 그것은 절대적 민주주의를 향해 움직이므로 어떠한 장애물도(특히, 스피노자 자신이 정립한 것들을 포함해) 이것의 힘에 저항할 수 없다. 발리바르가 주장했던 것처럼, 『정치론』에서 여성이라는 형상이 대중들, 평민에 대한 환유적 대용물로 기능한다면, 우리는 결론까지 스피노자 주장의 논리를 따라가야만 하며, 그것의 지시대상들 가운데 여백의 여백에 있는 것들, 즉 노예를 포함해야 한다(Balibar, 1994). 우리는 대서양 횡단 노예무역의 출현이 17세기 정치철학의 개화기와 정확히 일치하지만 위대한 철학자들은 이에 관해 거의 아무 말도 하지 않았다는 사실을 잘 알고 있다. 아마도 이는 그들이 정당화한 재산권과 축적 체계가 폭력에 의존한다는 사실을 처음부터 혹은 마지막에 하마터면 넌지시 비칠 뻔했기 때문이거나 혹은 이것의 폭력이 형식적 권리들의 부여, 일상의 전제정치, 시장과 국가의 부단한 훈육을 받아들일 수 있게 해주며, 다중이 예속적인 삶을 자유인 것마냥 살 것을 보증하는 한층 미묘한 형태들의 강압정치를 가시적으로 상기시켜 주는 것이었기 때문이다.

주지하는 바와 같이, 그의 철학적 생애 초기인 1664년 7월 20일에 스피노자는 에스파냐와 아메리카의 에스파냐 식민지들과의 무역에 종사하던 상인인 피에터 발링에게 편지를 보내 다음과 같은 꿈 이야기를 하였다.

어느 날 아침 막 동이 트기 시작할 때 나는 매우 깊은 잠에서 깨어났습니다. 잠을 자는 동안 내게 나타났던 이미지들 특히, 내가 예전에 한 번도 본 적이 없었던 어떤 검고 초라한 브라질 사람cujusdom nigri & scobiosi Brasiliani 의 이미지가 마치 현실인 것마냥 내 눈에 선하였습니다. 기분 전환을 하는 것처럼 책과 물건들을 찬찬히 살펴보자 이미지는 대부분 사라졌습니다. 그러나 내가 그 사물들에서 눈길을 돌리자마자 똑같은 에티오피아인의 똑같은 이미지가 시야에서 점차 사라질 때까지 계속해서 나타났습니다. (*Letters*, 17/109)

이 브라질인은 누구인가, 스피노자가 절대적 민주주의에서 발언권을 법적으로 부정하려는 모든 이들의 압축이 아니라면, 누가 어떤 특정 사회에서 수적 다수를 함께 구성하고 있는가, 여성, 노예들, 임금 노동자들, 외국인들? 그들은 법과 정치체가 사라지게 할 수 없는 실제 역량과 정치철학이 정확하게 그것의 가장 자유주의적 형식들에서 적극적으로 부정하려는 실존을 갖고 있는 다중이다. 그러나 이게 다는 아니다. 정확하게 이례적인 것까지는 아니라 하더라도 스피노자의 저작을 소거할 수 없는 신학-정치적 권력에 대한 이론적 방어를 작동시키는 능력을 갖고 있는 이단적 텍스트들의 기록보관서의 일부로 만들면서 탁월한 우수함을 부여해 주는 것은 바로 이것이다.

스피노자에 대해 심판을 시작한 유대 공동체의 원로 가운데 한 명이 이삭 아보압이었다는 사실은 잘 알려져 있다. 그는 한때 스피노자의 스승이었고, 말년에는 유대 신비주의자이자 메시아라 자칭한 사바타이 제비의 열렬한 지지자로도 유명하다. 사바타이 제비는 네덜란드인들이 1654년(스피노자가 파문되기 2년 전) 브라질에서 쫓겨날 때까지 네덜란드령 페르남부쿠에서 랍비장을 역임했던 인물이다. 페르남부쿠가 포르투갈인들에게 함락된 것은 노예들에게 그들의 자유를 주고 전투를 위해 그들을 무장시켜 네덜란드 주인들에 대항해 결집시킬 수 있었던 포르투갈인들의 능력의 결과와 얼마간 관련이 있었다(그리고 노예들은 그 주인들보다 적어도 십중팔구는 우세했음이 틀림없었다). 포르투갈인들이 재점령하기 전에도 노예 반란과 대규모 마룬 공동체들[도망 노예들의 공동체]과의 끊임없는 저강도 전쟁은 취약한 네덜란드 식민지를 끊임없이 위협하는 요소였다. 아보압은 포르투갈인들과 그들의 해방 노예 군대가 페르남부쿠를 전복시킨 비참한 최후까지 그곳에 남아 있었다. 10년 후 스피노자의 꿈은 '투시적 동일시'의 불안을 표현한 것이었나? 그가 깨어난 후에도 앞에서 좀처럼 사라지지 않던 이미지는 재판관들이 공동체로부터 그를 영원히 추방한다고 선고했을 때 그를 바라보았던 재판관들의 시선이 반란으로 그들의 권위를 파괴한 초라한 노예라는 이미지로 다시 반영된 것이었나? 그러나 그렇듯 생생하게 계속해서 나타나는 추방된 자의 화신은 여전히 다른 것이다. 그의 저작의 내적인 충돌들이 입증하는, 스피노자를 사로잡고 있는 것은 정확히 추방자에 대한 그의 연대감이며 그들이 공동의 투쟁에서 '객관적인 동맹들'이라는 사실이다. 『정치론』에서조차, 사랑보다는 필연성에 의해 강제되었기 때문에, 스피노자는 더 이상 위협이 아니라 순전히 불확실하고 언제나 일시적이지만 구원을 위한 유일한 수단으로 다중을 껴안을 준비가 충분히 되어 있는 것처럼 보이는 듯하지만, 그는 자신의 저작을 미완으로 남겨둔 채 다시 한 번 시선을 다른 곳으로 돌려 버린다.

그러므로 철학자들이 군주와 시민 그리고, 인정하자면, 노예의 상호 간의 권리와 의무를 정의하는 데 관여했던 바로 그 순간에 유럽과 북아메리카의 산업화에 필수적인 자본을 제공했던 삼각무역은 노예 노동과 자유 노동의 새로운 집합성들을 구축했다. 절대군주제뿐 아니라 이에 도전하는 부르주아들과 귀족들에게도 한결같이 그들의 열렬한 철학적 지지자들, 그들의 '유기적 지식인들'이 있었지만, 이러한 신생 대중운동의 정치적 실천은 정당화되지 않을 뿐 아니라 이론적으로 정립되지 않을 운명을 지닌 듯 보였다. 그의 시대의 철학자들 중에서 스피노자만이 다중을 정치적 성찰의 중심에 두었을 뿐 아니라 대중들의 관점에서 사고하기에 이른다. 결국 스피노자의 꿈에 나타난 이미지가 반역 노예, 초라한 브라질인/에티오피아인이었는지 혹은 스피노자 자신, 그의 말들 그리고 그의 저작들이 예속으로부터 벗어나 해방을 위해 투쟁하기 시작했던 순간에 반역 노예의 꿈, 노예들, 노동자들, 여성들 모두의 꿈이었는지는 분명하지 않다.

스피노자의 생애에 지배 체제들은 오직 1789년과 1848년에 다시 그럴 것처럼 핵심에서부터 흔들렸다. 그리고 대중들이 역사의 제작자로 등장했다. 스피노자는 특별히 이례적인 사람이 아니었다. 그는 그의 시대의 다른 철학자들의 정치적 기획의 부재하는 중심으로서 그들에게 출몰하는 것을 직접적으로 다루고 있다는 점에서만 그의 시대의 다른 철학자들과 구별된다. 우리는 홉스와 로크(그들만을 다루었으므로)가 국가에 대해 사유한 것 그리고 그들이 절대군주제에 우호적이었는지 비판적이었는지를 물어 왔다. 우리는 또한 그들이 개별 시민에게 어떤 권리를 부여했고, 어떤 의무들을 부과했는지를 물어 왔다. 스피노자의 저작은 우리로 하여금 더욱

은밀한 질문을 던지게 한다. 홉스와 로크의 정치 철학에서 다중의 행위들에 내재하는 법칙을 제외하고 어떤 법칙도 초과하는 집합성, 다중(우리가 보았던 것처럼 이는 인민[the people]과 동일한 것이 아니다), 대중들의 자리는 무엇인가? 보다 정확하게, 초기 자유주의 철학은 대중들의 공포에 의해 어느 정도로 구체화되었는가?

4장
홉스와 로크

1. 홉스: 다중은 행동할 수 없다.

초기 자유주의 문제설정과 스피노자의 사상을 명확하게 구별했기 때문에, 17세기 정치사상의 몇몇 텍스트적 기념비들로 되돌아가 스피노자의 관점에서 그것들을 해석하는 것이 생산적일 것이다. 홉스를 예로 들자면, 우리는 독자적인 형태의 정치적 개인주의를 확립한 홉스 저작의 핵심적인 구절들이 스피노자의 철학-정치적 입장을 통해서 설명될 수 있음을 발견하게 될 것이다. 이러한 맥락에서 어떤 구절을 설명한다는 것은 논쟁에 결합되어 있을지라도 불필요하거나 일관되지 않거나 혹은 모순적이라고 간주되는 서술들을 제거하면서, 본문에서 가려낸 주장들을 이상적인 순서로 재구성하는 것이 아니다. 오히려 그것은 서술들이나 발언들의 현행적 질서를 설명하는 것이다. 탐구의 대상은 다름 아닌 글자 그대로의 저작이다.

홉스와 스피노자는 모두 정치학의 개념이 개인과 국가 간의 관계에 (전제주의 체제를 옹호하든, 이에 저항하든) 집중되기 시작했던 시대에 살았다. "국가를 가족과 같은 자연적 사실이며, 죄와 인간의 잔혹성의 실존을 고려한 필연성, 신이 군주에게 직접 준 권력, 혹은 조합들, 계층들 그리고 도시들의 유기적 집합이라고 말하기보다, 국가란 주권의 원천의 궁극적 저장소, 법적 주체들의 근원적 의지에서 그 양상이 상당히 달라질 수 있는 위임을 통해 나온다고 말하게 될 것이다"(Moreau, 1981: 133). 17세기에 등장한 정치적 개인주의는 종종 국가 권력의 한계를 설정하는 것으로 여겨지지만(로크가 개인의 절대적 재산권을 옹호하는 것처럼), 주권자에게 그들의 권리를 자발적으로 양도했던 신민들에 대해 국가의 절대권력을 보다 효과적이고 설득력 있게 확립하는 데에도 동등하게 사용될 수 있었다(홉스처럼). 둘 중 어느 경우에도 그것은 권리와 의무, 즉 주권자와 국가의 권리와 의무, 사회(또는 시민 사회)를 구성하는 개별적 법적 신민들의 권리와 의무에 집중되어 있는 담론이었다.

앞 장에서 고찰했던 바와 같이 스피노자가 이러한 문제설정을 단호하게 거부했던 근거들을 간략하게 요약해 보자면,

(1) 스피노자는 역량과 권리를 분리시키는 것을 거부한다. "자연은 자연의 역량 안에 있는 모든 것에 대해 최고의 권리를 가지고 있다. … 그러나 자연 전체의 보편적 역량은 집합적으로 고려된 모든 개체들의 역량 이외에 다른 것이 아니기 때문에 각각의 개체는 자신의 역량 안에 있는 모든 것에 대해 최고의 권리를 소유한다는 것이 따라나온다"[TTP, 237/16장 2절]. 만일 역량이 그 자신의 정당화라면, 스피노자에게 있어 우리가 우리에게 할 수 있는 능력이나 역량이 없는 것을 할 권리가 없다는 것은 똑같이 참이다. 그렇지 않다면 권리에 대해 말하는 것은 역설적으로 말하는 것이다. 스피노자는 우리의 관심을 당위인 것에 대한 서술로서의 권리에서 사

실로, 말에서 행동으로 전환시켰다. 그는 현행적으로 실존하는 것 외부에서 정의상으로 남아 있는 어떠한 체계의 규범들도 거부하기 때문에 사법적 초월성의 세계를 거부한다. 합법성과 도덕성의 언어를 거부함으로써 스피노자는 우리가 정치를 힘과 역량에 의해 정의되거나 혹은 차라리 상반되는 힘들 사이의 균형, 관계로서 그것의 물질성 혹은 실체성에서 볼 수 있게 해준다(Matheron, 1985a).

(2) 우리가 정치를 역량이라고 생각하게 되면, 개체는 유의미한 분석단위가 되지 않는다. 개체로서, 즉 분리된 자율적인 것으로서 개체의 역량은 이론적으로 무시될 정도로 미미하다. 사실상 자연 상태라는 통념은 이것이 분리되고 고립된 개체들의 사회 이전 상태인 한에서, 스피노자에게 있어 완전히 불가능한 것이다. "어느 누구도 고립 속에서는 자신을 방어하거나 삶에 필요한 모든 것을 얻을 정도로 충분히 강하지 않다. 따라서 인간은 본성상 시민 사회를 열망하며 그것을 결코 완전히 폐지할 수 없다는 것이 따라나온다"(*TP*, 6장 1절). 그러므로 자연 상태의 분리된 개체들의 자유(두렵든 그저 거북하든)로부터 법에 의해 유지되는 인위적 단위라고 억압하거나 설득하는 사회의 설립으로 이행을 설명하는 문제는 스피노자에게 전혀 문제시되지 않는다. 개체들만으로는 스스로를 보존할 충분한 역량을 지니고 있지 못하므로 살아남기 위해 다른 개체들과 필연적으로 결합해야 한다. "만일 두 명의 인간이 합치하고 그들의 힘을 합치면, 그들은 함께 더 큰 역량을 갖게 되며 결과적으로 각각이 따로따로일 때보다 자연에 대해 더 큰 권리를 갖게 된다. 그래서 다수가 협력에 참여하면 할수록 그들은 모두 함께 더 큰 권리를 갖게 된다"(*TP*, 2장 13절). 스피노자, 그리고 개인주의적 정치철학에 비판적인 이들에게 집합적 실존은 개체들의 역량을 제한하

거나 억제하기는커녕 이를 증대시킨다.

(3) 정치가 힘의 관계들로 정의되고 개체에게는 힘이 거의 없다면, 중심적인 사회관계(또는 적대)는 국가와 개체 사이에 있는 것이 아니라 국가와 다중 (즉, 대중들과 그들의 운동들) 사이에 있다. "국가의 권리 또는 주권자의 권리는 자연의 권리와 다르지 않으며, 각 개인의 역량이 아니라 마치 하나의 정신에 의해 인도되는 다중의 역량에 의해 규정된다"(*TP*, 3장 2절). 더욱이 군주의 역량이 다중의 승인이나 단순한 묵인에 의존하고 있다고 할지라도, (권리와는 대조적으로) 역량의 이전이 일어나는 것은 물리적으로 불가능하다고 주장될 수 있다. 다중이 (군대가 다중과 분리될 수 있다는 가정하에) 군주가 상비군을 유지하도록 허용했던 절대주의 국가에서조차 "인간들은 그들의 권리와 역량을 받은 바로 그 사람들이 그들을 더 이상 두려워하지 않는 정도로, 그리고 시민들이 비록 그들의 권리가 박탈되었을 때조차 적들보다 시민들 때문에 국가가 더 이상 위험에 처하지 않을 정도로 그들의 권리를 포기하지 않았고 다른 이에게 역량을 양도하지 않았다" (*TTP*, 250/17장 1절). 그래서 절대권력이란 군주의 역량으로부터 그의 권리를 분리시키는 것을 근거로 한 사법적 허구일 뿐이다. 군주들은 사실에 대한 허구를 묵살하는 경향이 있다. 그들의 역량의 환원불가능한 한계들과 주권 자체의 피할 수 없는 취약함을 인식하는 데 실패하는 이들은 거의 없다. "전적으로 불합리한 명령들을 내리는 군주는 극히 드물다. 왜냐하면 자신의 이익을 보존하고 통치를 유지하려면 공익에 주의하고 이성의 명령에 따라 모든 것을 통치하여야 하기 때문이다. 세네카가 말한 바와 같이 어느 누구도 폭력적인 권력을 오래 보존할 수 없다"[*TTP*, 242/16장 9절]. "다중의 역량에 의해 정의되는 권리를 일반적으로 주권imperium이라 부른다"

(*TP*, 2장 17절)면, 마트롱은 정확하게 말해 스피노자에게 있어 사회계약은 있을 수 없다고 주장한다. "정치적 사회는 계약에 의해 탄생하지 않으며, 영속적으로 갱신되어야 하는 합의에 의해 끊임없이 생성되고 재생성된다"(Matheron, 1985a: 259~73[270]).

스피노자의 주장은 거의 모든 점에서 홉스의 학설과 반대되는 듯 보일 것이다. 마트롱이 주장했던 바와 같이, 국가가 현존하는 동안 군주에게 신민들의 권리 이전은 철회될 수 없다는 점에서, 권리와 역량의 동일시는 홉스의 체계를 크게 약화시키게 될 것이다(Matheron, 1985a). 그러나 철학자들이 단지 대립하는 것만은 아니다. 홉스는 스피노자의 사상을 특징짓는 '유물론' 또는 반초월주의의 체계적인 부정으로 읽힐 수 있다. 부정 그 자체는 이 유물론을 회피되고, 억압되며, 부인될 수 있는 실재로서 각인한다. 그러므로 홉스의 정치철학은 그것이 인정할 수 없는 실재, 동시에 불가능하며 위험하다고 선언하는 실재인 다중과 다중의 역량에 대한 "예방적 방어 체계"로 등장한다(Balibar, 1994: 16/96).

홉스는 대중 운동과 혁명의 시대를 살았고 그 시대를 그가 1660년대의 왕정복고 시대 이후 집필한 자신의 후기 저작 『비히모스』에서 상세하게 분석한다. 이는 "대중들이 공포를 느끼지 않으면 사람들을 공포에 떨게 만든다"(*TP*, 7장 27절)는 격언에 대한 증거이다. 1642년 혁명의 주요 원인 가운데 하나는 "아마 만 명 중에 한 명도 그에게 명령을 내리기 위해 어떤 인간이 무슨 권리를 가졌는지를, 또는 국왕이나 국가의 어떤 필연성이 있었는지를 알지 못했던 것처럼 일반적으로 사람들은 자신들의 의무에 대해 너무나 무지하였다"(Hobbes, 1990: 4)는 것이다. 두려움이 없고 무지한 다중은 그들의 수를 이용해 자신들의 의견에 반대투표를 한 의원들이 '경외',

즉 두려워하도록 만들기를 주저하지 않았다. 홉스는 예컨대, 귀족들은 스트래퍼드 백작(찰스 1세의 측근)의 위대함을 시기했지만 "그들 가운데 어느 누구도 그를 반역죄라고 비난하려고는 하지 않았다"는 점을 의심하지 않았다. 그러나 실제로 그들은 투표를 통해 반역죄로 스트래퍼드를 비난했으며, 더 나아가 그에게 사형을 언도하였다. 무엇이 귀족들에게 그런 행동을 하도록 했는가? 귀족들은 어떻게 그렇게 행동하기로 결심하였는가? "그들은 웨스트민스터까지 와서 '스트래퍼드 백작을 처벌하라, 처벌하라'고 외치는 민중들의 아우성에 위압당했다"(Hobbes, 1990:69). 사실상 내전 자체의 결과는 "일체의 논란을 결정하게 될 민중들의 손"(Hobbes, 1990: 115)에 달려 있었다. 그리고 만약 다중이 계속 거짓 선지자와 권력을 추구하는 기회주의자들의 꼬임에 넘어갔다면, 다중은 믿음을 바꾸는 것만큼이나 재빠르게 정치적 충성을 바꾸기 때문에 그것은 다중의 충성심들에 있어 일관되지 않은 것에서 드러난다. 그러므로 지배욕에 사로잡힌 인간들은 다중을 '유혹'하며, 설교자들은 다중을 '위협'하고 '놀라게' 하면서도, 그들은 다중의 충성심이나 지지에 의존하는 것을 희망할 수 없고, 차라리 다중이 다른 이들에게 등을 돌렸던 것처럼 다중이 그들에게 등을 돌리는 것을 기대해야만 한다. 다중의 폭동이 어떤 외적인 위협보다 너무나도 위협적이어서 이웃한 군주들은 인근 왕국들에서 일어난 반란들을 이용하기보다 (특히 반란이 "군주제 자체에 맞서고 있을" 때) "오히려 먼저 반란에 맞서 동맹을 맺어야 한다"(Hobbes, 1990: 144).

기술적인 목적들을 위해서였다면 좋았겠지만, 만약 『비히모스』가 대중 운동들의 역량에 대한 증언이라면, 그것은 어떠한 군주도 오래 대항할 수 없는 역량이자 그의 장래 후계자가 승리하려면 반드시 이용해야 하는 (그러나 마찬가지로 그 자신의 몰락을 초래하게 될) 역량임을 승인하는 대중 운동의 역량에 대한 고백이다. 1640년대의 내전 동안 그리고 직후에 홉스가 생산한 정치 철학의 서술들에서 이 요소가 거의 부재하는 것은 오히려 주목할 만하다. 사실상 결정적인 힘으로서 다중의 개념은 홉스의 정치적 텍스트들에서 사라졌을 뿐 아니라 엄격하게 말하자면, 그의 체계의 관점에서 볼 때 더더욱 불가능한 것이라 해도 과언은 아니다. 『시민론』*De Cive*(1642)에서 그는 이를 노골적으로 드러낸다. 다중을 개별적인 것이라고 하는 것은 온당치 못하다. 왜냐하면 다중은 많은 인간들로 구성되어 있기 때문에 "자연이 부여한 단일 의지를 갖는 것으로 생각할 수" 없으며, "다중은 결코 단일 행동을 할 수 없다. 따라서 다중은 그 구성원들이 각각 개인 대 개인으로 분리되지 않는 한, 약속할 수 없고, 계약할 수 없으며, 권리를 취득하거나 양도할 수 없고, 또 행동할 수 없고, 또 가질 수 없고, 소유하는 등등을 할 수 없으므로, 다중의 구성원의 수만큼 많은 약속과 계약, 권리 및 행동이 있을 수밖에 없다"(Hobbes, 1972: VI, 1/115[번역 수정]).

다중은 행동할 수 없다. 물론 우리는 이 구절을 단순히 합법성에 대한 진술로 해석할 수도 있다. 다중은 행위자로서 법적 지위를 갖지 않는다. 다중이 행동하는 것같이 보인다면 그 행동은 실제로 단일한 행위자들에 의한 행동들이 동시에 발생한 것이다. 다중은 범죄를 저지를 수 없다. 오직 개체들만이 그럴 수 있다. 다중은 말할 수 없다. 따로따로 그러나 동시에 말하는 분리된 개체들이 있다. 그들 모두는 그가 홀로 말한 것에 대해 사적인 책임이 있다. 일단 국가가 수립되면 다수라는 개념은 아무런 의미를 갖지 않게 될 것이다. 그러나 홉스의 주장들에 대한 이런 제한된 독해조차 문제들을 제기한다. 거의 1만 5천 명이 참가한 (그들 대부분은 런던 주민의 하층

계급들 출신이었다) 1640~41년 의회 밖에서의 대중 시위들은 법적 타당성이나 법적 지위가 없다. 홉스는 겉으로 보기에 단결한 '아랫것들'이 이례적인 종류의 현행적 정치적 결과들을 산출했다고, 즉 다중이 그것에게 고유한 역량에 따라 다중으로서 행동할 수 있음을 인정하고 있지만, 홉스의 비난에 따르자면 다중의 의미는 자신들의 미천한 탄원서들을 제출하기 위해 날마다, 해마다, '한 사람씩' 의회로 간 외로운 개체들의 의미에 상응한다.[1]

정확히 이 점에서 스피노자와 홉스는 가장 대립되는 것으로 보인다. 스피노자가 홉스와는 반대로 상술한 바와 같이 다중은 '하나의 정신을 갖고' 다중에게 고유한 역량을 지닌, 다중이 다중으로서 행동과 말을 할 수 없거나 그러한 다중의 행동들이 실제로 한 사람씩 말하는 연속하는 사람의 등가물이라고 믿는 누군가보다 오래 살아남을 수 있었던 군주는 없을 것이다. 더욱이 스피노자의 관점에서 보자면, 일제히 행동하는 많은 인간이 보다 많은 역량을 지니며 따라서 개별적으로 행동하는 개인들보다 더 많은 권리를 갖는다. 그리고 홉스는 『비히모스』에서 충분히 논증하고 있다. 대화에 참여한 한 사람이 처음에 매우 명확하게 이를 설명한다. 어째서 찰스 1세는 "사람들이 자신에게 대항해 단결하지 못하도록"(Hobbes, 1990: 2) 충분한 군대를 보유하지 않았는가? 이 근본적인 질문에 대한 답변은 단순히, 혹은 무엇보다 먼저 찰스 1세가 그러한 군대를 위해 지불해야 하는 돈이 (의회의 반항 덕분에) 부족했다는 사실에 있지 않다. 심지어 더욱 결정적인 것은 일반 대중으로 구성될 수밖에 없는 군대 자체는 사람들

---

1) 첫번째 시기의 장기 의회가 수반한 대중동원들과 의회에 미친 대중동원들의 효과에 관한 설명은 다음을 보라. Manning(1991).

로 하여금 그들의 의무들을 수행하도록 강요하기에는 믿을 수 없다는 사실이다. "만약 사람들이 자신들의 의무를 알지 못한다면, 무엇이 그들에게 법률을 준수하도록 강요할 수 있는가? 당신은 군대라고 말할 것이다. 그러나 무엇으로 군대를 강제해야 하는가?"(Hobbes, 1990: 59) 특히 군대는 "선동가들에 의해 … 전염되었다"(Hobbes, 1990: 160). 홉스는 이를 통해 "왕의 검, 즉 그의 권리gladius, sive jus는 실제로 다중 자체의 의지이다"(TP, 7장 25절)라는 스피노자주의 그리고 (마키아벨리주의) 격언의 진리를 인정했던 것 아닌가? 그러나 홉스가 적어도 한 가지 의미에서 다중의 역량을 네그리(Negri, 1981a)의 의미대로 '구성적인' 것으로 인정한다면(그들이 그로 인해 어떠한 권리를 획득한다고 인정하지 않더라도), 왜 그는 정치에 대한 자신의 개념화로부터 그렇게 단호하게 다중을 배제시키는가? 스피노자의 관점으로 홉스를 해석하게 되면 홉스의 정치학에는 어쩌면 중심이 될 개념이 단지 부재하다는 것을 알게 되는 것만이 아니라 이러한 배제가 홉스에게 있어 가장 중요한 이론적 목표들 중 하나임을 이해할 수 있게 된다. 그는 그저 다중은 법적 실존을 갖지 않으므로 따라서 권리를 주장해서는 안 된다(또는 허용되어서는 안 된다)는 것을 보여 주고자 하는 것이 아니다. 그는 더 나아가 다중은 개체적인 부분들 이상의 어떤 것으로도 존재할 수 없으며 군주에 대한 서로의 복종의 협약 이외에 가능한 개인들 사이의 통합의 형식이 없음을 (사람들을 설득해 그들의 의무를 수행하도록 하기 위하여, 특히 그렇게 하기 위해 병력에 의존할 수 없다는 것을 고려하면) '입증'하여야 한다. 그러므로 반란은 언제나 잘못된 것일 뿐 아니라 불가능하기도 하다(또는 적어도 그렇게 보이도록 만들어져야 한다)(Matheron, 1985b: 167).

이러한 증명을 위해 내디딘 최초의 대담한 발걸음은 자연 상태를 상술하는 것이다. 복종과 권위의 관계들이 전체의 적절한 작동에 필수적인 위계적인 질서로서 자연의 목적론적 통념에 기초한 국가와 군주에 대한 복종의 낡은 정당화(가장 포괄적인 잉글랜드의 표현이 리처드 후커Richard Hooker의 『교회정책법』[1600]인 비전)는 더 이상 복종에 동기를 부여할 수 없었다. 반역과 그 여파는 의심할 여지없이 충분하게 그것을 입증하였다. 필요한 것은 정념에 대한 더 큰 호소이며 사람들의 행동을 규정하는 다른 어떤 정념보다 큰 것은 공포, 특히나 죽음에 대한 공포이다.[2] 그러므로 자연 상태는 원시의 상태라기보다는 돌이켜보면 트라우마와 경악만을 경험할 수 있는 조건이라는 점에서 인간이 언제라도 퇴보할지 모르는 생존에 적합하지 않은, 생존할 수 없는 조건이었다. 『리바이어던』 13장에서 자연 상태에 대한 추론은 엄밀하다. 부족한 대상들에 대한 욕망의 유사성과 더불어 육체적 힘과 지성이라는 문제에 있어 인간의 평등성은 제로섬 게임의 시작을 보장한다. 그리고 "능력의 평등에서 희망의 평등이 생긴다. 즉 누구든지 동일한 수준의 기대와 희망을 품고서 목적을 설정하고, 그 목적을 달성하기 위해 노력한다. … 즉 침략자가 다른 사람의 하나의 역량 이외에는 두려워 할 것이 없는 곳에서는, 누군가 농사를 짓거나 안락한 거처를 마련해 놓으면, 다른 사람들이 결합된 힘들이 준비되자 그의 노동의 열

---

2) 자기 보존이 자연의 첫째 법칙이라고 선언함에도 불구하고 홉스는 다른 공포들이 죽음의 공포보다 더 중요하다고 믿었다. 특히나 지옥의 고통을 피하고 더할 나위 없는 행복을 성취하기 위해 설교자들에게 복종하도록 다른·이들을 확신시키는 것으로 그들의 권력을 증가시키려는 설교자들에 의해 인간에게 주입된 "영원한 고통"[Hobbes, 1968/2권 116]의 공포. 또한 명예욕 같은 몇몇 정념들은 죽음의 공포를 이긴다. 물리적 죽음의 공포보다 잠재적으로 더 큰 공포들과 정념들은 반역과 무질서의 원천들이었고 홉스는 그것들을 매우 심각하게 여겼다. 『리바이어던』의 3부와 4부는 유물론적 종교비판에 해당하는 것에 바쳐진다. 다음을 보라. Johnston(1986).

매를 약탈하고 심지어는 생명이나 자유까지 몰수하고 박탈할 가능성이 언제든지 있다"(Hobbes, 1968, 184/1권 169~170). 개인이 살아남기 위해 필요한 타인들에 대해 앞서 공격하는 것, 선제 살인 혹은 타인들을 노예화하기는 그를 위험에 빠지게 하는 누군가가 없을 때까지는 오직 합리적인 과정——그러므로 그 어느 곳도 피난처가 될 수 없는 "만인에 대한 만인의" 필연적인 영속적 전쟁이다.

추론은 사실상 대단히 엄밀해서, 만약 우리가 철저하게 논의들의 고리를 따라간다면, 참으로 고독한 개인주의, 너무나도 절대적인 인간적 반-사교성에 도달하게 되어 인간 종족의 주기적인 재생산의 가능성이 의심된다. 따라서 홉스 이론에서 교착 상태들 중 하나는 가족이다.[3] 모순은 『리바이어던』 13장에도 이미 있다. 만인에 대한 만인의 전쟁이라고 정의되었던 자연 상태는 일반적으로 원시적인 조건으로 존재하지 않았다. "나도 전 세계에 걸쳐 그런 상태가 보편적으로 존재했다고 생각하지 않는다. 하지만 아직도 그렇게 살고 있는 지역들이 많이 있다. 아메리카 곳곳에서 많은 야만족들이 오늘날에도 여전히 국가가 없는 상태에서, 앞에서 말한 바와 같은 잔인한 삶을 살아가고 있다. 기껏해야 몇몇 가족들이 모여 본능적 욕망에 따라 일시적으로 합의를 이루어나갈 뿐이다"(Hobbes, 1968: 187/1권 173). 홉스와 동시대인으로서 가부장적 절대주의 이론가인 로버트 필머는 자연적 사랑으로 묶인 가족들의 실존이 다른 모든 개인에 대한 모든 개인

---

3) 리처드 애슈크래프트(Ashcraft, 1988)는 홉스가 가부장적이고 계약주의적 접근들의 "올바른 혼합"을 창조함으로써 자연 상태에 대해 모순적인 설명들로 보이는 것을 조화시키는 데 성공했다고 주장한다. 나는 그의 저작이 설명되어야만 하는 엄연한 피할 수 없는 불일치들을 보여 준다는 점에서 필머와 클라렌든과 같은 홉스의 동시대인들에게 동의해야 할 것이다.

의 전쟁이라는 통념과 모순되지 않는지를 물으면서 이 구절을 참으로 만족스럽게 지적하였다. 그리고 오히려 자연 상태에 대한 홉스의 정의에 따르면, 부모들이 그들의 자녀를 제거되어야 할 잠재적 경쟁자들 혹은 선제적인 공격이 인정되어야 하는 미래의 적들로 합리적으로 고려하지 않는 것에 대해 묻는 것은 전적으로 타당하다. 대략 같은 몸집과 지성의 또 다른 개인(적어도 어떤 방식으로 억제되거나 덜 강하게 되지 않는 또 다른 개인)의 단순한 접근은 합리적으로 무시될 수 없는 위협을 구성하기 때문에, 당연히 같은 질문이 부부 관계 자체에 던져진다. 더욱이, 자연적 사교성의 이론들이 강하게 주장하는 경향이 있는 것처럼 가족 구성원들 간의 사랑이 자연적이라면, 어째서 일반적으로 인간 존재들 간에는 안 되는가?[4]

엄밀하게 말하자면, 절대주의의 가부장적 정당화와 사회 모델로서 가족을 배제하기 위하여 홉스는 남성과 여성 간의, 부모와 자식 간의 본래적 평등을 가정하면서 가족을 급진적으로 재개념화해야만 했다. 그러므로 성별 간에는 지배와 종속이라는 자연적 관계들이 없다. "일부 사람들은 남성이 우세한 성性이기 때문에 자식에 대한 지배권을 남성에게 복종시키고 있지만 이것은 오산誤算이다. 남녀 사이에는 힘이나 사려의 차이가 전쟁 없이 결정할 수 있을 정도로 항상 존재하는 것이 아니다"(Hobbes, 1968, 253/1권 266). 동일한 방식으로 아이에 대한 부모의 권리, 부권적 지배의 권리는 부모가 낳은 자식이라는 자연적 결과가 아니라 "자식의 동의에서 생긴다. 이

---

4) 『리바이어던』 17장에 유사한 비일관성이 있다. 거기에서 홉스는 "모든 인간은 타인에 대한 경계심을 품게 되고, 따라서 자기 자신의 힘과 기량에 의지하려 들 것이다"라고 자연 상태에 대해 말한다. 그러나 그 자연 상태에서 "사람들이 소가족으로 생활을 영위해 왔다"(Hobbes, 1968: 224/1권 228)는 것도 동일하게 사실이다.

동의는 명시적으로 선언된 것일 수도 있고, 기타 쉽게 알 수 있는 증명에 의한 것일 수도 있다"(같은 곳). 누군가는 부권적 지배에 '동의하는' 아이나 아기의 의미에 관해 질문할 수 있다(특히 동의에 대한 "쉽게 알 수 있는 증명"이라는 구절이 자신들의 동의를 말로 표현하기에는 너무나 어린 아이들을 가리킨다고 가정한다면). 물론 홉스에게 있어 당연한 일이지만 그 대답은 폭력적인 죽음에 대한 위협과 힘에 있다 "자식이나 자손들을 복종시켜 지배하면서, 복종을 거부하면 멸한다(인간은 그들의 자녀들을 그들에게 복종하도록 만들며, 그들이 거부한다면 그들을 파괴할 수 있는 그의 정부에 그들의 자녀들이 복종하도록 만든다)"(Hobbes, 1968: 228/1권 233). "이성에 대한, 서로에 대한 , 또한 자녀에 대한 자연적인 경향"뿐 아니라 시민 상태 외부에 있는 가족 구성원 간의 자연적 사랑을 그가 용인하고 있음에도 불구하고, 홉스는 자연 상태를 정의한 자신의 논리로 인해 가족을 주인과 그의 (혹은 그녀의 — 자연 상태에서 매우 현실적인 가능성) 노예들 사이에 일종의 일시적 관계들(그런 모든 관계들이 일시적인 것처럼), 한 배우자가 다른 배우자와 그들의 자식의 복종을 강요하기 위해 힘을 사용하고 그들이 거부한다면 그들에게 폭력적인 죽음을 가할 수 있는 능력에 의해 유지되는, 혹은 권리의 자발적 이전에 근거한 인위적 실재로서 여기게 된다(Hobbes, 1968: 253/1권 266). 만약 홉스가 환원불가능한 인간적 사교성의 기호로서 가족에, 혹은 인간적 통치를 위한 모델로서 가족의 자연적 질서에 대한 어떤 호소도 막는다면 이는 역시 필연적이다.

그러나 홉스가 종의 재생산을 설명하기 위해 어쩔 수 없이 자연 상태에서 가족을 설명하는 것이라면, 설명하기에 한층 어려워 보이는 그의 주장에 다른 모순이 존재한다. 앞서 인용한『리바이어던』13장의 구절에서 홉스는 "즉 침략자가 다른 사람의 하나의 역량 이외에는 두려워 할 것이 없는 곳에서는, 누군가 농사를 짓거나 안락한 거처를 마련해 놓으면, 다른 사람들이 결합된 힘들이 준비되자 그의 노동의 열매를 약탈하고 심지어는 생명이나 자유까지 몰수하고 박탈할 가능성이 언제든지 있다"(Hobbes, 1968: 184/1권 169~170[번역 수정]). 그러므로 홉스는 비록 모두가 이익을 얻는 군사적 동맹의 형식에서라면 자연 상태에서 결합의 가능성을 인정한다. 그러나 다음 문장이 주장하는 바와 같이, 그러한 동맹은 언제나 일시적이다. "그리고 그 침략자 또한 같은 종류의 침략을 당할 위험이 있다." 실제로, 홉스는 "결합된 힘들"이라는 복수형에서 승리했지만 이제는 다른 "힘들"에 의해서가 아니라 단지 "또 다른 사람"에 의해 침략의 위험에 처해 있는 홀로 있는 침략자(그의 동료 침략자들은 설명 없이 사라졌다)라는 단수형으로 슬그머니 이동했다. 이 생략된 구절에서 결합은 등장할 때 그랬던 것처럼 갑자기 사라지며, 이것의 등장은 이것의 사라짐만큼이나 거의 언급도, 설명도 되지 않았다.[5]

홉스는 『리바이어던』 17장에 등장하는 적어도 얼마간 유사한 구절에서 생략을 자세히 채워 넣는다. 여기에서 그는 "안전"을 위해 자연 상태에서 "소수의 인간이 합칠"(Hobbes, 1968: 224/1권 228[번역 수정]) 가능성에 대해 말한다. 그러나 그는 계속해서 비록 패배하지 않더라도 더 많은 적을

---

5) 홉스에 대한 최근 영미의 주석들에서 가장 현저한 주제들 가운데 하나는 정확히 자연 상태에서 '자기-방어 협동조합들'(self-defence cooperatives)이라고 말하는 것의 가능성이었다(Kavka, 1986). 그러한 주석들이 종종 뛰어난 독창성으로 홉스의 텍스트에서 놓치고 있는 논변들을 제공하려고 시도하는 반면에, 나는 단지 언제 그리고 어디에서 논변들이 등장했거나 사라지는지에 주목하며 왜 그 텍스트가 어구를 생략하고, 어떤 점들에서 일관되지 않고 심지어 모순적인지에 대한 몇몇 통념들을 제공할 것이다.

저지할 수 있는 정도의 강력한 힘을 구성하기 위해 다른 이들과 합치는 것이 자연적일지라도, 그러한 동맹은 지속될 수 없으며 동맹이 시작된 목적을 달성하는 한 지속될 수 없다고 명기한다. 따라서 자연 상태에서의 결합 가능성이란 빼앗기기 위해서만 주어지며, 국가의 외부에서 자신을 보존하려는 개체가 폭력적인 죽음의 세계에 빠져 있는 것을 발견하는 또 다른 방식이다. 이 다중(그리고 다중은 오직 그것의 단수다)을 구성하는 개별적 인간들의 행동들이 "각자 자신의 판단과 욕구에 따라 움직인다면 공동의 적에 대한 방위를 전혀 기대할 수 없으며, 또한 상호간의 권리침해에 대한 보호도"(Hobbes, 1968: 224/1권 229) 있을 수 없기 때문이다. 그러한 개체들이 합의된 계획을 이행하기는커녕, 공격을 하든 방어를 하든 어떤 행위 계획에 도달한다는 것은 정확하게 불가능할 것이다. "가진 힘을 최대한 발휘하는 방법에 관한 의견이 제각각일 경우에는 서로 돕는 것이 아니라 오히려 방해가 되고, 무익한 내부 대립으로 말미암아 힘을 소진하게 된다."[6] 이러한 원심적 경향들은 일시적인 지도자 혹은 장군의 선출을 통해 상쇄될 수 없다. 비록 다중이 적에 대해 승리를 얻어 낼 정도로 충분히 길게 결합할 수 있을지라도, "그 후에 공동의 적이 없거나, 혹은 일부 사람들이 적으

---

6) 『리바이어던』, 17장, 224~225(1권 228~229). 우리는 이 구절이 불가피하게 분할된 다중의 인간은 "극소수가 단결한 집단과 대적해도 쉽게 제압당할 뿐만 아니라, 공동의 적이 없을 때에는 각자의 이해관계 때문에 내란이 벌어진다"는 주장에 직접적으로 이어진다는 점에 주목해야만 한다. 그러나 홉스는 이제는 분리되어 있어서 결합에 동의한 이들에게 개인들은 정확히 피해자가 된다고 말하기 위해서만 결합하는 개인들의 가능성을 부정하지 않았던가? 즉, 자연 상태에 있는 개인들은 결합하는 이들에 의한 침략에 취약할 것이라는 결과로 인해 자연 상태에 있는 개인들이 결합하는 것은 불가능하다! '우리'가 현시점에서 성취하는 것이 언제나 불가능한 결합은 13장과 17장에서 정확하게 우리가 두려워하는 이들의 가장 무시무시한 특징만큼이나 그들의 속성으로 나타난다고만 말해 두자.

로 생각하고 있는 자를 다른 사람들은 친구로 여기는 사태가 발생하게 되면, 이해관계의 충돌로 인하여 그들은 필연적으로 분열하게 되고, 다시금 내전에 돌입하게 된다"(같은 곳).

평화는 오직 주권적 권력에 대한 복종을 통해서만 온다. 분해된 다중은 모든 다른 이들이 동일한 것을 한다는 조건에서 각각의 개체들이 자신을 지배하는 자신의 권리, 즉 모든 이가 자연적으로 소유한 권리를 포기하는 데 동의하는 "만인이 만인과 상호 신의계약을" 체결함으로써만 결합된다. 그것은 집합적 실존이 가능한 국가에 권리와 역량의 이러한 양도를 통해서만 가능하다. 오직 국가라는 인위적인 결합만이 그런 인간들에게 "외적의 침입과 상호간의 권리침해를 방지하고, 또한 스스로의 노동과 대지의 열매로 일용할 양식을 마련하여 쾌적한 생활을 보낼 수 있도록"(Hobbes, 1968: 227/1권 231~232) 보호될 수 있는 조건을 제공한다. 홉스의 설명에 따라 인간이 자연 상태에서 시민 상태로 이행하게 만들어 주는 (적어도 사람들이 그들의 이성을 중단하지 않는다면) 그러한 합의를 맺을 정도로 충분히 오랫동안 서로 신뢰한다는 것이 불가능하며, 어떻게든 합의에 도달한다면 그것을 유지시키는 불가능하다는 것을 고려하면 어떻게 우리가 홉스의 자연 상태를 문자 그대로 받아들여야 하는지에 대해 몇몇 주석가들은 그럴듯한 이유로 의문을 제기한다(Hampton, 1986: ch. 2). 그러나 아마도 그들은 틀린 질문들을 하고 있다. 왜냐하면 홉스를 걱정하게 하는 것은 자연 상태에서 시민 상태로의 이행이 아니기 때문이다. 사실, 그가 인정하는 대로, "완전한 자연 상태"와 만인에 대한 만인의 전쟁은 일반적으로 오늘날의 국가에 앞서 존재하지 않았기 때문에 그러한 이행들은 비교적 거의 없었다. 그러한 조건들은 홉스의 시대조차 이런 '야만적' 인간들이 설립이라기보다는 획득에 의한 국가의 이익들을 누렸던 것이 매우 분명한 아메리카와 같은 장소들에만 오직 존재한다(Hobbes, 1968: 187/1권 173). 사실, 계약, 위임 그리고 설립에 의한 국가, 자유롭고 평등한 개체들에 의한 자발적인 자연권의 이전에 대한 약속, 한마디로 홉스의 정치 철학을 구별하게 해주는 모든 요소들에 대한 모든 정교한 논의들은 『리바이어던』의 끝에 국가의 기원을 묻는 (그러므로 자연에서 사회로의 어떤 이행에 대한) 바로 그 질문에 대한 경멸적인 일축에 의해 어떤 역사적인 실재성 혹은 타당성을 박탈당한다. "양심에 비추어 그 시작이 정당화될 수 있는 국가는 세계에서 찾아보기 어렵다"(Hobbes, 1968: 722/2권 429).

시민 사회의 필연적 기원들(역사적이거나 가설적이거나)을 기술하는 것이 아니라면 그때 홉스의 철학에서 자연 상태의 개념의 기능은 무엇인가? 자연 상태, 정확하게 그것이 기술하는 것처럼 비사교적인 개인주의가 너무나 극단적이어서 가장 기초적인 인간관계들조차 거의 인식될 수 없는 것은 사회의 기원이 아니라 군주의 권위에 맞선 (성공적인) 반란이 생산하는 조건이다. 왜냐하면 우리가 들어갔던 것처럼 하나씩 국가를 떠나기 때문이다. 그리고 모든 사람이 모든 사람과 맺은 합의는 모두에 대한 모두의, 모든 사람에 대한 모든 사람의 전쟁으로 귀착된다. 모든 반역에 출몰하는 역설이 있다. 강압적인 수단으로 무장한 군주를 타도할 정도로 충분히 강한 반란은 일제히 협력하는 많은 개체들의 작업임에 틀림없다. 그러나 홉스가 규명한 바에 따르면, 상호 적대로 환원되지 않고 협력하는 많은 개체들의 성공적인 결론으로 이르게 될 필연적인 조건은 바로 그들이 타도하려는 군주의 실존이다. 반역자들의 성공은 오직 그들 자신의 실패의 원인이다. 즉, 그들이 "군주제를 폐지하는" 순간, 그들은 "무질서한 다중의 혼란으로 되돌아간다"(Hobbes, 1968: 229/1권 236[번역 수정]).

동시에, 다른 이들 가운데 진 햄프턴이 주장한 대로, 홉스에 대한 몇몇의 왕당파 반대자들은 올바르게 『리바이어던』을 "반역자의 교리문답서"라고 불렀다(Hampton, 1986: 197~207). 결국, "어느 누구에게든 자기 자신의 행위에서 생겨나지 않은 의무는 단 하나도 없다. 모든 인간은 똑같이 날 때부터 자유롭"고 "모든 신민은(백성은) 어떤 신의 계약으로도 그 권리를 양도할 수 없는 일에 대하여는 자유를 가지기"(Hobbes, 1968: 268/1권 289) 때문이다. 이것은 정말 우리가 절대주의 국가의 정당화가 목표라고 선언된 저작에서 찾기를 기대하는 종류의 학설이 아니다. 홉스는 심지어 다음과 같이 말하기조차 한다. 우리는 국가의 대표자들을 포함하여 우리를 죽이려 하거나 상해를 입히거나 단지 투옥하려는 어느 누구에게도 저항할 권리를 갖는다. 그리고 이것은 우리에게 내려진 선고의 정의와 무관하다. 더욱이, 우리는 또 다른 이를 죽이는 것을 거부할 권리를 갖는다. 그리고 심지어, 우리가 국가를 위험에 빠뜨리지 않는다는 조건에서 "위험한 직무나 혹은 불명예스러운 직무를 집행하는 것을"(Hobbes, 1968: 269/1권 290) 거부할 권리를 갖는다. 그리고 문제의 개체를 제외하고 누가 그러한 결정을 할 수 있는가? 그래서, 홉스는 우리의 보존에 위협을 구성하는 것, 그리고 자기 보존의 이유로 군주에게 의문을 제기할 일반화된 권리에 사적 해석의 길을 열어 놓는다.[7]

---

7) 햄프턴(Hampton, 1986)은 홉스가 우리의 생존에 위협으로 여겨질 수도 있는 처벌들을 제한하지 않는다고 가정하는 오류를 범한다. 사실 그것들은 매우 정확하게 감금, 절단 혹은 죽음으로 나열된다. 다른 형태의 처벌, 특히 재산 몰수(홉스의 청중과 같은 사람들에게 훨씬 더 많이 행사될 것 같은 처벌의 한 형태)는 특히 홉스의 국가에서(Hobbes, 1968: 367~368/1권 419) 절대적

그러나 홉스가 우리에게 승인했던 권리들과 자유들을 좀 더 면밀하게 탐구해 보자. 국가에 대항해 그것이 부당하다고 믿으면서 무기를 든 개인이 궐석재판으로 사형선고를 받았고(만약 그가 이미 국가의 구금하에 있다면 그의 권리들은 무의미해질 것이다) 이 개인은 저항할 권리를 갖고 있다. 국가의 입장에서 국가는 마음대로 그를 체포해서 처형하기 위해 모든 힘을 사용할 권리를 갖는다. "만약 주권자의 폐위를 기도하다가 살해되거나 처벌을 받을 경우, 이 처벌은 자기 자신이 내린 벌이다. 왜냐하면 그 자신이 주권자가 하는 모든 행위의 장본인이 되도록 설립되어 있기 때문이다. 또한 자기 자신의 권한으로 자기가 처벌받을 짓을 하는 것은 불의이기 때문에, 이것 역시 불법이다"(Hobbes, 1968: 229/1권 236). 자신의 저항권에도 불구하고 반역자는 그러므로 주권자에 대항하고 자신에 맞서(그렇게 함으로써 자연법을 위반하며 자신의 권한으로 자기 자신을 파괴한다) 이중의 불의로 유죄이다. 그러나 훨씬 더 중요하게, 개체로서 개인들만이 저항권을 가진다. 즉 다른 이들은 그들도 사형선고를 받지 않았다면 그를 도울 권리를 갖지 못할 뿐만 아니라 주권자의 결정들을 인정해야만 한다. 즉, 범인 체포와 처형을 도와야 한다. 정당한 저항은 홉스 자신의 정의에 따르면 전체 시민들에 의해 지지되는 국가의 압도적으로 강제적인 힘에 맞선 잠재적으로 무력한 단 하나의 개인의 행동들로 축소된다.

동시에, 홉스가 자기-보존에 대한 양도할 수 없는 권리를 모든 다른 권리들이 주권자에게 이전되기 위한(즉, 자신을 지배하는 권리의 양도의 자

재산이 없다는 것을 고려하면 정당하게 범죄자들이 저항할 수 없었다. 17세기 정치의 맥락 안에서 이것은 사소한 특징이 아니었다.

발적이고 이기적인 본성을 증명하는 방법으로서) 합법화의 토대이자 항구적 원천으로 만들었다는 사실은 실질적인 (어쨌든 대중적) 반란의 마지막 가능성을 열어 둔다. "그러면 이런 경우는 어떻게 될까? 가령 다수의 사람들이 한 무리가 되어 부당하게 주권자의 권력에 저항했거나, 또는 사형에 해당하는 중죄를 범하여, 한 사람도 남김없이 사형에 처해질 것이 분명한 경우, 그들 모두는 단결하고 협력하여 자신들의 목숨을 지킬 자유는 없는 것일까? 이 경우 확실히 그럴 자유가 있다. 자신들의 생명을 지키는 것이기 때문이다. 이것은 죄가 있고 없고를 떠나서 모든 인간에게 허락된 자유이다"(Hobbes, 1968: 270/1권 291~292). 진 햄프턴이 주장했던 것처럼 홉스는 "국가에서 어떤 반란 행위를 올바른 것으로서" 용인했을 뿐만 아니라 "반란 행위가 일단 발생하면 국가에서 반란 행위의 지속을 옹호하는 데 헌신한다"(Hampton, 1986: 199~200)라고 보아야 할까? 이조차 분명하지 않다. 한 무리의 개인들이 사형선고에 처하는 한에서 (그러한 선고를 받을 만하기 위해서 각각의 사람들이 저지른 특별한 불의가 무엇이건 간에) 홉스는 그들이 "서로 협력하여 자신들의 목숨을 지킬" 권리를 갖는다고 말하며 그러한 집단에 의한 행위는 "그것이 오직 그들의 사람들을 지키기 위한 것이라는" 조건하에 정당하다고 말하기 때문이다. 자기방어의 권리가 국가를 파괴하고 주권자를 타도하는 데까지 확장되는지는 전혀 분명하지 않다. 그리고 선고받은 이들의 일시적인 결합을 허용하는 자기방어의 단순한 권리조차 주권자를 위협하는 대중을 자율적이고 적대적인 개체성들로 축소하는 주권자의 단일한 행위에 의해 소멸된다. "그러나 사면 받은 경우에는 더 이상 자기방어를 구실로 내세울 수 없다. 따라서 사면 받은 자가 나머지 사람들을 계속해서 원조하거나 방어하는 것은 불법행위가 된다"(Hobbes, 1968:

270~271/1권 292[번역 수정]).

　인민이 결합하지 못하게 하는 것, 이것이 홉스의 국가의 기능이고 모든 주권자의 정책의 정의로운 목적이다. 만약 홉스의 정치학에서 개체화가 자연 상태의 설명에서(예를 들어, 가족과 상호 이득을 위한 일시적인 연합)와 시민 상태의 논의에서(다중) 어떤 점들에서 미끄러진다면, 그것은 홉스가 인정할 수 없거나 표명조차 할 수 없는 논제를 논파하려고 하기 때문임이 확실하다. 만약 이 논제가 표명된다면 그것은 홉스의 체계 전체의 기반을 약화시킨다. 우리가 기대할 수 있는 것처럼, 스피노자는 주저 없이 이 논제를 아주 대놓고 말한다. 최고 권력의 권리는 오직 그것들의 힘까지만 확장되기 때문에, 그것은 국가에서 아주 많은 인민을 분노하게 할 수 있는 것을 할 권리를 갖지 않는다. 이것은 최고 권력에 대한 사법적이 아닌 물리적인 한계이다. "희망 혹은 공통의 공포 때문이든 공통적으로 입은 어떤 손실을 복수하려고 안달이 났든, 인간이 자연적으로 단결하게 된다는 것은 사실 확실하다"(*TP*, 3장 9절)[8]. 이것은 합법성의 문제, 압제에 대한 반역의 권리의 문제가 더 이상 아니다. 그보다는 그것은 권력의 물리학, 작용과 반작용, 대립하는 힘의 양들 사이의 관계들의 문제이다. 인간은 본성에 의해 반역으로 결합하도록 인도된다. 그들의 결합은 어떤 종류의 매개의 결과가 아니다. 그것은 단지 발생하는 것이다. 다중의 힘에 대립하는 힘이 실존하는 한 저항과 반란이 있으며, 있을 것이다. 홉스의 체계가 동시에 부정하고 금지하려 안간힘을 쓰지만 결국 다중은 행동할 수 없다는 너무나도 명

---

8) [옮긴이] 원문에는 이 인용문의 출처가 7장 9절로 되어 있으나, 인용문은 3장 9절에 수록되어 있다.

백하고 역설적인 본성을 지닌 주문呪文의 도움으로 겨우 피할 수 있는 것은 이런 사실이다.

2. 폭군으로서 스파르타쿠스: 로크의 대중들의 공포

> 1673년에, 코로만티 노예들이 자메이카의 성 앤 교구의 리비의 농장에서 들고 일어나 여남은 백인을 죽이고 무기를 탈취하고 클라렌든과 성 엘리자베스 교구들 사이에 있는 산으로 달아났다. 거기에서 그들은 거듭된 공격에 그 수가 줄었지만 결코 완전히 축출되지는 않았다. 3년 후에 성 메리 교구에서 심각한 이반이 있어 그 지역에 계엄령이 선포되었다.
> ― 마이클 크레이튼,『속박의 검토』

> 스파르타쿠스, 트라키아 태생으로 로마의 군인으로 복무하였으나 죄인이 되어 검투사로 팔렸고 카푸아의 검투사 훈련소에 있다가 70명의 동료들에게 관객들의 즐거움이 아니라 그들의 자유를 위해 싸울 것을 설득했다. 그들은 경비원들을 물리치고 달아나 사람들에게서 빼앗은 곤봉과 단검으로 무장하고 베수비우스 산에 은신처를 마련했다. 거기에서 많은 도망온 노예들과 심지어 전장에서 온 자유인들조차 스파르타쿠스에게 가담했고 그는 이웃한 지역을 강탈했다. … 그가 약탈품을 공평히 나눔에 따라 그는 곧 많은 사람들을 갖게 되었다.
> ― 아피아누스,『내전』

발가벗은 최저생활 이상이 좀처럼 될 수 없는 노동자의 몫은 결코 그 인간의 신체가 그들의 사고를 향상시키거나 그들의 몫(하나의 공동 이익)을 위해 부자들과 싸우는 시간 또는 기회를 허락하지 않는다. 하나의 보편적 소요로 그들을 결합시키는 몇몇 공동의 큰 곤경은 그들로 하여금 존경을 잊게 만들고 대담하게 무력으로 그들의 빈곤을 타개하도록 한다. 그러고 나서 때때로 그들은 부자들을 집어삼키고 폭우처럼 모든 것을 쓸어버린다. 그러나 이것은 태만하거나 잘못 관리된 정부의 실정에서를 제외하면 좀처럼 일어나지 않는다.

— 존 로크, 『이자 인하와 화폐가치 인상의 결과들에 관한 몇 가지 고찰』

절대주의를 정당화하는 것이 아니라 정확하게 그것에 대한 거의 완벽한 반박을 제공하는 것이 관심이었던 로크가 홉스의 정치적 개인주의를 낭비한다는 혐의를 받을 수는 없을 것이다. 홉스는 국가를 전복하는 것은 잘못된 것이거나 불합리하며 당국이 인민의 파괴에 착수하는 드문 사건에서 시민 상태는 개인들이 자신들의 삶을 보존하기 위해 전쟁, 폭력 그리고 사기라는 가장 기본적인 덕목에 기대게 되는 자연 상태로 분해된다고 주장한다. 반면에 로크는 군주 혹은 입법부가 인민의 믿음에 반해 행동할 때 인민이 정부를 끝내 버리는 것이 정당하다고 여길 뿐만 아니라 그렇게 할 때 홉스가 주장했던 것보다 정당한 합의의 훨씬 더 좁은 정의를 제공한다. 특히 홉스의 경우 완곡하게 부른 "획득에 의한 국가"("여기에서 주권적 권력은 힘에 의해 획득된다")는 거의 드문, 아마도 심지어 실존하지조차 않는 "설립에 의한 국가"(여기에서 모든 인간은 다른 모든 인간들이 똑같이 할 경우 자신의 통치권을 포기하기로 동의한다)보다 훨씬 더 흔한 반면에, "완전한 자연 상태에서 공포에 의해 맺어진 신의계약은 지킬 의무가 있다"는 것이 주어진다면 전자는 후자만큼이나 합의에 기초한다. 『제2론』[9]의 16장 「정복에 관하여」에서, 로크는 정복은 결코 "정부의 기원"(Locke, 1960: 431/167, § 175)이 될 수 없다고 주장하면서 합의에 대한 홉스의 헐거운 정의를 직접적으로 반박한다. 로크의 경우, "부당하게 다른 사람의 권리를 침해한" 정복자가 "그러한 부당한 전쟁으로 정복한 자들에 대해서 결코 어떠한 권리도 가질 수 없다"(Locke, 1960: 432/167, §176[번역 수정]). 폭력에 의해 진압된 주민의 묵인이 현실적 합의를 구성한다는 것을 가정하는 것은 "강도와 해적에게 그들이 지배할 만큼 충분한 힘을 갖고 있는 어떤 대상에 대해서도 지배의 권리를"(Locke, 1960: 432/167, §176[번역 수정]) 주는 것이다. 정복자들이 그들의 희생양들에게서 약속 혹은 맹세를 갈취할 수 있다는 것은 좀처럼 놀라운 것이 아닌 반면에, 그러한 약속은 로크의 관점에서 그의 목에 단검을 대고 있는 어떤 강도에게 어떤 사람이 한 약속들만큼이나 무효다.

만약 이러한 합의에 대한 설명이 『통치론』을 리처드 애슈크래프트가 말한 것처럼 배척위기와 이른바 명예혁명이라는 특정한 맥락에서 "급진적 선언"[Aschcraft, 1986: 521~589]으로 확립하기에 충분치 않다면, 로크는 훨씬 더 나아갈 것이다. "그러나 승리가 정당한 자의 편을 드는 것으로 가정하고 합법적인 전쟁에서 정복자의 지위를 고려하면서 그가 어떤 권력

---

9) [옮긴이] 한국에서는 『제2론』만을 『통치론』이란 제목으로 번역하고 관행적으로 사용한다. 하지만 『통치론』을 구성하는 시기를 달리하여 쓰인 『제1론』과 『제2론』에 대해 영미학계의 관행에 따라 저자가 『통치론』, 『제1론』, 『제2론』을 구별하여 사용하기 때문에 『제2론』을 『통치론』으로 옮기지는 않는다. 하지만 독자들은 『제2론』과 『통치론』을 동일한 것으로 생각해도 상관없다.

을 누구에 대해서 가지는가를 살펴보자"(Locke, 1960: 433/169, §177). 어떤 합법적인 정복자조차 그가 행사하는 '권력'(이 구절과 『통치론』 전반에서 사법적이고 물리적인 의미들 사이에서 흔들리는 용어)에 대한 엄격한 제한들이 있기 때문이다. 정당한 전쟁의 승리자는 그에 맞서 싸운 자들의 사람들에 대해 "순전히 전제적인"(Locke, 1960: 434/171, §178) 권력을 요구할 수 있지만 거기에서 그의 권리는 끝난다. 그는 전쟁에 참가한 자들의 "재산" 혹은 가족들에 대해 (비록 그가 승리를 거둔 불법적인 침략자에게서 손해배상금과 비용을 받아낼지라도) 지배권을 갖지 못할 뿐만 아니라 "자신과 더불어 정복에 참가한 자들"(Locke, 1960: 433/169, §177)에 대해서도 지배권을 갖지 못한다. 심지어 주권자가 '정당한' 정복을 통해 승리할 때조차, 로크가 주권자의 권리를 좁히는 것은 결국 『통치론』 18장을 시작하며 그가 선언한 것처럼 "권리를 넘어선 권력의 행사"(Locke, 1960: 446/189, §199, 번역 수정)일 뿐인 전제의 범주를 넓히는 것으로 이어진다. 물론 그렇게 넓은 정의의 결과는 아무리 대중적이고 대의적일지라도 어떤 정부인지보다 정부가 무엇을 하는지에 의해 어떤 정부도 손쉽게 예고 없이 전제가 된다는 것이며 동시에 인민의 손에 의해 정부의 해산을 필연적으로 동반하며 정당화하게 된다. 그러나 또한, 그리고 아마도 더 중요하게는, 권리와 그것의 상관물을 초과하는 권력에 대한 로크의 반-스피노자적 통념, 권력을 넘어선 권리는 인민이 할 권리를 갖고 있지 않은 것을 하는 경향과 권력을 갖고 있는 한에서 인민에 반하여 효과적으로 인용된다. 그래서 토지의 분할이 아무리 "불평등하고 불균형"(Locke, 1960, 344, §50)할지라도 토지가 없는 다수는 아무리 궁핍하고 분노하고 강력할지라도 한 사람의 재산이 생산적으로 사용되는 한에서는 결코 그것을 강탈할 권리를 갖지 못할 것이다. 그러한 행동은

"다수의 전제"의 출현을 표시할 것이다.

　그러나 다수의 전제는 『제2론』에서 의미심장한 주목을 받는다. 일반적으로, 로크가 그의 주장들 혹은 정의들을 설명하기 위해 드는 예들은 상대적으로 거의 역사적인 예들이 아니며 그가 드는 예들의 대다수는 성경에서 끌어온 것이다. 성경에서 들지 않은 예들이 등장할 때, 우리는 그것들이 조심스럽게 선택되었다는 것을 확신할 수 있다. 따라서 전제 그 자체의 어떤 역사적인 경우들을 인용하지 않는 반면에, 그는 전제가 "군주제들에만 고유한 것"(Locke, 1960: 448/191, §201)이 아니라 권력이 권리 없이 실행될 때 "권력을 그렇게 사용하는 자가 1인이건 다수이건 즉각적으로 전제가 된다"(Locke, 1960: 448/191, §201)는 것을 보여 주는 예들을 만들어 낸다. 그때 그는 두 가지 다수의 전제의 예들로서 아테네의 30인의 참주와 로마의 10인의 집정관을 든다. 첫째는 꽤 관례적인 참조이지만 두번째는 아마도 그렇게 관례적이지는 않을 것이다. 로크가 인용한 10인의 집정관들은 기원전 451년에 로마 헌법이 중단된 뒤에 절대적인 권력을 행사하고 10개조의 동판을 기초한 열 명의 귀족 집정관들이다. 짧은 시간이 흐른 뒤에 그들의 지배는 악화되어 귀족집정관 아피우스 클라우디우스의 전제로 변질되었고 아피우스 클라우디우스는 곧 군대의 침략에 의해 쫓겨났다. "무도한 지배"[Locke, 1960: 448/192, §201]에 대한 로크의 참조가 최고 지도자의 공백 기간interregnum, 그리고 그가 나중에 공화국(로크에게서 크롬웰 전제로 전락하기 이전에 '다수의 전제'와 당연히 마찬가지인)을 건설하려는 "성과가 없는 시도들"(Locke, 1960: 463/211, §223)이라 부르게 될 것과 그가 열렬하게 지지한 왕정복고 시대를 암시하는 것은 당연한 일이다.

　로크가 제시한 부당한 정복자들의 예는 그러나 훨씬 더 놀라울 만한 것이다. 역사는 권리를 넘어서는 권력을 행사했던 한 묶음의 방대한 정복자들을 제안한다. 격파한 민족들의 재산과 자유를 자신들에게 부당하게 부여했으며 로크가 그들과 비교하기를 좋아하는 (크게 보자면) 해적들과 산적들에 지나지 않는 특히나 가장 두드러진 정복자들의 예를 위해 그가 역사 문헌들을 뒤질 때, 그가 정확하게 둘을 찾아낸다는 것은 더욱더 놀라운 것이다. 하나는 영국 역사에서 선택된다. 그것은 866년 침략하여 색슨족이 다시 정복할 때까지 거의 100년 가까이 지속한 독립 왕국을 세웠던 덴마크인들의 지도자들인 힝가와 후바의 예다. 이것은 비교적 애매한 선택처럼 보일 수 있지만, 그것은 다른 민족들의 재산과 생산물을 약탈하는 방식으로 살아왔다고 하는 민족, 해적 민족인 바이킹의 이미지들을 떠올리게 한다. 그 예는 또한 제임스 2세를 방어하기 위해(그리고 1688년 이후에는 왕좌를 되찾기 위해) 프랑스 군대가 기용될지도 모른다고 두려워하던 시기에 외국의 침략(덴마크인들의 패배 이후 200년 뒤에 노르만인들의 침략과 달리, 결국 격퇴된)이라는 주제를 다룬다.

정당한 전쟁의 승리자조차 그의 권리의 한계를 넘어선다면 정복자와 다를 바가 없어지는 '전제적 정복자'의 다른 예는 훨씬 더 의미심장하다. 그것은 로크의 주장과 두드러지게 맞지 않아 그 자체로 터무니없을 뿐만 아니라 또한 매우 중요하게도 내 생각에는 그것의 낯설음이 주목받지 않았다. 로크의 많은 유능한 독자들 가운데 이 예를 논했거나 심지어 그것의 존재를 주목했던 것으로 보이는 사람은 단 한 명도 없다. 물론 여기에는 공모가 있다. 몇 백 년간의 독자들은 이 예의 명백한 역설을 '못 본 척'해 왔을 뿐만 아니라 텍스트가 생산했지만 어디에서도 해결하려고 시도하거나 기록하지 않은 불일치로서 텍스트 그 자체에 의해 그것은 간과되어지고 있다. 우리는 그래서 로크의 불의한 정복자의 두번째 예의 완전한 부적절함을 단순한 부적절함이 아니라 로크의 주장에 현전하지만 동화되지 않는 것, 설령 부정의 행위가 우리를 부정되고 있는 것에 주목하게 할지라도 자신을 입증하기 위해 부정되어야만 하는 철학적·정치적 요소들의 징후로서 받아들일 수 있다. 문명화된 방대한 무리의 야만적인 군대들인 아시아적 무리들뿐만 아니라 인간 사회들의 역사가 생산한 아시아적 무리의 더욱 근대화되거나 문명화된 대응물들(로크는 세계의 대부분의 정부들이 "인민의 합의"보다는 "무력"에 근거해 왔다는 것을 인정했다.[Locke, 1960: 344/53, §50][10])에서 선택된 다른 '정복자'는 다름 아닌 바로 로마 노예 반란의 지도자인 스파르타쿠스이다. 이 점에서 주의 깊은 독자는 로크의 선택에 정당한 경탄을 시작할 것이다. 적어도 어떤 설명들에 따르면 로마로 향하는 길을 따라 십자가에 매달려 죽은 6천여 명의 그의 동료 반란자들과 마찬가지로 자신의 생애를 마감한 스파르타쿠스는(반면에 남아 있는 설명들은 그가 크라수스의 군단들과 마지막 전투 중에 죽었다고 주장한다) 결코 어떤 것도 찬탈하거나 어느 누구도 정복하지 않았다. 스파르타쿠스가 "이탈리아를 정복했었더라면"(Locke, 1960: 443/184, §196) 독재자가 되었을 것이라는 조건법적 서술을 하면서까지 역사적 사실로부터 시작해야 했을까? 스파르타쿠스가 이탈리아를 정복했었더라면 "그들의 재산을 침해하는 것"(Locke, 1960: 443/184, §196)[11]뿐만 아니라 정복된 인민에 대해 수립"했을" 독재에 대한 성찰은 로크로 하여금 스파르타쿠스가 '그들과의 전쟁 상태'

---

10) [옮긴이] 원문에 인용출처는 "91"이라고 되어 있지만, 올바른 인용쪽수는 344쪽이다.
11) [옮긴이] 바로 앞의 인용문과 이 인용문 모두 444쪽이 아니라 443쪽에서 인용되었다.

에 처했을 것이며 힘에 의한 스파르타쿠스의 조건법적 승리는 그에게 "밑에 종속된 사람들에게 신이 그럴 수 있는 용기와 기회를 주자"마자 "벗어던지는 멍에"에 "지나지 않는 지배권"을 그에게 주었을 것이라고 주장하는 데 이르게 한다. 그러나 질문은 여전히 대답되지 않았다. 왜 스파르타쿠스인가?

고전 고대에 대한 저술에서 스파르타쿠스에 대한 일흔다섯 개의 참고 문헌이 있다(Yavetz, 1988). 그러나 술라의 독재관 시기를 다루는 대다수의 로마 역사가들(예를 들어, 리비우스, 살루스티우스, 타키투스, 수에토니우스) 가운데 어느 누구도 스파르타쿠스 혹은 그와 밀접한 관련이 있는 노예들의 반란^bellum servile을 다루지는 않는다. 참고문헌들은 또한 키케로, 플리니우스, 소小 카토 그리고 심지어 성 아우구스티누스와 같은 다양한 저술가들에게서 발견될 수 있다. 그러나 오직 두 자료들, 즉 플루타르코스의 『크라수스의 일생』과 아피아누스의 『내전』만이 반역과 반역의 지도력으로 명성을 얻은 개인에 대해 비교적 포괄적인 설명을 제공한다. 의미심장하게, 스파르타쿠스가 도망쳐서 처음엔 육지로 마지막으로는 바다로 그의 고국 트라키아로 돌아가는 것 외에 다른 어떤 것을 하려 했다거나 로마를 정복하려 했다고 말하는 설명은 단 하나도 없다(몇몇 다른 반란자들은 갈리아의 조국을 되찾으려 했지만). 동시에, 중요하건 사소하건 스파르타쿠스에 대한 몇몇 참고문헌은 그의 노예 상태가 불의하다는 것을 언급하는 반면에(아피아누스는 그가 한때 로마 군대의 군인이었다고 기록한다), 모두, 심지어 가장 동정적인 이들도(예를 들어, 플루타르코스) 반란과 반란군이 저지른 약탈에 대해 공포에 질려 말한다. 그래서 성 아우구스티누스는 (로크가 그의 저작에서 적어도 한 번은 참고하는) 『신국론』에서 스파르타쿠스의 반란에 대해 말했다. "그들이 처음에는 소름끼치는 강도짓을 했고 다음에는 해적이 되어 용맹하게 전쟁을 치렀는데, 얼마나 많은 사건을 얼마나 가혹하게 저질렀는지 하도 엄청난 일이라서 과연 누가 이를 형언할 수 있겠는가?"(Augustine, 1909, III: 27/3권 27절)[12] 『통치론』의 서문에 따르면 1688년에 잉글랜드가 "노예 상태의 바로 직전에"[Locke, 1960: 171][13] 있는 것처럼 그때 잉글랜드와 같은 처지에 있었을 이탈리아를 스파르타쿠스가 정복을 시도했지만 실패했다고 로크가 말하는 것으로 보이는 낯선 구절이 있다. 이런 구절은 로크가 스파르타쿠스에 대한 자신의 관점을 끌어냈을 것으로 생각되는 자료들에 대한 검토에 따르면 정당화하거나 설명조차 할 수 없는 것으로 드러난다.

만약 로크에게 가용한 역사적 자료들에서 대답이 발견될 수 없다면, 구절은 그 자체로 그것이 말하는 것이 아니라 그것이 말하지 않은 것과 아마도 말할 수 없는 것, 즉, 어떤 결정적인 침묵에서 상당한 희망을 드러낸다. 이러한 침묵들은 그 구절이 두드러진 절약행위로 세 가지 지배 관계들을 전도하고 압축하도록 해준다. 노예가 주인이 된다, 피정복자가 정복자가 된다, 다수가 소수에 대해 독재자가 된다. 이들 가운데 첫번째는 놀라울 정도로 명백할 것이다. 로크는 어디에서도 스파르타쿠스가 노예였고 그의 군대가 반란 노예들의 군대였다는 사실을 인정하지 않는다. 사실, '노예'와 '노예제'라는 단어들은 『통치론』에서 스파르타쿠스에 대한 설명과 함께 어디에서도 등장하지 않는다. 어쨌든, 노예제가 도입하는 복잡한 문제를 억

---

12) [옮긴이] 원문에는 26쪽으로 되어 있으나 27쪽이다.
13) [옮긴이] 『통치론』 전체의 「서문」으로 『제2론』만을 번역한 한글판에는 없다.

누르는 것은 여러 세대의 독자들이 정확하게 그랬던 것처럼 스파르타쿠스가 정복자 힝가와 후바라는 중세적 경우와 유사한 고대적 경우로서 읽히도록 한다. 그러므로 이런 부재, 스파르타쿠스에게 바쳐진 구절에서뿐만 아니라 노예제와 관련된 보다 큰 형태의 침묵의 일부를 형성하는 저작 전체에서 노예제에 대한 어떠한 참고문헌도 부재하다는 것과 더불어 시작해 보자. 그러한 주장은 의심할 바 없이 몇몇 독자들에게 부조리하다는 인상을 줄 것이다. 어쨌든, '노예제'라는 용어가 그 저작 어디에도 없다고? '노예제'라는 용어가 『통치론』의 서문에서 첫 구절에 두 번 등장하지 않는가? 그 주제에 바쳐진 온전한 장이 없다고? 그 대답은 다음과 같은 사실에 있다. 로크는 노예제에 대해 빈번히 말하지만, 그가 비난하는 노예제는 『통치론』 서문에서 주장하는 오라녜가의 빌렘이 "민족을 구하기" 전에 잉글랜드가 "직전에" 있던 노예 상태, 그러므로 군주가 법을 만들고 오직 법령에 의해서만 조세를 제정하는 절대군주제 아래에 신민들, 그들의 인신, 재산들의 조건을 특징짓는 노예 상태이다. 절대군주 아래에서 신민들의 노예 상태에 대한 로크의 비난은 역사적으로 적어도 수백만의 아프리카인들이 면하지 못했던 다른 노예 상태에 대한 비난을 함축하는 것으로 생각되어 왔다. 하지만 오늘날 그러한 관점을 옹호하는 주석가들은 거의 없다. 게다가, 그러한 독해가 텍스트의 직접적인 증거에 반하는 추정이며 로크가 노예제 자체를 텍스트에 의해서 객관적으로 규정된 것으로서 비난하는 것이지 어떤 종류의 집합적인 오독으로서는 아니라는 것을 아는 것이 중요하다. 심지어 애슈크래프트처럼 균형감 있는 독자조차 『통치론』에서 노예제에 대한 로크의 관점은 간단하게 규정될 수 없다고 선언한다(Ashcraft, 1992). 만약 우리가 글자 그대로 로크의 주장들에 따르면서, 하지만 그가 정의로운 노예제를 찬성하며 분명하게 제기한 주장들의 역사적이고 물질적인 역할을 검토한다면, 그가 아프리카인들의 노예화와 식민지들에서 강요된 노동으로서 그들을 사용하는 것에 대해 의문을 제기하지 않을 뿐만 아니라, 특정한 노예제가 성립될 수 있는 권리의 토대를 제공한다는 것을 알게 된다.

로크는, 홉스에 이어, (마찬가지로 정복과 노예제의 고유한 도덕적 근거를 명시하는 데 관심이 있었던) 수아레즈와 같은 근대 초기 정치 사상가들에 의해 제안된 자기 자신의 주인으로서 인간은 자기 자신을 팔거나 양도할 수 있는 권리를 갖는다는 통념을 명백하게 거부한다. "인간은 자신의 생명에 대한 권력을 가지고 있지 않기 때문에 협정이나 자신의 동의에 의해 다른 사람의 노예가 될 수 없으며, 또한 다른 사람이 기분 내키는 대로 그의 생명을 박탈할 수 있는 절대적이고 자의적인 권력하에 그 자신을 내맡길 수 없다"(Locke, 1960: 325/30, §23). 절대적이거나 전제적인 다른 이의 권력에 자신을 자발적으로 종속시킬 수 있는 이가 없다는 사실은 그러나 절대적이거나 전제적인 권력의 합법적인 실행이 없을 것이라는 점을 의미하지는 않는다. 반대로, 전제적인 권력은 합법적으로 실행될 수 있을 뿐만 아니라, 그 권력에 종속된 이들은 그들이 자발적으로 한 불의한 행위에 의해 그들의 생명에 대한 그들의 권리를 "박탈하는 것"에 의해 종속되었다라고 말할 수 있다. 그래서 만약 누군가 자신을 노예로 만드는 것을 선택할 수 없다면, 합법적인 노예 상태는 합의 행위로부터 시작한다는 것은 역시 참이다. 정의로운 전쟁의 승리자는 자신의 생명을 자발적으로 박탈했던 적에 대해 그의 생명에 대한 절대적인 권리를 획득한다. 정의로운 정복자는 "(상대방이 자신의 권력하에 있는 동안) 그 목숨을 취하는 것을 연기하고, 상대방으로 하여금 노무를 제공하게 할 수 있는데, 그럼으로써 그는 그 상대방에게 어떤 해를 가하는 것이 아니다"(Locke, 1960: 325/30, §23). 사실, 적법한 노예는 겉보기에 양도 불가능한 역량을 유지한다. "왜냐하면 그가 노예로서의 고통이 생명의 가치보다 큰 경우에는 언제나, 주인의 의지에 저항함으로써 자신이 원하는 죽음에 이를 수가 있기 때문이다"(Locke, 1960: 325/30, §23). 명백히 로크가 작성한, 공개적으로 흑인 노예 제도를 옹호하는 캐롤라이나 헌법이 그의 선배들의 관념들을 표현하기보다 로크 자신의 의견들을 재현하고 있다는 것을 부정하는 애슈크래프트(Ashcraft, 1992)를 따른다면[14] 우리는 그때 『통치론』에서 로크가 스스로 1669년에 적어둔 의견을 거의 말 그대로 인용한다는 것을 알아야만 한다. [캐롤라이나] 헌법의 110조는 말한다. "캐롤라이나의 모든 자유인은 그의 흑인 노예들에 대해 어떤 의견 혹은 종교를 가질지라도 절대적인 권력과 권한을 가질 것이다"(Locke, 1993: 230). 『통치론』의 15장에 따르면 "전제적인 권력은 한 인간이 다른 사람에 대해 가지는 절대적이고 자의적인 권력이다"(Locke, 1960: 429/163, § 172).

어떻게 한 인간이 다른 인간에 대해 그러한 권력을 정의롭게 획득하게 되는 것일까? "그러므로 정의롭고 합법적인 전쟁에서 사로잡힌 포로들, 오직 그들만이 전제적인 권력에 종속된다"(Locke, 1960: 429/164). 로크의 설

---

14) [옮긴이] 애슈크래프트는 우튼 같은 이가 주장하는 것을 부정한다. 우튼은 캐롤라이나 헌법에 로크의 선배들 그러니까 새프트베리 백작 그리고 홉스와 같은 이들의 생각이 아닌 로크의 생각이 반영되어 있다고 생각한다. 그리고 참고문헌의 서지정보가 부정확하다. 정확한 정보는 다음과 같다. Richard Ashcraft, "Simple Objections and Complex Reality: Theorizing Political Radicalism in Seventeenth-century England", *Political Studies*, Mar 92, Vol.40 Issue 1, pp. 99~115.

명에서 너무 주변적인 것이어서 매우 주의 깊은 주석가들조차 텍스트 자체의 낱말들에 반하여 로크가 어떠한 가능한 형태의 노예제에도 반대하다거나 노예 상태에 대한 입장이 없었다고 주장하기 위해 간과했던 이런 권리의 설명서는 역사적으로 주변적인 것이 결코 아니었다. 『제2론』의 출간 이후 수십 년간 왕립 아프리카 회사는 아프리카 도매상인들로부터 구매된 노예들이 아프리카 국가들 사이에 벌어진 정의로운 전쟁에서 포로로 잡힌 전투원들이었다는 것을 서면으로 증명하는 정보원들을 필요로 했다는 것을 지적하는 것이 유용할 것이다. 물론, 로크가 왕립 아프리카 회사에서 설립투자자였고 1673년부터 1675년까지 무역 및 플랜테이션 위원회 비서로서 그리고 1696년부터 1700년까지 무역위원회의 일곱 감독관들 가운데 하나로서, 로빈 블랙번이 지적했던 것처럼 바베이도스, 자메이카 그리고 버지니아에서 농장주들을 매우 괴롭힌 빈번한 노예 반란을 포함하여 노예 무역의 세부사항들을 상세하게 잘 알고 있었다는 것은 매우 잘 알려져 있다(Blackburn, 1997). 예를 들어, 자신들의 주인들을 정복하기 위해 노예들을 결합시킬 수 있는 사람, 즉 아프리카의 스파르타쿠스라는 생각만큼이나 그들의 노예들이 수적으로 매우 우세하다는 것이 자메이카의 노예 소유주들에게 무서운 것이었을 수 있었다. 정확하게 그러한 인물은 (로크가 죽은 후에 그의 서재에서 한부가 발견된) 1688년에 출간된 애프라 벤의 연애 소설 『오루노코』*Oroonoko*에 의하면 비참한 최후를 당하는 것으로만 생각될 뿐이다.

그러나 노예 상태는 스파르타쿠스에 대한 로크의 설명을 흉물스럽게 하는 유일한 부재는 아니다. 물론 정복 그 자체의 문제와 피정복자들을 정복자로 만드는 설명되지 않은 전도가 또한 있다. 로크는 피정복자들의 재산에 대한 합법적인 정복자의 권리를 전쟁에서 비롯된 비용과 손해배상금에 상응하는 것의 강제징수로 제한하고 "자신과 더불어 전쟁에 참여한 자들"(Locke, 1960: 433/169, §177)에 대해서는 권리를 부여하지 않는다. 그는 그러한 전도를 그 자체로 재현하는 『제1론』의 필머에 대한 격렬한 비판에서 한 예를 제시한다. 서인도제도에서 농장주는 "아담으로부터 그에게 내려오는 군주의 절대적인 지배" 없이 인디언들이 입힌 어떤 손해에 대한 보상을 받아내기 위해 그의 일가 사람들을 모아 인디언들에게 맞설 것이라고 그는 상상한다. 나중에 다시, 그는 이때까지 전쟁과 질병으로 인해 소수에 지나지 않았던 인디언들이 [그들에 대한] 보복과 예방이 행복하게 일치하는 폭력이 완전히 정당화되는 불법적인 공격자들이라고 상상한다. 노예제의 경우와 마찬가지로 식민지 행정에서 로크의 지위는 식민주의자들이 정당하게 혹은 부당하게 인디언들에 대해 감행한 전쟁에 그를 완전히 익숙하게 만들었다. 더욱이, 인디언들은 『제2론』에서 볼 수 없는데, 유럽인들에 의한 거듭 계속되는 침해를 받게 된 토지에 대한 권리들을 소유한 '아메리카 주민들'에 대한 아마도 12개의 참고문헌이 있다. 왜 로크는 이런 불의한 정복의 예를 인용하지 않는가? 「정복에 관하여」라는 장에서 합법적인 정복자(아니면 그 문제에 관한 다른 사람이든)가 패배한 쪽이 그저 차지하고 있는 토지를 "전유하는 것"을 금지하는 것은 어떤 것도 없다. 제한들은 오직 "재산"에만 적용된다. 그리고 그것의 정의를 로크는 『제2론』의 5장에서 보여 준다. 거기에서 그는 "공유로 그리고 개간되지 않은" 땅이 "근면하고 합리적인 자들이 사용하도록" 신에게서 주어졌다고 말한다(Locke, 1960: 333/39, §34). 그리고 이런 범주들에서 5장에서 로크가 날조한(나는 이 용어를 심사숙고하여 사용한다 ─ 오직 로크의 장서들에 포함된 책들만으로도, 그는 농업을 포함한 인디언들의 삶의 실상들을 잘 알고 있었다) 인디언들은 명백하게 배제된다. "왜냐하면 우리는 다음과 같은 질문을 던질 수 있기 때문이다. 자연에 방치된 아메리카 대륙의 천연림의 경작되지 않은 황무지에 개간, 개량, 재배 없이 놓여 있는 1000에이커의 땅이, 궁핍하고 가난한 원주민들에게 [영국의] 데본셔의 동일한 비옥도를 지닌 그러나 잘 개간된 100에이커의 땅이 제공할 수 있는 것만큼 많은 삶의 편익을 제공한다고 말할 수 있을 것인가?"(Locke, 1960: 336/43, §37) 그런 정복의 정당화는 유럽 팽창의 희생자들을, 즉 짐승 혹은 인간적 등가물들로서 범죄자들 그리고 독재자들과 다를 바 없는 것으로서 그리기 위해 그들을 망가뜨리면서 역사적 사실의 주요 부분을 훼손하는 [로크의 책] 본문의 폭력 없이 수행될 수는 없다.

그러나 나는 스파르타쿠스에 대한 로크의 간략한 논의에서 너무나도 쉽게 간과된 세번째 부재에 초점을 맞추고 싶다. 나는 좀 전에 로크가 스파르타쿠스는 노예였고 그의 군대는 반란 노예들의 군대였다는 사실을 어느 때에도 언급하지 않았다는 것을 지적했다. 그러나 문자 그대로 로크는 군대 자체를 언급하지 않는다. 스파르타쿠스는 완전히 혼자 등장한다. 이런 특별한 부재는 물론 수사적 기능을 갖는다. 즉, 그것은 독자가 누가 스파르타쿠스를 지지했는지 그리고 어떻게 무슨 힘으로 그런 산적 하나가 전설적인 로마 군단들을 무찔렀는지 물어보는 것을 막는다. 그것은 독자가 정복에 대한 단순한 욕망과는 다른 반란의 원인들을 조사하는 것을 가로막는다. 『제2론』에서 로크가 모든 사회적 갈등을 나중에 국가라고 부르게 될 것과 시민 사회 사이의 경쟁으로 환원하는 경향이 있다는 것은 확실히 옳다. 그리고 로크에게서 국가는 계속해서 시민 사회의 권리들을 침해한다는 혐의를 받는다. 그러나 수년 후에 출간된 분리된 저작에서 그는 경제적 갈등들, 즉 유산자와 무산자 사이의 경제적 갈등들은 어떤 재난에 의해 약해진 국가의 권력이 재산의 보호라는 국가의 고유한 기능을 실행하기에 충분치 않을 때 발생할지도 모른다고 말한다.

> 이런 … 경쟁은 대체로 지주와 상인 사이에 있다. 발가벗은 최저생활 이상이 좀처럼 될 수 없는 노동자의 몫은 결코 그 인간의 신체가 그들의 사고를 향상시키거나 그들의 몫(하나의 공동 이익)을 위해 부자들과 싸우는 시간 또는 기회를 허락하지 않는다. 하나의 보편적 소요로 그들을 결합시키는 몇몇 공동의 큰 곤경은 그들로 하여금 존경을 잊게 만들고 대담하게 무력으로 그들의 빈곤을 타개하도록 한다. 그리고 나서 때때로 그들은 부자들을 집어삼키고 폭우처럼 모든 것을 쓸어버린다.(Locke, 1824: 71)

노동자들이 "존경을 잊게" 될 때, 즉, 두려워하는 것을 멈출 때, 그들은 무시무시해진다. 대중들은 공포를 느끼지 않으면 사람들을 공포에 떨게 만든다terrere, nisi paveant. 그들이 "하나의 보편적인 소요로 결합"할 때 그들은 "폭우처럼 모든 것을 쓸어버린다". 결국 내전의 시기를 겪고 명실공히 재산에 대한 공격을 확대하기 위해 치안판사들magistracy을 공격하는 동향을 목도한 로크는 상상할 수 있었던 것보다 더 스피노자에 근접해 있는 것으로 보인다. 그렇지 않았다면 실체가 없는 권리들의 사법적 질서를 설립하는 데 만족했을 로크는 어떤 계기들에서 그런 권리들이 주어진 것으로 간주되는 사회적 힘들의 구체적인 관계들에 필연적으로 의존한다는 것을 인지한다. 공간상에서 고국의 정복과 노예제만큼이나 시간상으로 먼 스파르타쿠스는 자신들의 인신 이외에 다른 재산이 없고 절대군주만큼이나 주인들의 재산을 요구하는 이들의 잠재적 반역의 대유법적 암시로서 사용된다. 그들은 어떤 사회에서도 다수이지만 '인민'은 아니다. 물론 그들은 적어도 결합되었을 때 통치체제나 소유제도가 견딜 수 없는 힘을 갖는 다중이다.

로크의 저작에서 다중의 개념이 갖는 기능을 이해하기 위해서 우리는 그것을 인민이라는 로크의 개념과 구별해야만 한다. 「정부에 관한 제1 문건」The First Tract on Goverment(1660)에서 「빈민 고용법 초안」Draft of Methods for the Employment of the Poor(1697)에 이르는 거의 40년에 이르는 시기 동안의 로크의 정치적 저술을 통해 이 구별의 발전을 추적하는 것이 여기에서 가능하지 않지만, 우리는 몇몇 관찰들을 할 수 있을 것이다. 로크의 철학적 경력의 시작에서부터 '다중'이라는 용어는 체계적으로 그리고 매우 일관되게 '인민'이라는 용어와 구분되었다. 그리고 이런 구분은 그의 철학이 발전함에 따라 더욱 체계적으로 증가했다. 인민은 수많은 분리된 개체들이 사회로 들어가기 위한 신화적 결정으로 생겨나며 그래서 정부에서 어떤 변화들이 있을지라도 혹은 정부가 없을 때조차도 계속되는 유사-사법적 실재인 주권의 유일한 적법한 원천이지만, 대중은 파괴적이거나 파괴된 1인 2역 배우로서 나타난다. 그것은 바로 정치적 민족(이것은 재산 소유자들로 구성되어 있다. "인간이 사회로 들어가려는 이유는 그들의 재산의 보존 때문이다" [Locke, 1960: 461/208, §222])의 부분적으로는 내부의 그리고 부분적으로는 외부의 힘으로서 로크의 초기 저술들에서처럼 정부의 파괴를 초래하거나, 『제2론』에서처럼 사회의 해체의 결과이며 "아무런 질서나 결속도 가지지 못한"[Locke, 1960: 459/206, §219] 분리된 개체들의 합, 순수하게 부정적인 신분을 제외한 어떤 사법적 신분도 박탈된 것이다.

　로크의 첫번째 글은 분명하게 다중과 다중의 역량에 대한 어떤 공포 그리고 단지 국가만이 아니라 다중 또한 (권리를 넘어서는 역량의 실행으로서 이해되는) 독재를 할 수 있다는 인식을 드러낸다. 1660년에, 로크는 민사 치안판사에게 25년 후에 쓴 『관용에 관한 서한』에서 채택하게 될 입장에 직접적으로 대립하는 종교적 예배의 세세한 사항을 "부과하고 결정"할 권리를 부여하는 데 꺼리지 않았다. 예배의 형태들을 결정하는 권리를 부여하는 것이 종교에서 어떤 자유의 손실에 이르게 될 것이라고 두려워하는 이들에게 로크는 치안 판사에게 범죄자들을 감옥에 집어넣거나 세금을 인상할 권리를 부여하는 것이 적어도 원리상 일반적 감금 혹은 보편적 몰수에 이르게 되어도 좋다는 것으로 응답한다. 그러나 정확하게 이러한 권리들을 군주에게 부여하는 것을 망설이는 사람은 없다. 왜냐하면 그러한 가능성들은 "종종 섬뜩한 일이지만 그런 가능성들의 실현은 좀처럼 인민을 곤란하게 하지는 않기"[Locke, 1993: 142] 때문이다. 사실, 치안판사에게 어떤 형식적인 권리들이 부여된다고 할지라도, 그가 그 권리들을 절대적으로 실행할 것이라는 위험은 거의 존재하지 않는다. 그 이유는 스피노자의 독자들 모두에게는 친숙할 것이다. 역량을 포기해서 지배하는 이들에게 두려움의 대상이 되기를 멈추는 사람들은 없기 때문에 절대군주제라는 것은 사법적 환상일 뿐이다. 법적 허용의 결여는 상관없다. 자신의 권리들을 실행하는 치안판사의 능력의 정도는 사법적으로가 아니라 '실천'적으로, 다중의 역량에 의해 제한되어 있다. 그리고 1660년에 로크의 다중은 정말로 강력하다. 그것은 "좀처럼 잘 대비할 수 없는 폭풍 치며 범람하는 … 바다"와 같다. "누구든 대양을 침해할 것이 두려워 파도에 맞서 둑과 담을 만드는 것이 허용되어야만 하는 것이 위험스럽고 불편하다고 생각될까?"(같은 곳) 치안판사는 "폭풍우와 소요의 증가에만 그의 힘과 폭력을 증가시키는" 배의 도선사導船士에 비유된다. "배의 흔들림과 여러 번의 회전은 외부에 있으며 3등 선실이나 키를 잡는 곳에서는 일어나지 않는다"(같은 곳). 그리고 만약 다중을 바다에 비교하는 것이 대중들은 오직 위태롭게 관리될 수 있을 뿐이지 결코 규율되거나 통제될 수 없다는 것을 보여 주는 어떤 면에서는 불운한 비교라면, 로크는 군주의 권리상 무제한적인 권력에 대해 사실상 언제나 현전하는 제한을 묘사하기 위해 매우 희망적인 유비로 이동한다. 그는 "너무 느슨한 고삐뿐만 아니라 너무 큰 조임도 이런 길들여지지 않은 짐승이 타는 사람을 내던지도록 할 수 있다"(같은 곳)는 인식에 의해 언제나 조정될 행동을 하는 기수로 비유된다. 이런 초기 문헌에서 기이한 것은 그것의 보수주의, 절대주의에 대한 그것의 공개적 지지라기보다는 (스피노자적 의미에서) 역량에 대한 법의 명백한 종속, 즉 예외적인 상황을 제외하면 역량의 균형이 특정한 권리들이 실행되도록 허용하지 않을 것이기 때문에 그것들은 정확하게 합법적으로 부여될 수 있고 그래야만 한다는 제안이다. 이런 실현할 수 없는 권리들의 소유자는 이 경우에 법률과 상관없이 엄연한 제한들에 종속된 실권을 가진 군주이다. 하지만 로크의 주장에서 그가 비교적 안정된 것이라고 판단하는 힘들의 다른 배치에 의해 특징지어지는 역사적인 국면에서 국가의 보다 큰 역량을 고려할 때 인민에게 그들이 결코 실행할 수 없는 권리들을 부여하고 관계를 역전시키는 것을 그에게 금지하는 것은 없다. 오히려 국가의 권력에 대립하는 대항-권력의 감소가 그러한 조정을 요구할 것이라는 점이 주장될 수 있다.

애슈크래프트와 그리고 다른 이들과 더불어 『제2론』이 1680년대 초반에 쓰였다고 가정하면, 『제2론』에서 「정부에 관한 제1문건」을 가르는 몇 십 년이 정확히 그런 변질의 시간이 아니었을까? 1660년과 1680년 사이에 힘들의 균형에서 변화의 정확한 검토는 '정치적 민족', 즉 지배 계급 내에서의 갈등들, 의회에서 자신의 '영향력'(배척위기 때처럼)을 증가시키기 위해 대중적 토대를 동원하는 것에 때때로 호소한 소수의 저명한 사람들 사이의 위원회에서 해결이 되지 못한 갈등들뿐만 아니라 군중들 자체를 동원하는 국가에 대한 평가도 고려해야 한다. 「정부에 관한 제1문건」의 구성에 직접적으로 앞서는 그 시기에 크롬웰 체제가 성공적으로 억제했던 종교적이고 사회적인 급진주의가 부활한다. 1658년 크롬웰의 죽음은 지도부의 위기를 생산했고 차례로 지휘권의 공백으로 이어졌다. 다시 한 번 1640년대와 같이 종교, 사회적 위계 그리고 심지어 소유제에 대해서조차 의문을 제기하면서 거의 10년 동안 억눌렸던 종파적 문건들이 도시에 넘쳐났다. 퀘이커교도들, 재세례교도들 그리고 제5왕국파들은 수많은 도시들에서 대중적 회합들을 개최했고 군대에서 의미 있는 지지를 받았던 것으로 알려졌다. 더욱이, 이런 분위기에서 소작인들은 가만히 있지 않고 지대 상승에 대해 항의하며 반-인클로저 폭동들을 일으켰다. 잘 알려진 것처럼 지주 계급들은 재개된 일반적인 급진화를 두려워하며 그들 가운데 상당수가 자신들의 특권과 재산을 보호하려는 유일한 방법으로서 애초에 거부했었던 군주제와 교회를 복구하려는 계획의 주변으로 결집했다.

결정적으로 힘들의 균형을 바꾸는 데 혹은, 로크의 용어대로, 그 짐승, 다중을 길들이고 사육하는 데에는 군주제의 부활뿐만 아니라 거의 10년간의 시민적이고 종교적인 억압과 수많은 이데올로기적이고 규율적인 장치들이(특히 성공회) 자리 잡아야 할 것이다. 과격한 국교반대의 고비를 넘기는 데 아마도 가장 효과적인 것은 클라렌든 법전Clarendon Code[왕정복고 이후에 국교 재건을 위해 기사 의회Cavalier Parliament가 클라렌든의 지도 아래 1661~65년에 제정한 네 가지 법]으로 한데 묶여서 알려진 조치들이었다. 기도방식 통일령the Act of Uniformity은 성직자들에게 엄격한 순응을 강요했고 정치적 설교를 금지했다. 동시에 국교 바깥에서 종교적인 목적을 위한 모든 회합들은 불법으로 선언되었다. 반면에 정치적인 목적을 위한 모임들은 폭동들로 선언될 수 있었다. 수천의 급진주의자들과 비국교도들은 이런 법 아래 체포되었다. 많은 이들이 투옥되었거나 추방되었다. 1661년에, 소요와 청원 금지법the Act against Tumultuous Petitioning은 20명 이상의 서명을 모으는 것 혹은 10명 이상의 사람들이 왕에게 혹은 의회에 어떤 연설들을 하는 것을 불법적인 것으로 만들었다. 왜냐하면 그러한 연설들이 "권력을 잡은 당파적이고 선동적인 사람들의 치안의 침해라는 목적을 위해 사용되어 왔고, 그리고 이 민족의 최근의 불행한 전쟁들, 혼란들과 재앙들의 크나큰 수단들이었기 때문이다"(Douglas, 1955~79: 66). 출판허가법the Licensing Act, 1662은 앞선 해의 의욕적인 팸플릿 제작을 끝장내 버린 넓고 효과적인 검열을 창조했다. 더욱이, 그 자체로는 직접적으로 정치적이지 않은 여러 법령들은 국가 혹은 특정 지위의 지주들이 살림집들을 찾아들어가도록 했다(Douglas, 1955~79; Hill, 1980). 즉 노세爐稅[17세기 영국 가정에 설치된 벽난로에 부과된 세금]의 경우에 재산의 가치를 평가하기 위해 그리고 수렵법 狩獵法[사냥하는 시기 그리고 장소 등을 규정하는 법률]의 경우에 다른 것들 가운데 총이나 활을 찾고 발견된다면 몰수하기 위해.

시장의 규율에 의해 국가에 강압이 더해졌다. 1660년에, 약 5만 명의 군인들이 앞선 두 해의 사건들로 이미 흔들린 경제에 부담을 더하며 민간인 생활로 돌아왔다. "런던과 웨스트민스터와 같은 도시들뿐만 아니라 … 잉글랜드 왕국 전체와 웨일스의 영토까지 빈민들의 궁핍함, 수 그리고 계속적인 증가는" 공공질서에 대한 위협을 제기해서 1662년에 의회는 통상 정주법으로 언급되는 빈민법the Poor Law Amendment을 통과시켰다(Douglas, 1955~79: 464). "법률상의 결함을 이유로, 빈민들은 한 교구에서 다른 교구로 가는 것이 금지되지 않는다. 그 때문에 가장 좋은 가축들, 오두막을 지을 만한 가장 큰 공유지들과 불모지들, 그리고 그들을 위해 파괴할 만한 가장 큰 숲들이 있는 교구들에 정착하려고 한다. 그리고 그들이 그것을 소비해 버렸을 때에는 다른 교구로 이동하고 마침내 불한당들이자 방랑자들이 된다"(같은 곳). (로크가 1697년에 다시 강화하려고 한) 그 법은 빈민들을 그들의 노동을 고용주가 요구하는 때를 제외하고 "법적으로 그들이 마지막에 정착한" 교구에 가두었다. 몇 년 후에 전염병이 영국-네덜란드 전쟁이 그랬던 것처럼 경제를 더욱더 약화시켰다. 급진주의의 대중적 토대를 채우던 직업들, 방직공, 목수, 제화공 그리고 재단사와 같은 직업들은 기술 혁신과 외국과의 경쟁 때문에 특히 심한 손해를 입게 되었다. 1660년대 정치적이고 경제적인 현실들의 결합된 결과는 크롬웰 시대의 박해 때문에 이미 심각하게 약화되었던 급진주의자들의 동원 해제와 타락 그리고 철저한 패배였다. 이 패배로부터 회복은 없었던 것 같다. 크리스토퍼 힐은 1640년대에 매우 이질적인 신비주의와 비현실성으로 많은 이들이 후퇴함에 따라, 과거의 급진주의자들의 활동들에 대한 결과들뿐만 아니라 그들의 사상 그 자체에 대한 억압과 시장 규율의 결과들도 감탄할 만큼 상세하게 연대순으로 기록했다. 그가 주장했던 것처럼 "1660년 이후에 지주 계급은 아래로부터의 사회적 봉기에서 안전했다"(Hill, 1980: 173)는 것은 놀라운 일이 아니다.

1660년대 끝 무렵에, 로크의 저작에서 '인민'the people이라는 용어가 그의 초기 저작에서 갖고 있는 모든 경멸적인 연상을 털어 버린 것처럼, 능동적인 사회적 힘으로서 대중들을 나타내는 개념인 다중이 그의 초기 저작에서 완전히 사라졌다. 대부분의 로크의 주석가들이 주장하는 것처럼 그의 정치사상은 1660년대의 유사-절대주의적 논변에서 1670년대와 1680년대의 '성숙한' 자유주의적 사상으로 진화했으며 심지어 새프츠베리 백작과의 만남과 배척위기가 그의 사상에 결정적인 전환을 야기한 것일 수도 있다. 반면에 그러한 경험들이 의심할 바 없이 『통치론』의 정치적 입장들을 형성하는 데 도움을 주었지만, 적어도 능동적인 힘으로서 다중이 독립적인 대중 운동들이(다양한 당파들의 지배 계급들을 지지하거나 그들에 의해 고무된 대중 동원 ——종종 휘그당만큼이나 적어도 토리당에 의해 사용된 전략——과 구별되는 것으로서) 영국의 정치적 삶에서 사라져 버린 정확한 순간에 로크의 저술에서 사라져 버린 것을 지적하는 것 또한 중요하다. 로크가 한때 대양이라고 상상했던 구분되지 않으며 굴복시킬 수 없는 것은 길들여진 가축으로 전락해 버렸다. 그리고 이 동물이 고삐나 박차 없이는 자동적으로 복종하지 않는다 하더라도, 적어도 가만히 있지 못해 주인을 던져 버리지 않을 것이라고 확신할 수 있었다. 우리가 이 시기 동안 발생한 사회적 힘들의 균형에서의 결정적인 전환을 알지 못한다면 로크의 정치사상에서 추정되는 연속들과 불연속들을 명료하게 논의할 수 없다. 왜냐하면 세기의 모든 경험이 보여 준 것처럼, 지주들의 재산을 노리는 현행적 시도가 아니라면, 그들의 권리들에 의문을 낳는 경향이 있는 아래로부터의 소요를 유발하거나 정당화하는 어떠한 위험도 없이, 어떤 자유주의적 관념들, 특히 합의를 수반하는 관념들의 등장을 가능하게 만든 것은 바로 힘들의 이런 균형이기 때문이다. 『제2론』은 변명거리가 평등, 권리들 그리고 법의 지배의 개체화된 언어로 쓰인 새로운 지배 체제를, 다중을 사라지도록 해서 다중의 주인들의 재산과 '자유들'에 대해 다중이 도달할 수 없도록 하기 위해 고안된 언어로 정의한다.

1670년(혹은 플럼J. H. Plumb에 따라 잉글랜드의 안정성의 시작을 표시하는 해를 수용하면 1675년) 이후에 나타난 국면에서, 보통은 앙숙인 지주 계급들의 통합을 촉발했던 위협이 사라졌고 당파와 당파적 투쟁이 등장해, 궁중과 지방 사람들의 대립 주변에서 구체화되었다. 급진주의자들을 해산하기 위해 한때 필요했던 상당수의 억압적인 조처들이 불필요하거나, 혹은 더 나쁘게는 엘리트 사이에서 경쟁자에 대해 법정에서 사용될 수 있었다. 분리파 교회들의 소멸까지는 아니라고 하더라도, 중립적으로 온순한 반대자들의 종교의식과 '정치적 민족'에 내적으로 안전한 정치적 토론들까지 불필요하게 제한했기 때문에, 특히 비국교도에 대한 제재는 해로운 것으로 여겨졌다. 그래서 사회적 힘들의 관계는 극적으로 변했을 뿐만 아니라 맑스가 "자본의 무언의 강제"[15]라고 부르는 것에서 국가에 의한 보다 청각적인 형태의 강압까지 많은 형태의 강압과 강제의 실존은 노동계급의 복종을 보장하는 것 같았다.

로크는 그의 '급진적 선언'의 가장 급진적인 부분인 것으로 보이는

---

15) [옮긴이] 저자가 'the silent compulsion of Capital'이라고 인용하는 것의 독일어 원문은 'der stumme Zwang der ökonomischen Verhältnisse'(Karl Marx, *Das Kapital*, Bd.1, Dietz, 2007, p. 765)이고 영어 번역의 경우 'the silent compulsion of economic relations'(*Capital*, Vol.1, Ben Fowkes trans., Penguin, 1992, p. 899)이며 한국어 번역은 "경제적 관계의 무언의 강제"(『자본론』 제1권 하, 김수행 옮김, 2001, 제2개역판, p. 1013)이다.

『제2론』의 일부에서 인민의 재산을 "빼앗거나 파괴하고자 기도할 경우 또는 인민을 자의적 권력하에 놓인 노예로 만들고자 할 경우"(Locke, 1960: 460/208, §222) 주권적 권력에 의한 어떠한 시도에 대해서도 반역의 권리를 옹호한다. 그가 약 30년 전에 온전히 실행할 수 있는 권력을 가질 수 없는 치안판사에게 권리들이 부여될 수 있다고 주장한 것처럼, 이제는 다른 국면에서 우리는 인민이 적어도 대중운동으로서 이 권리를 실행하지 않을 (그리고 아마도 할 수 없을) 것이라는 확고한 인식에서 인민에게 반역의 권리를 부여할 수 있다.

아마도 다음과 같은 반론이 제기될 것이다. 인민은 무지하고 항상 불만에 차 있기 때문에 인민의 불안정한 의견과 불확실한 변덕 위에 정부의 토대를 쌓는 것은 정부를 확실히 파멸에 빠뜨리는 것이라는 반론이 그것이다. 게다가 인민이 기존의 입법부에 대해서 분노를 느낄 때마다 새로운 입법부를 세울 수 있다면 어떠한 정부도 오랫동안 지속될 수 없다는 것이다. 나는 '그와 정반대'라고 답변하겠다. 인민은 일부 사람들이 주장하고 싶어 하는 것처럼 쉽사리 기존의 통치형태를 벗어던지고자 하지 않는다. 그들은 이미 그들이 익숙해진 체제의 잘 알고 있는 결함을 시정하도록 쉽게 설득되지 않는다. 그리고 원초적인 결함이 있거나 시간의 흐름이나 부패에 의해서 우발적인 결함이 발생한 경우, 심지어 온 세상이 그 결함을 고칠 수 있는 시회라고 인정해도, 그것을 고치는 것은 결코 쉬운 일이 아니다. 인민은 그들의 낡은 제도를 버리는 것을 이처럼 지체하거나 꺼리므로, 현재는 물론 과거에 이 왕국에서 일어난 많은 혁명에도 불구하고, 우리는 왕, 귀족, 평민들로 구성된 예전의 입법부를 ——비록 성과가 없는 몇

몇 시도 때문에 일시 단절된 적도 있지만 다시 복원시켜 — 여전히 유지하고 있다. (Locke, 1960: 462~3/210~1, §223)

그래서 로크가 그의 1697년 「빈민고용법 초안」에서 입증된 것으로서, 빈민에 대한 보다 큰 국가규율을 선호했다는 것은 맞지만, 그들이 "하나의 보편적 소요로 결합"할 것을 로크가 두려워하기 때문은 아니다. 빈민은 와해된 다중으로 전락해 버렸다. 그들은 왕국의 "거리들을 떼지어 다닐지라도"(Locke, 1993: 453) 위협보다는 차라리 부담이었다. 오히려, 만약 그들이 조금이라도 위협을 가한다면, 그것은 전적으로 그들의 "악행"(같은 곳), 즉 그들의 나태와 방탕 때문에 그들이 저지를 재산에 대한 범죄들에 의해서이다. 그래서 『제2론』에서 스파르타쿠스와 대조를 이루는 것은 "오직 나의 말이나 코트를 훔쳐 가기 위해서 나를 기습"하며 스파르타쿠스처럼, "내가 죽일 수 있는"(Locke, 1960: 321/25, §19) 도둑일 것이다. 그런 악들의 해결책은 그들이 주장하는 시장의 합리성에 대한 열의로 얼마간 덜 인도주의적인 동시대인들로서 빈민의 최저생활과 부조를 부정하는 것이 아니다. 그러한 조처들은 왕국 도처에 그들의 제한되지 않은 이동들이 매우 귀찮은 것의 원천인 빈민에게 "새로운 긴 산책의 자유를"[Locke, 1993: 449] 누리게 했다. 대신에 목표는 빈민의 통제되지 않은 순환을 고용이 나태를 근면성으로 방탕을 맨정신으로 전환시킬 구빈원에 가두는 것을 통해 제한하는 것임에 틀림없다. 그리고 이르면 이를수록 더 좋다. 세 살부터 아이들은 수상쩍은 부모의 해로움에 남겨지느니 차라리 감화원에 가두어져야 한다. 더욱이 그들은 "아이 때부터 일하도록 길들여질 것이고, 아이들을 평생 동안 근면하게 만드는 것은 제법 중대하다"(Locke, 1993: 453).

물론, 1688년은 사회적 힘들의 균형 그리고 노동계급 투쟁성의 수준에 대한 로크의 평가를 완전히 증명한다. 군주제의 폐지에 대한 어떤 대중적 지지도 존재하지 않았으며 단지 군주를 바꾸고자 했다. '철저히' 세상의 변화를 요구하는 대중적 탄원들은 없었으며 제임스 2세의 최초의 절대주의적 정책들에 의해 위협받는 것으로 여겨진 질서, 특히 교회질서의 보존을 요구하는 대중적 활동도 없었다. 『제2론』을 읽을 때 사람들은 내전과 1640년대의 혁명(로크에 의해 단지 "성과가 없는 몇몇 시도"[Locke, 1960/211, §223]로 환원된)은 결코 발생하지 않았으며, 그가 한때 "바다처럼 통제를 받아들이지 못하는 것으로"[Locke, 1993: 142] 기술한 다중은 결코 그것의 주인들의 권위나 재산을 위협한 적이 없었다고 생각할 것이다. 그러나 이 역사는 사실상 노예 그리고 날조된 독재자, 시장과 국가의 규율이 실패하고 폭풍 앞에 장벽들이 무너질 때 다중이 실행할 수 있는 역량을 아득하게 생각나게 하는 사람, 스파르타쿠스라는 고독한 사람에게서 귀환한다.

그래서 적어도 홉스와 로크가 이 역사의 전형적인 것으로 여겨질 수 있다면, 알튀세르가 "철학의 역사에서 억압된 스피노자주의"[Althusser, 1977: 102]라고 말한 것이 옳았다는 것으로 보인다. 왜냐하면 우리의 스피노자 독해가 우리로 하여금 철학을 그 기원에서 그리고 그것의 분과들을 가로질러 근본적으로 불가피하게 정치적인 것으로 고려하게 하는 한에서, 우리가 스피노자의 시대 이래 정치철학뿐만 아니라 철학 그 자체의 구체적인 발전을 구성하는 부정의 바로 그 대상으로 스피노자의 철학적 대상들, 신체들, 대중들, 역량을 이해할 수 없기 때문에? 오늘날 전보다 훨씬 더, 그리고 종종 홉스의 그리고 로크의 이름들에 호소하면서 철학은 그것의 지배적인 형식에서 개별 철학자들의 의도들이나 주체적 개입들에 상관없이 우리의 주의를 신체들과 힘들의 합성과 배치에서 다른 곳으로 돌리게 하는 모든 영역에 걸친 내면성과 초월성을 발명하면서 정치적 영역을 쉼 없이 탈물질화하고 개체화하고 있다. 발리바르는 스피노자의 시대와 마찬 가지로 우리의 시대에 우리 시대의 대중들의 공포가 출몰한다고 주장한다 는 점에서 확실히 옳다. 스피노자가 영미의 철학적 정전에서 매우 주변적 인 위치를 차지하고 있다는 것은 놀랍지 않다. 이런 공포를 둘러싼 다양성 으로 결합된 철학적 학설들에 직면해, 예속에 대한 스피노자의 비판은 정 치 그 자체의 거부로서, 그의 반인간주의는 믿지 못할 허무주의로서, 대중 들에 대한 그의 강조는 우리의 자유(그리고 재산, 만약 그 두 개가 분리될 수 있다면)가 의존한다고 생각되는 입헌적 토대들의 영속적인 전복으로서 나 타난다. 그래서 우리 시대의 역사는 스피노자가 유럽 철학에서 비-유럽 사 유의 반향이었다는 헤겔의 주장에 모종의 중요성을 부여했다. 그리고 스 피노자의 이론이 "동양적"이라고 불릴 때 아마도 동양적인 것은 스피노자 의 철학의 내용(헤겔이 스피노자의 것이라고 보는 "절대적 동일성의 이론")일 뿐만 아니라 헤겔이 들먹이는 스피노자 철학의 외래성, 동화불가능성이다. 헤겔의 구절을 사용하자면, 스피노자는 "유럽 철학"(헤겔이 『철학사』에서 명명하는 대로)이 자기 자신이 되기 위해 "극복해야"(즉, 억압하고 부정해야) 만 하는 장애물일 뿐이다[Hegel, 1986: 158].

물론 스피노자가 정의와 도덕성의 수호자들에 의해 나날이 다시 벌어 지는 파문의 유일한 이단자는 아니다. 결코 소유될 수 없으며 오직 실행될 수만 있는 그런 종류의 역량, 신체들과 대중들의 부정이 결코 의심의 여지 가 없었던 것은 아니었다. 정말 스피노자 철학 관점에서도 다르지 않을 것 이다. 특히 지난 30년은 스피노자의 철학이 스피노자주의가 된 것만큼이나 중요한 스피노자 연구들의 르네상스, 현재의 연구가 반향하는 스피노자주의의 르네상스를 목도했다. 내가 다른 곳에서 새로운 스피노자, 이전에는 상상조차 할 수 없는 스피노자라고 불렀던 것을 우리가 보게 해주었던 들뢰즈, 마트롱, 마슈레, 네그리, 발리바르, 알비악 그리고 모로와 같은 인물들의 연구를 나는 반복적으로 인용했다. 아무런 준비도 없이 이 책을 마무리하는 것으로 기념하게 된 30주년을 맞이하는 사회적 폭발이 전 지구를 남김없이 횡단하던 바로 그때 새로운 스피노자가 등장한 것은 확실히 우연이 아니다. 확실히 국가뿐만이 아니라 '시민 사회'의 전제정치에 대항하는 대중 행동의 시대였고 우리의 '민주주의' 국가들은 어떤 외부의 적보다 그들 자신의 인민을 두려워했고 주기적으로 '국내의 안전'을 유지하기 위해 무력을 필요로 한 때였다. 더 나아가 일상생활의 물체적·물질적 실천들이 더 나은 것을 보지만 더 나쁜 일을 하는 이들을 규정했고 스피노자 철학에서 앞서 간과된 개념들이 갑자기 전혀 뜻밖에 보이게 되고 그의 예속에 대한 비판은 이런 경험의 가장 주목할 만한 표현들, 특히나 알튀세르와 푸코의 표현들에서 재등장했다.

이러한 이름들을 드는 것은 철학의 역사에서 스피노자주의가 회상의 바로 그 순간에 망각되어 다시 한 번 그것의 지하세계로 사라졌을지도 모르는 위험을 인지하는 것이다. 헤겔에 따르면 철학이 언제나 포스트 페스툼post festum[축제 후]인 것처럼, 스피노자는 너무 늦게 (재)등장하는 것 같다. 크리스토퍼 힐에 의해 기술된 것처럼, 우리 시대는 그 자신의 '패배의 경험'을 통과했고 초기의 실망한 급진주의자들처럼 많은 이들이 새로운 형식의 수용주의와 미신으로 후퇴했다. 물질성의, 신체들, 힘들 그리고 대중들의 언어는 희미하게 위협적인 분위기까지도 아니고 얼마간 폐물이 되어 버렸다. 세계의 지배자들을 제외하고 어느 누구에게도 완전히 호의적이지 않은 사회적 힘들의 관계와 더불어 역사의 예측 불가능성과 복잡성, 결코 진보가 아닌 것 같은 역사의 운동에 직면해서, 정확하게 운의 이런 가변성은 모든 사람들이 쉽게 미신에 영향을 받게 하지만 그것에 저항하는 사람들은 거의 없었다. 어떤 이들은 이해할 수 없다며 후퇴하여 스피노자가 그의 시대에 고발한 어떤 설교자들처럼 쩌렁쩌렁 울리게 비규정적인 세계의 불가지성과 행동의 불가능성을 선언한다. 다른 이들, 다수의 경우에 사법적이고 도덕적 미신들이 이전 시대의 신학적 망상들을 대체했다. 세속적임에 틀림없지만 옛날 것만큼이나 치명적인 새로운 변신론들은 모든 가능한 세계들 가운데 최선이 선택되게 할 메커니즘들, 시장과 그것의 정신적 표현, 공적 공간의 변신론들이다. '새로운' 스피노자조차 이런 정치적 몽유병들을 어느 정도로, 그리고 얼마나 오래 교란할 수 있는지 지켜봐야 한다. 오히려 우리가 스피노자가 고발하는 관념론적 통념들에 희생되지 않는다 해도, 우리는 예속과 지배에 대한 능동적인 대중적인 저항이 없다면, 종교적이고 세속적인 변신론에 대한 그의 비판이 과거에 종종 그랬던 것처럼 현행적인 것으로 남을 수 없고 거의 확실하게 모호함으로 잊힐 것이라고 결론내릴 수밖에 없다. 그의 사상을 진지하게 받아들이는 것은 마치 그 텍스트들이 전혀 알려지지 않은 언어로 쓰인 것처럼 역사가 그의 텍스트들을 불가지적인 것으로 만들어 버리는 가능성을 이해하는 것이다.

　물론 스피노자의 철학은 그것의 언어를 아는 이들에게조차도 완전히 이해하기에는 어려운 것이다. 성서 자체의 경우에서처럼, 스피노자의 분석의 대상은 그리고 그가 해석의 과제에 부과하는 어려움에서, 그 자신의 작업의 반목들과 반대 경향들의 특권적인 반향, 그의 텍스트들 특히 기하학적 질서를 모방하는 『윤리학』의 명백한 질서는 텍스트 자체의 갈등들의 힘에 대한 방어일 것이다. 그리고 스피노자의 철학에 거대한 힘을 주는 것은 정확하게 해결의 부재, 끝나지 않는 논제들의 누적, 유예된 논증들 그리고 대체로 그의 논증들의 알갱이에 반하여 예기치 않게 등장하며 설명되지 않지만 잊을 수 없는 어떤 이미지들이다. 그의 철학은 언제나 말뿐만이 아니라 행동으로 쓰인 것으로 남아 있다. 만약 우리가 그런 이유로 스피노자의 사유들을 그것들에 어떤 한계나 경계를(스피노자에 대한 칸트의 맹렬한 비난의 용어들을 사용하자면) 부과하지 않고 그 자체로 사유되도록 허용한다면 그것들은 우리를 거의 상상할 수 없을 정도로 어려운 해방의 길로 떠나도록 할 것이다. 신체의 해방에 달려 있는 정신의 해방 그리고 집합적인 해방을 조건으로 하는 개체의 해방. 그러나 만약 스피노자의 사상이 우리를 데리고 가는 길이, 상상조차 할 수 없는 것이라면 그것은 이 길이 상상과 미신이 언제나 제공할 준비가 되어 있는 우회로를 전적으로 결여하고 있기 때문이다.

우리는 앞에서 스피노자의 마지막 저작의 미완의 11장 「민주정에 대하여」가 익명의 편집자의 말들로 끝난다는 점에 주목했다. "나머지는 빠져 있다"reliqua desiderantur. 스피노자의 말들이 멈춘 후에, 어떤 이미지, 또는 아마도 어떤 잔상이 그렇게 빠져 있는 공간에 남는다. 겨울 아침의 고요함, 꿈꾸는 고요함, 한 애타는 브라질 사람이 그 앞에서 미동 없이 서 있다. 무시무시하고 두려움 없는, 말할 필요가 없는 전쟁의 상흔을 입은 반역 노예. 왜 그는 그렇게 스피노자를 두렵게 하는가? 아마도 지하세계의 문 앞에 무언의 그늘처럼, 그는 스피노자에게 스피노자의 철학이 그 자체가 되기 위해 되어야만 하는 다른 것을 찾아 여행을 시작하라고 손짓하기 때문이다.

옮긴이 후기

이 책은 1999년 버소 출판사에서 출간된 워런 몬탁Warren Montag의 『신체, 대중들, 역량: 스피노자와 그의 동시대인들』*Bodies, Masses, Power : Spinoza and His Contemporaries*을 완역한 것이다. 워런 몬탁은 현재 옥시덴탈 칼리지 브라운 패밀리 교수로 재직하며 18세기 영국과 유럽 문학을 정치이론과 관련하여 가르치고 있으며 또한 20세기 유럽 비판이론도 가르치고 있다.

알튀세르에 대한 이 책에서의 언급에서 알 수 있는 것처럼 지은이는 충실한 알튀세리언으로서 『루이 알튀세르』*Louis Althusser*, Palgrave, 2002와 『알튀세르와 그의 동시대인들: 철학의 영속적인 전쟁』*Althusser and His Contemporaries: Philosophy's Perpetual War*, Duke University Press Books, 2013(이 책과 동일한 형식으로 되어 있다)을 출간하였고, 현재 알튀세르 국제학술지인 『데칼라주』*Décalages*의 편집을 맡고 있다. 또한 알튀세르의 제자들이며 우리 시대의 철학자들인 에티엔 발리바르와 피에르 마슈레의 저작들을 영역하거나 편집하였다(마슈레의 경우 *In a Materialist Way: Selected Essays*, Verso, 1998. 이 책은 영어권에 겨우 문학이론가로만 알려져 있던 마슈레의 철학 작업에 대한 최초의 선별적 소개였다. 마슈레의 주저 가운데 하나인 『헤겔 또는 스피노자』의 경우 영역본은 미네소타 대학 출판부에서 2011년에야 출간된다. 발리바르의 경우 *Spinoza and Politics*, Verso, 1998, 2008; *Balibar and the Citizen Subject Spinoza and Politics*, Edinburgh University Press, 2018). 또한 유럽 철학을 미국에 알리는 데 결정적인 기여를 한 미네소타 대학 출판부에서 'Theory Out of Bounds' 총서로 테드 스톨즈Ted Stolze와 함께 *The New Spinoza*(2008)를 편집하여 출간하였다. 이 책에서 편집자들은 동일하지 않지만 분리불가능한 정치와 철학의 결합을 사고하는 관점에서 알튀세르, 들뢰즈, 이리가레, 마트롱을 포함하는 스피노자에 대한 유럽 철학자들의 다양한 논문들을 소개하였다.

무척 오래전에 시작한 이 번역이 이제야 마무리되어 출간된 데에는 옮긴이의 신산한 사정과 부족한 언어적 능력을 포함한 여러 이유들이 있지만 무엇보다 원서의 인용의 부정확함이 컸다. 인용출처를 신경 쓰지 않은 채로 초벌 번역을 마무리한 후에 내용을 검토하던 중 인용출처가 틀린 것을 하나 발견하게 되었다. 스피노자의 『서간집』에서 인용된 문장의 출처가 『윤리학』으로 되어 있는 것을 발견한 것이다. 그러나 이는 해당 출처를 정정하는 것으로 끝나지 않았고 몬탁의 모든 인용출처에 대한 의심으로 이어졌다. 그러자 하나, 둘, 셋, 넷… 인용출처가 틀린 것들이 계속 발견되었다. 잘못된 것이 한두 곳이었다면 저자에게 메일을 보내서 물어볼까라는 생각도 했겠지만, 인용출처가 틀린 것과 없는 것의 개수의 증가는 그런 마음을 포기하게 만들었다. 결국 저자가 인용한 모든 텍스트를 직접 확인하면서 정정해야 했다. 이 정정은 단순하게 플러스로 되어 있는 것을 마이너스로 고치는 것이 아니었다. 저자가 지시하는 페이지에 그 문장이 없으면 그 문장을 어떻게 찾아야 하는가? 그때에는 책 전체를 뒤져 가며 읽을 수밖에 없었다. 출처 자체가 없는 인용구와 구하기 어려운 책은 또 어찌해야 하는가? 결국 모든 일을 시간과 집요함이 해결해 주었고 홉스, 로크, 스피노자의 텍스트에 대한 원치 않았던 공부와 아피아누스에 대한 호기심을 부가적인 결과로 남겨 주었다.

이렇게 이 한국어판 번역본은 원저자가 인용한 모든 텍스트의 원문과 쪽수를 직접 확인하고, 영어가 아닌 텍스트의 경우 저자의 영역과 비교하여 필요한 경우 원문에서 직접 번역하였다. 또 해당 문헌의 한국어판이 있을 경우 이와도 비교하여 큰 문제가 없다고 생각되면 한국어 번역본을 따랐고 한국어판 쪽수를 병기하였다.

스피노자 저작들의 경우, 이 책을 번역하기 시작했을 때 저자보다 훨씬 좋은 지적 상황에 놓여 있었기 때문에 그 점을 충분히 반영해야 한다고 생각했다. 저자가 직접 번역하여 사용한 카를 게파르트의 고증본 전집 (ed. Carl Gebhardt, *Spinoza Opera*, vol. 1-4, Heidelberg: Carl Winter, 1925)을 대체할 스피노자 고증본 전집 간행 작업 덕에 원서 출간 이후에 『신학정치론』과 『정치론』의 프랑스어 번역본이, 고증본 전집 간행과 별개로 『윤리학』의 프랑스어 번역본이 출간되었고, 이들 모두 스피노자 전공자들에게 신뢰받는 텍스트로 사용되고 있었기 때문이다. 『신학정치론』과 『윤리학』은 둘 다 이 책이 출간된 1999년에 출간되었다(물론 그렇지 않았다고 해서 이 책의 내용이 달라질 것은 없었겠지만 말이다). 따라서 저자의 라틴어-영어 번역을 널리 사용되는 다른 라틴어-영어 번역, 라틴어-프랑스어 번역과 비교해 번역하였다. 『윤리학』은 *Ethique*(trans. Bernard Pautrat, Paris: Seuil, 1999)와 *The Collected Works of Spinoza*, vol. 1(ed. & trans. Edwin Curley, Princeton, N. J.: Princeton University Press, 1985), 『신학정치론』은 *Traité théologique-politique*(ed. Fokke Akkerman, trans. Pierre-François Moreau & Jacqueline Lagrée, PUF, 1999)와 *Theological-Political Treatise*(ed. & trans. Jonathan Israel, Cambridge; New York: Cambridge University Press, 2007), 『정치론』은 *Traité politique*(ed. Omero Proietti, trans. Charles Ramond, PUF, 2005)와 *Political treatise*(trans. Samuel Shirley, Indianapolis: Hackett Pub., 2000), 『지성교정론』은 *Traité de la réforme de l'entendement*(ed. & trans., Bernard Rousset, Paris: Vrin, 1992), 『서간집』은 *The Letters*(trans. Samuel Shirley, Indianapolis: Hackett, 1999) 를 사용했다. 이 가운데 조너선 이스라엘의 『신학정치론』 번역은 역사가로서의 그의 명성에 비하면 그다지 좋은 것이 아니었다(매우 유치하지만, 비교를 위해 찾아본 몇 군데에서 틀린 문장을 발견하고 즐거워하며 위로를 받았다!). 하지만 몇몇 용어의 번역어에 대해서는 나름 참고가 되었다.

　『차이와 반복』에서 "라이프니츠는 물레방앗간에서 간발의 차이로 디오니소스를 놓쳤다"라고 말하는 들뢰즈의 유머가 철학사에 대한 해박함과 그것을 관통하는 확고한 자신만의 관점에서 우리에게 헛되지 않은 웃음을 주는 것처럼, "스피노자의 죽음 때문에 미완성으로 남은 『정치론』(1676~1677)과 『신학정치론』(1670) 사이에는 몇 년의 시간적 간격이 있을 뿐이다. 그러나 우리는 우주가 변화하는 느낌을 받게 된다"라는 발리바르의 문장은 스피노자의 철학에 대한 발리바르만의 관점과 치밀한 논변으로 인해 무한한 아름다움을 준다. 발리바르의 『스피노자와 정치』로부터 시작된 사고가 이 책을 번역하게 된 단 하나의 이유였다. 그러나 나는 스피노자에 대해서라면 그저 관심 많은 독자에 지나지 않는다. 따라서 저자의 지적인 작업을 번역하면서 위와 같은 방식으로 개입해야 할 이유나 근거가 있다고 생각하지 않는다. 하지만 한 세기가 끝나가는 1999년(그러니까 2000년 바로 전에!), 네그리가 2003년에야 끝나는 가택연금을 시작한 1999년에 책을 출간하려고 저자가 너무나 서둘렀다고 생각한다. 그것이 아니라면 뛰어난 한 철학자의 책이 국제적인 학술출판사에서 이토록 인용출처들이 틀려서 출간되는 것은 이해하기 어려운 일이다.

그리고 문제는 오직 그것뿐이다! 격렬한 분노의 정서와 비타협적인 사고의 문체로 직접적이지 않지만 사고의 경향에 있어 알튀세르와 호먼스의 대립을 스피노자와 홉스(그리고 로크)까지 거슬러 올라가는 타협 불가능한 대립으로 설정하며 우리가 어떻게 '정치적 몽유병'에서 깨어날 수 있을까를 세 개의 테제로 압축하는 '스피노자 그리고 정치'에 대한 저자의 논의는 나를 괴롭힌 문제들을 얼마간 '사소한' 것들로 만들면서 형식적인 보완을 받을 충분한 가치가 있었다. 그것도 더 나아질 길이 없는 더 낮은 머나먼 이국땅에서.

나는 이상과 같은 방식으로 한 권의 외국어로 된 책이 한국어 공동체에 기입되어 '성원권'을 얻기를 바랐고 이는 나무에 비해 미미할지도 모르는 사람의 귀중한 책임감이었다.

이 책을 번역하면서 도움 받은 이들에게 감사의 말을 전한다. 먼저, '연구모임 아래'의 강지영 선배는 초벌번역에 도움을 주었다. 맑스와 자본, 헤겔과 논리학에 대해 알게 해준 '연구모임 아래'가 저항의 비타협적이고 이례적인 흐름을 오래도록 재생산할 수 있기를 바란다. 전교조로 한 세대의 일부가 되었던 오랜 친구 김도균은 자신의 사무실에 흔쾌히 책상을 마련해서 번역작업에 물질적인 도움을 주었다. 학교 연구실에서 짐을 정리하고 나와 도서관과 카페를 전전하며 작업하던 차에, 오랜 친구는 오랜만의 '귀인'이었다. 피차 지리멸렬한 인생에 '건강하라'라는 짧은 말로 고마움을 대신한다. 그린비출판사는 혹시 계약서를 유실해서 이런 번역이 있었다는 것을 잊은 건 아닐까 하는 생각이 들 정도로 한동안 연락이 없었다. 그래서 이따금 모른 척 그만두어도 될 일을 애써 하고 있는 것이 아닌가라는 생각이 들면서 불안해했었다. 하지만 출간도 되지 않은 지체된 번역작업으로 대학의 학술지원을 받겠다는 요구에 지체 없이 도움을 주었고, 이후 이 책의 출간까지 무사히 이어지게 되었다. 그린비출판사와 편집부에 산뜻하게 고마운 마음을 전한다. 마지막으로, 이름을 거명하지 않는 몇 명의 사람들에게는 '바늘의 뜨거운 마음'일 뿐이다.

옮긴이 정재화

개정판 옮긴이 후기

출간 뒤에 얼마 안 있어 개정판을 내게 되었는데, 오랜 시간 공을 들여 열심히 했다고 생각했지만 두 눈 부릅뜬다고 다 보이는 것은 아닌 것 같다. 잘못 읽거나 잘못 생각해 번역한 문장들이 있었고 오탈자도 있었다. 책 전체를 다시 읽고 다시 번역했다. 그 결과 개정판에서는 정확성과 가독성이 높아졌을 것으로 생각한다. 그러나 몇몇 용어들의 경우, 그것들에 의한 정신의 변용의 범위, 즉 '사고의 진동'을 살리기 위해 중의적 표현으로 남겨 둔 것도 있다. 어쨌거나 개정판 작업에서도 여전히 의도치 않은 실수들이 있을 것으로 생각한다. 하지만 그것을 바로잡기 위한 시간은 되도록 나중이면 좋겠다는 바람을 갖고 있다. 개정판 작업을 위해 애써 주신 그린비 출판사의 임유진 실장님과 홍민기 편집자님께 고마운 마음을 전한다.

옮긴이 정재화

참고문헌

스피노자의 저작들

『윤리학』의 좋은 영어 번역은 현재 컬리(Curley, 1985)와 셜리(Shirley, 1992)가 있고 스피노자의 『서간집』은 셜리(1995) 그리고 적합한 『신학정치론』 번역은 셜리(1991)가 있다. 『정치론』의 영어 번역은 그다지 좋지 않다. 나는 스피노자 저작들의 번역들을 참고하며 옮긴이들을 전적으로 신뢰하려 했지만, 그들의 노력에 빚지고 있음에도 불구하고 나의 연구에 고유한 관심들로 인해 어쩔 수 없이 필요한 거의 모든 경우에 원래의 라틴어로 돌아가서 직접 번역해야 했다. 『윤리학』은 *E* 그리고 『정치론』은 *TP*로 약어표시를 하고, 부와 정리 그리고 절수로 표시했다. 『신학정치론』은 *TTP*로 약어표시를 하고 장으로 나뉘어져 있기 때문에, 나는 나의 번역이 종종 셜리의 번역과 상당히 다름에도 불구하고 셜리의 번역의 쪽수를 인용했다.

Spinoza, Benedict. 1925. *Opera*, trans. Carl Gebhardt, Heidelberg: Carl Winters Universitæts Buchhandlung.

_____ . 1985. *The Collected Works of Spinoza*, trans. Edwin Curley, Princeton, N.J.: Princeton University Press,.

_____ . 1991. *Tractatus Theologico-Politicus*, trans. Samuel Shirley, New York: E.J. Brill.

_____ . 1992. *Ethics*, trans. Samuel Shirley, Cambridge, Mass.: Hackett.

_____ . 1995. *The Letters*, trans. Samuel Shirley, Cambridge, Mass.: Hackett.

그 외의 저작들

Albiac, Gabriel. 1987. *La sinagoga vacia. Un estudio de las fuentes marranas del espinosismo*, Madrid: Hiperion.

Albrecht, E.. 1977. "Was hat uns Spinoza heute noch zu sagen? Festvortrag aus Anlaß des 300. Todestages des großen holländischen materialistischen Philosophen", *Greifswalder Universitätsreden*, Greifswald.

Alquié, Ferdinand. 1981. *Le rationalisme de Spinoza*, Paris: PUF.

_____ . [no date]. *Servitude et liberté selon Spinoza*, Paris: CDU.

Althusser, Louis. 1971. *Lenin and Philosophy*, London: NLB.

_____ . 1976. *Essays in Self-Criticism*, London: NLB(『마키아벨리의 고독』, 김석민 옮김, 새길, 1992).

_____ . 1977. *Reading Capital*, London: NLB.

_____ . 1990. *For Marx*, New York: Verso(『마르크스를 위하여』, 서관모 옮김, 후마니타스, 2017).

_____ . 1994. *L'Avenir dure longtemps*, Paris: Éditions Stock/IMEC(『미래는 오래 지속된다』, 권은미 옮김, 이매진, 2008).

Appian. 1913. *Roman History*, 4 vols, New York: Macmillan.

Aristotle. 1984. *The Complete Works of Aristotle*, ed. Jonathan Barnes, Princeton University Press(『정치학』, 천병희 옮김, 숲, 2009).

Ashcraft, Richard. 1986. *Revolutionary Politics and Locke's 'Two Treatises of Government'*, Princeton, N.J.: Princeton University Press.

_____ . 1987. *Locke's Two Treatises of Government*, London: Allen & Unwin.

_____ . 1988. "Political Theory and Practical Action: A Reconsideration of Hobbes' State of Nature", *Hobbes Studies*, vol. I.

_____ . 1992. "Simple Objections and Complex Reality: Theorizing Political Radicalism in Seventeenth-Century England", *Political Studies*, vol. 240.

Augustine, St.. 1909. *City of God*, Edinburgh: J. Grant(『신국론』, 성염 옮김, 분도, 2004).

Balibar, Étienne. 1985a. "Jus-Pactum-Lex: sur la constitution du sujet dans la Tractatus Theologico-Politicus", *Studia Spinozana*, vol 1.

_____ . 1985b. *Spinoza et la politique*, Paris: PUF.

_____ . 1989. "Spinoza, politique et communication", *Cahiers philosophiques* (「스피노자, 정치와 교통」, 『알튀세르의 현재성』, 윤소영, 공감, 1996).

_____ . 1994. *Masses, Classes, Ideas*, New York: Routledge(『대중들의 공포』, 최원·서관모 옮김, 도서출판b, 2007).

Bennett, Jonathan. 1984. *A Study of Spinoza's Ethics*, New York: Hackett.

Blackburn, Robin. 1997. *The Making of New World Slavery*, London: Verso.

Blakely, Allison. 1993. *Blacks in the Dutch World*, Bloomington: Indiana University Press.

Bossuet, Jacques-Bénigne. 1990. *Politics Drawn from the Very Words of the Holy Scripture*, trans. Patrick Riley, Cambridge: Cambridge University Press.

Boxer, C. R.. 1957. *The Dutch in Brazil 1624-1654*, Oxford: Clarendon Press.

Breton, Stanislas. 1973a. "Les fondements théologiques du droit chez Spinoza", *Archives de philosophie du droit*, vol 18.

_____ . 1973b. *Politique, religion, écriture chez Spinoza*, Lyon: Profac.

_____ . 1974. "Origine et principe de raison", *Revue des sciences philosophiques et théologiques*, vol. 58.

_____ . 1977. *Spinoza: Théologie et politique*, Paris: Desclées.

_____ . 1984. "Grammaire, langage, expression chez Spinoza", *Bijdragen*, vol. 45.

Butler, Judith. 1993. *Bodies that Matter*, New York: Routledge.

Cardoso, Gerald. 1983. *Negro Slavery in the Sugar Plantations of Veracruz and Pernambuco 1550-1680*, Washington, D. C.: University Press of America.

Cicero. 1959. *De Re Publica and De Legibus*, trans. Clinton Walker Keyes, Cambridge, Mass.: Harvard University Press.

Craton, Michael. 1982. *Testing the Chains*, Ithaca, N. Y.: Cornell University Press.

Curley, Edwin. 1988. *Behind the Geometrical Method*, Princeton: Princeton University Press.

de Deugd, C. ed.. 1984. *Spinoza's Political and Theological Thought*, Amsterdam: North-Holland.

Deleuze, Gilles. 1968. *Spinoza et le problème de l'expression*, Paris: Éditions de Minuit.

_____ . 1983. *Spinoza: Philosophie pratique*, Paris: Éditions de Minuit.

Den Uyl, D. J.. 1983. *Power, State and Freedom: An Interpretation of Spinoza's Political Philosophy*, Assen, The Netherlands: Van Gorcum.

_____ . 1987. "Passion, State and Progress: Spinoza and Mandeville on the Nature of Human Association", *Journal of the History of Philosophy*, vol. 25, no. 3.

Douglas, David Charles ed.. 1955~79. *English Historical Documents*, New York: Oxford University Press.

Duby, Georges. 1988. *Histoire de la France de 1348 à 1852*, Paris: Librairie Larousse.

Feuer, Lewis Samuel. 1958. *Spinoza and the Rise of Liberalism*, Boston: Beacon Press.

Foucault, Michel. 1973. *The Order of Things*, New York: Random House.

Gatens, Moira. 1996. *Imaginary Bodies*, London: Routledge.

Giancotti Boscherini, Emilia. 1970. *Lexicon Spinozanum*, The Hague: Martinus Nijhoff.

Grosz, Elizabeth. 1994. *Volatile Bodies*, Bloomington: Indiana University Press.

Hampton, Jean. 1986. *Hobbes and the Social Contract Tradition*, Cambridge: Cambridge University Press.

Hegel, G. W. F. 1986. *Vorlesungen über die Geschichte der Philosophie III*, ed. Eva

Moldenhauex·Karl Markus Michel, Surkamp ; E. S. Haldane·Frances H. Simson, trans. *Lectures on the history of Philosophy, Volume 3 : Medieval and Modern Philosophy*, University of Nebraska Press, 1995.

Hellegouarc'h, J.. 1963. *Le Vocabulaire latin des relations et des partis politiques sous la république*, Paris: Société d'Édition.

Hill, Christopher. 1980. *The Century of Revolution 1603-1714*, New York: W. W. Norton.

_____ . 1994. *The Experience of Defeat*, London: Bookmarks.

Hobbes, Thomas. 1968. *Leviathan*, London: Pelican Classics(『리바이어던』, 진석용 옮김, 나남출판, 2008).

_____ . 1972. *Man and Citizen*, ed. Bernard Gert, New York: Doubleday(이준호 옮김, 『시민론』, 서광사, 2013).

_____ . 1990. *Behemoth or the Long Parliament*, Chicago: University of Chicago Press.

Homans, George C.. 1964. "Bringing Men Back In", *American Sociological Review*, vol. 29, no. 5.

Hundert, E. J.. 1977. "Market Society and Meaning in Locke's Political Philosophy", *Journal of the History of Philosophy*, vol. 15.

Hutchinson, Lester. 1967. *The Conspiracy of Catiline*, New York: Barnes & Noble.

Johnston, David. 1986. *The Rhetoric of 'Leviathan'*, Princeton, N.J.: Princeton University Press.

Jolowicz, H. F. and Barry, Nicholas. 1972. *Historical Introduction to the Study of Roman Law*, 3rd ed., Cambridge: Cambridge University Press.

Kant, Immanuel. 1991. *Political Writings*, ed. Hans Reiss, Cambridge: Cambridge University Press(『칸트의 역사 철학』, 이한구 옮김, 서광사, 2009).

Kavka, Gregory S.. 1986. *Hobbesian Moral and Political Theory*, Princeton, N. J.: Princeton University Press.

Lagrée, J.. 1992. "Le thème des deux livres de la nature et de l'Écriture", *L'Écriture sainte au temps de Spinoza et dans le système spinoziste*, eds. Groupe de Recherches Spinozistes. Paris: Presses de l'Université de Paris Sorbonne.

Levy, Ze'ev. 1989. *Baruch or Benedict. On some Jewish Aspects of Spinoza's Philosophy*, Berne: Peter Lang.

Lloyd, Genevieve. 1994. *Part of Nature: Self-Knowledge in Spinoza's 'Ethics'*, Ithaca, N.Y.: Cornell University Press.

Locke, John. 1824. *Consequences of Lowering the Interest, and Raising the Value of*

Money, London: C. Baldwin.

_____ . 1960. *Two Treatises of Government*, New York: New American Library.(『통치론』, 강정인·문지영 옮김, 까치, 1996)

_____ . 1993. *The Political Writings of John Locke*, ed. David Wootton, New York: Penguin Books.

Lucretius. 1978. *De Rerum Natura*, ed. Cyrillus Bailey, Oxford: Oxford University Press.

MacMullen, Ramsay. 1996. *Enemies of the Roman Order*, Cambridge, Mass.: Harvard University Press.

McShea, Robert J.. 1968. *The Political Philosophy of Spinoza*, New York: Colombia University Press.

Macherey, Pierre. 1979. *Hegel ou Spinoza*, Paris: Maspero-La Découverte(『헤겔 또는 스피노자』, 진태원 옮김, 그린비, 2010).

_____ . *Avec Spinoza*, Paris: PUF, 1992.

_____ . 1995. *Introduction à l'Éthique de Spinoza: la troisième partie, la vie affective*, Paris: PUF.

_____ . 1997a. *Introduction à l'Éthique de Spinoza: la quatrième partie, la condition humaine*, Paris: PUF.

_____ . 1997b. *Introduction à l'Éthique de Spinoza: la seconde partie, la réalité mentale*, Paris: PUF.

Machiavelli, Niccolò, 1901. *History of Florence*, New York: Colonial Press.

_____ . 1964. *The Prince*, trans. Mark Musa, New York: St. Martin's Press(『군주론』, 강정인·문지영 옮김, 까치, 제2판, 2003).

Malet, André. 1966. *Le Traité théologico-politique de Spinoza et la pensée biblique*, Paris: Les Belles Lettres.

Manning, Brian. 1991. *The English People and the English Revolution*, London: Bookmarks.

Matheron, Alexandre. 1969. *Individu et communauté chez Spinoza*, Paris: Les Éditions Minuit, 1969.

_____ . 1971. *Le Christ et le salut des ignorants chez Spinoza*, Paris: Aubier-Montaigne.

_____ . 1985a. "La fonction théorique de la démocratie chez Spinoza et Hobbes", *Studia Spinozana*, vol. 1.

_____ . 1985b. "Le droit du plus fort: Hobbes contre Spinoza", *Revue Philosophique*, vol. 2.

_____ . 1986. *Anthropologie et politique au XVIIe siècle(études sur Spinoza)*, Paris: J.

Vrin.

_____ . 1992. "Le statut ontologique de l'Écriture sainte". *L'Écriture sainte au temps de Spinoza et dans le système spinoziste*, eds. Groupe de Recherches Spinozistes, Paris: Presses de l'Université de Paris Sorbonne.

_____ . 1994. "L'indignation et le conatus de l'état spinoziste". *Spinoza: puissance et ontologie*, eds. M.R. D'Allonnes and H. Rizk, Paris: Éditions Kimé.

Meinsma, K. O.. 1983. *Spinoza et son cercle*, Paris: J. Vrin.

Moreau, Pierre-François. 1975. *Spinoza*, Paris: Éditions du Seuil.

_____ . 1981. *Le Récit utopique: droit naturel et roman de l'état*, Paris: Presses Universitaires de France.

_____ . 1994. *Spinoza: l'expérience et l'éternité*, Paris: PUF.

Negri, Antonio. 1981a. *L'anomalia selvaggia: saggio su potere e potenza* in *Baruch Spinoza*, Milan.

_____ . 1981b. *L'Anamalie sauvage: puissance et pouvoir chez Spinoza*, Paris: Presses Universitaires de France.

_____ . 1994. *Spinoza subversif*, Paris: Éditions Kimé.

Newman, W. L.. 1887. *The Politics of Aristotle*, vol. 2, Oxford: Clarendon Press.

Osier, Jean-Pierre. 1987. "L'hermeneutique de Hobbes et de Spinoza", *Studia Spinoza*, vol. 3, 1987.

Ovid. 1955. *Metamorphoses*, trans. Rolfe Humphries, Bloomington: Indiana University Press.

Park, Marion Edwards. 1918. *The Plebs in Cicero's Day*, Cambridge: Cosmos Press.

Postma, Johannes Menne. 1990. *The Dutch in the Atlantic Slave Trade 1600-1815*, Cambridge: Cambridge University Press.

Préposiet, Jean. 1973. *Bibliographie Spinoziste*, Paris: Annales Littéraires de l'Université de Besançon.

Proietti, Omero. 1985. "Adulescens luxu perditus: classici latini nell'opera di Spinoza", *Rivista di Filosofia neo-scolastica*, vol. 2.

Quintus, Curtius Rufus. 1946. *Quintus-Curtius(History of Alexander)*, Cambridge, Mass.: Harvard University Press(『알렉산드로스 대왕 전기』, 윤진 옮김, 충북대학교 출판부, 2010).

Saccaro Battisti, Giuseppe. 1984. "Spinoza, l'utopia e le masse", *Rivista di storia della filosofia*, vol. 1.

Sallust. 1920. *Bellum Catilinae*, trans. J. C. Rolfe, New York: G.P. Putnam's Sons.

Schama, Simon. 1987. *The Embarrassment of Riches*, New York: Alfred A. Knopf.

Strauss, Leo. 1952. *Persecution and the Art of Writing*, Glencoe: Free Press.

Syme, Ronald. 1958. *Tacitus*, 2 vols, Oxford: Oxford University Press.

_____ . 1964. *Sallust*, Berkeley: University of California Press.

Tacitus. 1931. *Tacitus: The Histories and the Annals*, London: William Heinemann (『타키투스의 연대기』, 박광순 옮김, 범우사, 2005).

Tosel, André. 1984. *Spinoza et le crépuscule de la servitude: Essai sur le 'Traité théologico-politique'*, Paris.

_____ . 1994. *Du matérialisme de Spinoza*, Paris: Éditions Kimé.

Tuck, Richard. 1993. *Philosophy and Government 1572-1651*, Cambridge: Cambridge University Press.

Tully, James. 1980. *A Discourse on Property*, Cambridge: Cambridge University Press.

Wiedemann, Thomas. 1981. *Greek and Roman Slavery*. Baltimore: Johns Hopkins University Press.

Wirszubski, Chaim. 1955. "Spinoza's Debt to Tacitus", *Scripta Hierosolymitana*, vol. 2.

Wiznitzer, Arnold. 1960. *Jews in Colonial Brazil*, New York: Columbia University Press.

Wood, Neal. 1984. *John Locke and Agrarian Capitalism*, Berkeley: University of California Press.

Yavetz, Zvi. 1969. *Plebs and Princeps*, Oxford: Clarendon Press.

_____ . 1988. *Slaves and Slavery in Ancient Rome*, New Brunswick: Transaction Books.

Zac, Sylvain. 1965. *Spinoza et l'inteprétation de l'Écriture*, Paris: PUF.

니체, 프리드리히. 2002. 『바그너의 경우·우상의 황혼·안티크리스트·이 사람을 보라·디오니소스 송가·니체 대 바그너』, 백승영 옮김, 책세상.

데카르트, 르네. 2012. 「세 번째 반박: 저자의 답변과 함께」, 『성찰』, 원석영 옮김, 나남출판.

루푸스, 퀸투스 쿠르티우스. 2010. 『알렉산드로스 대왕 전기』, 윤진 옮김, 충북대학교 출판부.

베르길리우스. 2007. 『아이네이스』, 천병희 옮김, 도서출판 숲.

플라톤. 2013. 『국가』, 천병희 옮김, 도서출판 숲.

찾아보기